ELIZABETH NOBLE
Iubiri de altădată

The Way We Were
Elizabeth Noble
Copyright © 2010 Elizabeth Noble

Lira

Lira, parte a Grupului Editorial Litera
O.P. 53; C.P. 212, sector 4, Bucureşti, România
tel.: 021 319 63 93; 0752 101 777
e-mail: comenzi@lirabooks.ro

www.lirabooks.ro

Iubiri de altădată
Elizabeth Noble
Copyright © 2012 Litera
pentru versiunea în limba română
Toate drepturile rezervate

Editor: Vidraşcu şi fiii
Redactor: Andreea Năstase
Corector: Cristiana Miu
Copertă: Andrei Gamarţ
Tehnoredactare şi prepress: Ioana Cristea

Descrierea CIP a Bibliotecii Naţionale a României
NOBLE, ELIZABETH
Iubiri de altădată / Elizabeth Noble. trad.: Graal Soft.
–Bucureşti: Litera Internaţional, 2012
ISBN 978-606-21-0080-3
I. Soft, Graal (trad.)

821.111(94)-31=135.1

ELIZABETH NOBLE
Iubiri de altădată

Traducere din limba engleză
Alexandru Macovescu

Lira

Pentru A. și L., cu toată dragostea și mulțumirile mele

prolog

Iunie

Sărutul, ca toate celelalte lucruri din acea zi, era de poză. Nici prea nevinovat, nici prea intim. Mirele, cu doar câțiva centimetri mai înalt decât femeia zveltă de lângă el, îi cuprinse acesteia fața cu blândețe și posesivitate. Își lipi fruntea de a ei o secundă sau două, apoi buzele li se întâlniră. Ochii ei străluceau cu lacrimi de bucurie. În jur se auzi un murmur colectiv de apreciere. Era ca și când o felicitare de la Hallmark ar fi prins viață. După ce primul sărut se sfârși, tinerii căsătoriți se întoarseră zâmbind către public, cu obrajii atingându-se; nasul ei cârn era încrețit timid, iar vălul care îi fusese ridicat de pe față cu doar câteva minute în urmă îi încadra pe amândoi într-un nor de poveste din tul.

Preotul își ridică mâinile într-un gest cuprinzător.

– Doamnelor și domnilor, domnul și doamna Hammond, începu el, iar întreaga biserică erupse într-un ropot spontan de aplauze.

În al doilea șir de bănci, prin mintea lui Susannah trecură mai multe întrebări deodată, atât de repede încât abia reuși să le pună în ordine.

1. De când se aplaudă în biserică?
2. Cum se face că frățiorul meu a ajuns la vârsta însurătorii?
3. Eram și eu la fel de naivă pe cât par să fie ei?
4. Când am devenit atât de cinică și ranchiunoasă?

Răspunsurile se lăsară așteptate, cu excepția primei întrebări referitoare la bătăile din palme. Era ceva modern. Nu era prima dată când Susannah se simțea ciudat față de obiceiurile propriei generații. Nu era un spectacol. Era o ceremonie solemnă și demnă de respect. Frățiorul ei, Alexander, avea treizeci și trei de ani. Nu era chiar tânăr pentru însurătoare, în accepțiunea generală. Însă vârsta lui de treizeci și trei de ani i-o amintea pe a ei, de treizeci și nouă, motiv pentru care nu se simțea chiar în largul ei. Își amintea atât de bine nașterea lui – bebelușul fusese ca o păpușică vie, visul devenit realitate al unei fetițe de șase ani.

Da, da, bineînțeles că și ea fusese naivă, poate chiar mai mult de atât. Naivă și delirând de aceeași fericire pe care o vedea pe chipul lor și atât de sigură, atât de foarte sigură că avea să rămână măritată pentru totdeauna. Stătuse la același altar, chiar acolo unde stăteau în acel moment Alex și Chloe, și probabil se simțise exact așa cum se simțeau ei acum (deși își mai amintea și senzația tulburătoare că jartiera incomodă pe care o purta îi aluneca pe coapsă spre genunchi). Între timp însă, certitudinile o părăsiseră. Fusese sigură că nu ar fi putut trăi fără el. I se păruse un fel de imposibilitate fizică – de parcă inima ei, cea pe care tocmai i-o dăduse lui, ar fi încetat la propriu să mai bată dacă el nu mai era lângă ea. Acum nu mai era sigură de nimic.

Iar partea cu cinismul și ranchiuna? Aceea... aceea era întrebarea la care nu putea răspunde. Dacă ar fi știut ce urma să se întâmple, dacă ar fi rămas cumva detașată și și-ar fi privit propria persoană, n-ar fi lăsat ca lucrurile să evolueze astfel. Oare?

Chloe radia. La propriu. Asta se spune despre toate miresele, sunt cuvinte obligatorii în epoca noastră, însă nu li se potrivesc tuturor. Sau cel puțin nu atât de bine pe cât i se potriveau lui Chloe în acea zi. (Oare ei îi spusese toată lumea asta? Fusese adevărat în ce o privea?) Chloe era canadiancă și strălucea de o sănătate nord-americană înfloritoare. Dinți albi și drepți, păr mătăsos și blond. Lui Susannah i se părea că mai ales în acea zi era fermecătoare. Rochia amplă, din satin greu de culoarea fildeșului, cu o croială clasică, îi venea de minune. În trecere, Chloe scutură ușor buchetul spre cumnata ei într-un salut triumfător, iar Susannah răspunse cu o fluturare crispată a mâinii.

Alex nu-și mai încăpea în piele de mândrie. Brațul lui Chloe era petrecut după al său și îi prinse degetele cu cealaltă mână. Se uita când la ea, când la oaspeți, apoi din nou repede la ea, ca și când nu i-ar fi venit să creadă că în sfârșit era soția lui.

Era greu să nu fii optimist pentru viitorul cuplului. Până și Susannah își îngădui să spere că avea să le fie bine. Pentru unii oameni căsătoria era o reușită, nu?

Soacra mare, Rosemary, se întoarse spre singura ei fiică. Chipul ei era ud de ceea ce Susannah numise în copilărie „lacrimi fericite", și își șterse atentă ochii cu o batistă albă de dantelă pe care o păstrase anume pentru o asemenea ocazie.

– Nu-i așa că a fost minunat?

Susannah se strădui să zâmbească aprobator, însă abia dacă-și putu descleșta dinții. Încă un cuvânt obligatoriu.

– Da, a fost. Minunat!

– Și ea e foarte frumoasă.

– Absolut!

Acea sesiune de întrebări și răspunsuri putea dura ceva vreme. Însă cele mai multe întrebări ale mamei ei păreau retorice și probabil nu trebuia să se mai obosească să-i răspundă. Asta și pozele. Susannah se întrebă cât mai era până la primul pahar de șampanie. Cu siguranță prea mult. Poate ar fi trebuit să-și strecoare o sticluță în poșetă.

– Sunt atât de încântată că s-au căsătorit aici!

Asta nu era nici o surpriză. Biserica St. Gabriel era centrul geografic al satului și centrul spiritual al vieții lui Rosemary Hammond, fiind legată inextricabil de ea și de familia ei. Simțea o mare bucurie și satisfacție când își amintea de propria ei nuntă, care avusese loc tot acolo, în ziua de iulie în care Anglia câștigase Cupa Mondială din 1966. Toți cei trei copii ai ei fuseseră botezați și confirmați acolo, iar părinții ei fuseseră îngropați unul lângă celălalt, cu toate că la doisprezece ani distanță

unul de altul, în curtea acelei biserici. Înainte ca ea și
soțul ei să se alăture campaniei britanice de invadare
a Franței, cumpărându-și acolo un fel de hambar din
lemn fasonat, nu ratase niciodată o slujbă de duminică
decât atunci când era plecată în vacanță, plus de două
ori după histerectomia suferită în 2005; aproape în fie-
care după-amiază de vineri din ultimii cincisprezece ani
măturase și lustruise șirurile de bănci împreună cu trei-
patru prietene. Clive, soțul ei, îi spunea că „șterge praful
pentru Iisus" și primea întotdeauna în semn de răspuns
o lovitură ușoară cu coada măturii.

Alastair, cel mai mare dintre copiii ei și primul care
se însurase, se căsătorise acasă la Kathryn, lângă Cam-
bridge. Bineînțeles. Așa și trebuia, deși, spre nemulțu-
mirea lui Rosemary, rudele lui Kathryn nu păreau prea
pioase, iar Kathryn însăși nici măcar nu-l cunoscuse pe
preotul care le oficiase căsătoria înainte să-și conceapă
planurile de nuntă. Lui Rosemary nu prea-i plăcuseră
florile (gerbera – atât de comune) și era destul de sigură
că prin amvon nu se mai dereticase de săptămâni în-
tregi. Fiicele lui Alastair și Kathryn erau în acea zi dom-
nișoare de onoare la nunta lui Alex și Chloe. Millie și
Sadie țopăiau prin naos în spatele miresei, încântate de
foșnetul jupelor lor de tul și de coafurile lor elaborate.

Susannah se căsătorise cu Sean tot acolo, cu șaispre-
zece ani în urmă. La începutul logodnei lor, ea glumise
că voia să fugă de acasă, însă Rosemary știa că n-ar fi
putut să-i facă vreodată așa ceva. La urma urmei, Susan-
nah era singura ei fiică, singura ei șansă să organizeze cu
adevărat o nuntă. Rosemary visase cu ochii deschiși la
nunta fetiței ei încă din ziua în care o născuse.

Nu numai visase, ci se pregătise activ, punând deo-
parte din banii de coșniță. Când se căsătoriseră ea și
Clive nu o duceau prea grozav, astfel că nu-și permise-
seră unele detalii altminteri importante, „surle și tobe"
cum le numea Clive. Fusese hotărâtă ca Susannah să
aibă parte de toate. Aranjamente florale la capătul fiecă-
rui șir de bănci – nu doar la altar – șampanie adevărată
și nu doar un pahar când se făceau urările...

Însă nunta lui Alex fusese un bonus pentru ea.
De fapt, Alex fusese un bonus toată viața ei, conceput la
cinci ani după Susannah și cu mult după ce își pierduse
speranța că mai putea face copii. Deja se obișnuise cu
gândul că trebuia să se mulțumească doar cu cei doi pe
care li-i dăruise Dumnezeu. Chloe, fie binecuvântată,
dorise să aibă o nuntă tradițională englezească și îi plă-
cuse St. Gabriel încă de când își petrecuse prima vacanță
la familia Hammond, cu trei ani în urmă, și făcuseră cu
toții o plimbare până acolo în Ajunul Crăciunului. Alex
o ceruse cu trei luni în urmă, în timpul unei călătorii de
vacanță în Scoția. Telefonaseră dintr-un bar, iar Chloe
spusese atunci, beată de fericire și emoție (și după vreo
două cocktailuri cu whisky), că dorea să se mărite la
St. Gabriel și nu-și putea imagina nunta ei în altă parte.
Totul fusese organizat cam în pripă, recunoștea Rose-
mary. Avuseseră noroc că prinseseră loc în acea zi. Era
prima după Paște pe care o avea liberă reverendul Trevor
și ultima până la jumătatea lui octombrie. Bănuia – cu
toate că nu întrebase, căci ar fi purtat ghinion – că era
vorba de o anulare. St. Gabriel era o biserică pitorească,
de felul celei din *Patru nunți și o înmormântare*, astfel că
era foarte căutată; prin urmare, oricât ai fi șters praful
sau ai fi înălțat rugăciuni, nu puteai fi sigur că puteai
programa o nuntă într-o zi de sâmbătă, pe timp de vară,
dacă anunțai din scurt.

Eforturile fuseseră însă încununate de succes. Șiru-
rile de bănci străluceau, iar florile erau superbe. Acasă,
cortul arăta minunat și conferea noblețe întregii clă-
diri, șampania era la gheață, iar trupa de jazz încălzea
atmosfera. Părinții lui Chloe insistaseră să semneze
un cec generos, astfel că „surlele și tobele" bătuseră și
trâmbițaseră ca la carte. Înainte de slujbă, când venise
acasă să vadă cortul, mama lui Chloe spusese că se aș-
tepta să-l vadă pe Hugh Grant răsărind de spatele unei
urne în haine de dimineață, iar Rosemary considerase
asta un mare compliment. Privi spatele înalt și drept al
fiului ei, apoi pe dragele ei nepoate și se simți plină de
fericire. Îi strânse mâna soțului ei, iar el o mângâie ușor

emoționat. Erau căsătoriți de mai bine de patruzeci de ani. Acelea erau zilele minunate la care visaseră în anii în care cheltuielile cu școala, plata ipotecii și certurile între frați păreau uneori copleșitoare. Momentele de bucurie despre care Clive glumise întotdeauna că trebuiau plătite cu vârf și îndesat.

„Ce e ciudat aici?" se întrebă Susannah, privind în jur la frații și părinții ei, apoi la nepoatele și la nepotul ei. Un singur lucru. O singură pată în peisajul acela idilic. Lângă părinții ei cei euforici, cumnata ei, Kathryn, își giugiulea copilul, pe Oscar, suflându-i pe gât, în timp ce el întindea jucăuș mâna spre penele de pe pălăria ei, care îi gâdilau nasul.

Susannah. Ea era singura care nu se potrivea acolo. Ochii i se umplură brusc de lacrimi. Hristoase! Coborî imediat privirea, apoi deschise geanta și scotoci după un șervețel. Simți o lacrimă curgându-i pe nas și se temu că se va amesteca imediat cu secrețiile nazale. Acelea nu erau lacrimile drăguțe și perfect adecvate care se observă de obicei în ochii nuntașilor. Mai aveau puțin până să se transforme în șuvoaie de nefericire, însă era hotărâtă să nu îngăduie așa ceva. Își înfipse unghiile în palmă și strânse din nou din dinți. Arăta oribil când plângea, și o știa prea bine. Un singur minut de plâns o lăsa vreme de o oră cu ochii umflați și roșii și cu un nas și mai roșu. Asta ar fi însemnat priviri curioase și întrebări – iar în acea zi n-avea nevoie de întrebări.

Alastair îi prinse brațul și o strânse de cot, apoi îi împinse în mână o batistă de bumbac.

– O, nu, n-o să faci asta.

Ceilalți ieșiseră în naos și se alăturaseră oaspeților care se îndreptau spre scările bisericii. Fratele ei o trase de braț în direcția opusă, spre altar, iar ea nu schiță nici un gest de rezistență.

– Așteaptă un minut. Vocea lui era fermă, însă lipsită de răutate. Era ca și când ar fi vorbit cu Sadie.

Coriștii se schimbau în vestibulul mic din spatele bisericii.

– Noi o luăm pe scurtătură, anunță el, conducând-o pe Susannah spre o uşă care dădea în curtea tăcută a cimitirului. Nu-i lăsă braţul decât după ce o aşeză pe o bancă, iar el se lăsă oftând alături de ea.

Susannah îşi scoase pălăria şi îşi trecu mâna prin păr.

– Mulţumesc.

El se rezemă de spătar; nu-i răspunse, ci îşi trecu degetul prin spaţiul dintre guler şi gât, apoi îşi îndepărtă părul de pe frunte. Rămaseră tăcuţi câteva momente; se auzeau doar pufnitul ocazional al tinerei femei şi murmurele din faţa bisericii.

Alastair îşi trecu un picior lung peste celălalt.

– Mi-am aprins prima ţigară pe banca asta. Aveam treisprezece ani. Apoi am vomat după zece minute... chiar acolo. Făcu semn către un copac aflat la câţiva metri de ei.

Susannah zâmbi. El nu fusese niciodată un mare fumător, spre deosebire de ea, care consumase zece ţigări pe zi în cei trei ani petrecuţi la universitate, ca şi când ar fi fost o cerinţă obligatorie până la absolvire, când se lăsase aproape la fel de brusc pe cât se apucase. El o torturase mereu cu asta, de câte ori prindea ocazia. Părinţii nu aflaseră, în ciuda ameninţărilor lui: nu o trădase niciodată.

– Şi probabil mi-aş fi pierdut virginitatea tot pe banca asta dacă Sally Harris n-ar fi avut blugii prea strâmţi şi n-ar fi trebuit să se întoarcă acasă la ora zece seara.

– Sally Harris. Dumnezeule! râse ea.

– Se părea că tatăl ei îi trăgea fermoarul cu cârligul unui umeraş de haine înainte să iasă din casă. Cred că de fapt îi era teamă că dacă îşi scotea pantalonii nu avea să şi-i mai poată pune la loc, astfel încât ar fi fost obligată să se întoarcă acasă în chiloţi...

– Sau cel puţin asta ţi-a spus ea.

– Şi erau şi al naibii de strâmţi. Abia am putut să bag mâna în ei.

– Câh. Asta e scârbos.

– Însă te-am împiedicat să plângi, nu? zâmbi el.

– M-ai oprit și să mănânc la petrecere, dacă stau să mă gândesc...

– Păi nici asta nu ți-a făcut vreun rău, graso.

O strigase Grasa și doar Grasa timp de doi ani, de când avea zece ani până împlinise doisprezece, dar pe bună dreptate. Slăbise în acea vară și rămăsese slabă de atunci, însă el încă o mai numea Grasa uneori, când erau doar ei doi.

– Hei! făcu ea, lovindu-i ușor pieptul.

Acela era Alastair. Fratele mai mare tipic. Pe vremuri, când locuiau în casa părintească, era de obicei nepăsător sau rău și uneori chiar îi lăsa impresia că nu făcea altceva în timpul zilei decât să se gândească la metode prin care să o tortureze; însă dacă oricine altcineva se lega de ea, se transforma imediat în salvatorul ei. Cavalerul ei. Și se părea că încă rămăsese așa.

– Deci? O privea direct, cu sprânceana ridicată.

– Deci ce? Încercă să-i evite privirea.

– Deci... de ce plângi?

– Toți plâng la nunți, nu? Mama aproape că rămăsese fără batiste. Și Kathryn la fel...

– Aha. Deci nu vrei să spui?

– Să spun ce? Doar pentru că o salvase, asta nu însemna că trebuia să i se și confeseze.

– Sigur, doar pentru că te-am salvat nu înseamnă că trebuie să-mi și spui. Era ciudat cum îi citise gândurile. Însă dacă vrei... sunt ochi și urechi. Iar asta e singura ta ocazie, pentru că am permisiunea lui Kath să beau toată după-amiaza și am de gând să fiu deja praf când vor tăia tortul. Oscar a fost foarte agitat în ultimele patru-cinci nopți și sunt frânt, așa că o să plec imediat. Deci, dacă vrei să discuți, domnul doctor e pe recepție.

– Probabil mă gândeam la Sean.

– Prostii.

– Așa vorbesc de obicei doctorii cu pacienții lor?

– Ar trebui, în orice caz.

– Și de ce nu mă crezi?

– Pentru că nu te-am mai văzut de ani de zile plângând după Sean. Nu mă convingi. Acelea nu erau lacrimi de nostalgie şi regret. Acelea erau lacrimi din prezent, dacă vrei părerea mea.

– Serios? De unde ştii tu atât de multe?

– Ascultă, surioară; poate că tu nu vrei să spui, însă nu trebuie să fii geniu ca să-ţi dai seama că e ceva în neregulă. N-ai mai venit pe la noi de luni de zile. Ai evitat toate reuniunile de familie; nu ţi-ai făcut apariţia nici măcar la botezul lui Oscar. Ea încercă să spună ceva, să repete aceeaşi scuză pe care o folosea de obicei, însă Alastair ridică mâna să o oprească: Asta nu contează. Nu asta vreau să spun. Azi eşti aici, însă Doug nu e cu tine... nici de data asta.

– Trebuia să stea cu copiii, a fost o chestie de ultim moment. Ştia că era jalnică.

Din nou mâna. Mâna aceea ridicată era chiar enervantă, chiar dacă pe deplin justificată.

– Poate că da sau poate că nu. Sau poate că nu e deloc treaba mea. Însă îmi fac griji pentru tine, Suze. Atâta tot. Cu toţii ne cam facem griji pentru tine.

– Înseamnă că aţi vorbit „cu toţii" despre mine? Ura acel gând. Toţi laolaltă, discutând despre ea. Singura dintre ei care nu părea fericită.

– Nu e chiar aşa. Nu mă refer la mama şi la tata. Dumnezeu mi-e martor că în ultimele săptămâni mama n-a avut în minte altceva decât nunta lui Alex şi Chloe. Şi îl ştii pe tata. El nu prea spune niciodată nimic. Mă refer la mine şi la Kathryn. De fapt, ea e prea ocupată cu copilul. Pe scurt, e vorba doar de mine.

– Perfect. Aproape că râdea. Să trag concluzia că nimănui nu-i pasă deloc de mine? Amândoi zâmbiră la felul în care se contrazicea. Alastair o cuprinse cu braţul, iar ea îşi rezemă capul de umărul lui, murmurând: Spun doar...

– Ştiu.

Rămaseră acolo vreme de câteva minute, fără să scoată o vorbă, în lumna caldă a soarelui. Susannah simţi cum îi încetinea ritmul inimii, iar dorinţa de a plânge dispăru treptat, până se linişti de tot.

Apoi Alastair se ridică în picioare.

– Ar trebui să ne întoarcem. După ce îți repari ri-
melul scurs... O să fie furioși dacă nu ne găsesc pentru
fotografii.

– Ai dreptate. Scoase din geantă o pudrieră, linse
colțul batistei și își șterse urmele negre de sub ochi.

– De obicei am.

– Nu știu cum te suportă Kathryn. Își dădu cu luciu
de buze, închise geanta și îi dădu batista înapoi lui
Alastair, care cu o expresie revoltată, o mototoli și o
băgă în buzunar.

– Cum adică mă suportă? Venerează până și pămân-
tul pe care calc.

Se ridicară și se îndreptară spre grupul de nuntași,
ținându-se de mână.

– Biata fată pe care-ai indus-o în eroare.

Aceea era zeflemeaua cea mai obișnuită a copilă-
riei ei.

– Și sunt uimitor în pat. Sally Harris habar n-are ce
a pierdut.

Izbucni în râs. O alina, îi distrăgea atenția și o ajuta.

Chiar înainte să ia colțul, îi strânse mâna, apoi îi
dădu drumul cu blândețe.

– Crezi că acum poți să te abții să plângi și să scrâș-
nești din dinți? Susannah își dădu ochii peste cap, într-o
exasperare prefăcută. Cât de nedrept era.

– Cred că da. Aproape.

– Perfect. Fă-o, pentru numele lui Dumnezeu. Pu-
ne-ți din nou pălăria aia. Și stai departe de băutură, da?
Nimic nu e mai rău la o nuntă decât o femeie de vârstă
mijlocie singură, beată și încercând să agațe vreun invi-
tat. O înghionti cu umărul.

– O să încerc să-mi aduc aminte.

Mama lor le ieși în cale cum îi văzu, părând ușor
enervată și roșie la față. Țâțâi spre ei, apoi netezi o șuvi-
ță din părul lui Susannah ca și când ar fi fost un copil
recalcitrant. Nu părea să fi observat că plânsese.

– Unde ați fost? Nu aștepta să primească răspuns. În-
totdeauna fusese așa. Am terminat cu rudele lui Chloe.

N-au fost prea mulți de la ea, firește. E rândul vostru. Familia mirelui. Haideți... a scos scara pentru noi.

Douglas trebuia să fie și el acolo. Era vina ei că n-o însoțise, își spuse Susannah. Ea îi spusese să nu vină. Nu vorbise serios – „Nu te deranja să vii", îi zisese. Și el știa că nu vorbise serios. Însă tot nu venise.

Întrecuse limita. Nu venise în acea zi, când știa perfect că oamenii aveau să se întrebe de ce. Avea un loc în cort, la masa ei. Numele lui, caligrafiat cu migală. Un scaun gol. Era perfect conștient că ea trebuia să-i explice absența în fața mătușilor băgărețe și a prietenilor îngrijorați și a străinilor binevoitori. Și că explicația ei, oricât de plauzibilă ar fi fost, rostită pe un ton oricât de vesel și plin de umor, cel mai probabil nu avea să fie crezută. Asta întrecea limita, aducea în sfera publică niște amănunte care trebuiau să rămână private. Iar el știa cât de mult ura ea chestia asta. Însă în ultimul timp amândoi întreceau limitele, niște limite pe care constată că uitase complet unde le trasaseră. De obicei le intuia. Își dădea seama cum reacționa el, cum se purta în orice situație. Își învățaseră ritmul reciproc. Acum însă nu mai era atât de sigură. Nici de el, nici de ea însăși. Nu era niciodată sigură. Existase o vreme când nu se certaseră. Apoi, când începuseră să facă și asta, ea decisese să nu meargă la culcare până nu se împăcau. În următoarea etapă adormiseră supărați sau ranchiunoși, din ce în ce mai departe de centrul patului lor dublu, spate în spate, tensionați. Acum, de două ori în ultimele câteva luni, ea dormise în camera de oaspeți. Și, dacă prima dată, când amândoi băusera prea mult vin, el venise în toiul nopții vrând să o convingă să se întoarcă în pat, a doua oară, când amândoi erau treji, nu o făcuse. Cam asta însemna trecerea limitelor.

Tânărul fotograf agitat își etala tot repertoriul de glume răsuflate, încercând să-i facă să râdă pentru poza de familie. Nu avea însă nici un succes în fața lui Sadie, care avea doar patru ani și își ridica rochia de domnișoară de onoare peste cap, dezvelindu-și burtica rotundă și chiloții cu zilele săptămânii.

– Nu m-ar fi deranjat prea tare dacă nu-i avea pe cei cu „Miercuri", râse Kathryn, încercând simultan să-l stăpânească pe Oscar, care se tot foia, şi să-i aranjeze rochiţa lui Sadie.

– Asta e. Am reuşit. Vă mulţumesc. Uşurarea din glasul fotografului era evidentă. Era doar la a patra nuntă şi nici una nu avusese atâţia participanţi sau o domnişoară de onoare neastâmpărată. Când îl văzu, cu obrajii roşii şi transpirat, Susannah se întrebă cum avea să se descurce la petrecere. Familia aceea era mult prea greu de stăpânit chiar şi trează. Două pahare de şampanie şi avea să fie mai greu de controlat ca o ceată de pisici.

Casa părinţilor ei se afla la cinci minute de mers pe jos de biserică, trecând peste pajişte. Invitaţii începuseră să se îndrepte în direcţia aceea, conduşi de un vecin, însetaţi şi sperând să primească măcar un pateu cu ciuperci înainte de runda următoare de poze. Câţiva săteni, neinvitaţi, însă dornici să vadă mireasa, şi nuntaşii îmbrăcaţi la patru ace se adunaseră în faţa curţii bisericii în timpul slujbei. Susannah îşi aminti că făcea exact la fel când era mică. Pe vremea când pentru mirese erau la modă permanentul şi mânecile bufante, iar mirii aveau cu toţii favoriţi şi tunsoare *à la* Kevin Keegan. Vara era câte o nuntă aproape în fiecare sâmbătă. Îi urmărea pe invitaţi apărând, pe mireasă coborând din maşina elegantă, netezindu-şi emoţionată rochia, apoi prinzându-şi tatăl de braţ. Apoi mergea cu bicicleta la magazinul din sat şi îşi cheltuia banii de buzunar pe dulciuri cu fructe, suc şi revista *Smash Hits*, revenind chiar când tinerii căsătoriţi ieşeau în sunetul clopotelor. Adora rochiile, domnişoarele de onoare, florile, maşinile cu panglici (o dată fusese chiar şi o trăsură cu doi cai pătaţi) şi invitatele îmbrăcate minunat, cu pălării şi tocuri înalte. Adora şi clopotele; i se părea că acela e sunetul cel mai fericit din lume. Şi mai presus de orice adora momentul în care cuplul se săruta într-o ploaie de confetti sau petale de trandafir.

Când Chloe şi Alexander trecură printre invitaţi în drum spre casă (o romantică desăvârşită, Chloe îşi dorise din tot sufletul acest lucru, spunând că se simţea ca o eroină dintr-un roman de Thomas Hardy sau Jane Austen), doamnele mai în vârstă gânguriră emoţionate: „Arăţi splendid, draga mea". „Dumnezeu să vă aibă în pază." Totul era de modă veche, însă încântător. Urările lor i se păreau lui Susannah mai profunde şi mai sincere decât cele ale oamenilor care ţinuseră invitaţiile pe şemineu vreme de şase săptămâni, care cheltuiseră 50 de lire pe lista de nunţi de la John Lewis şi cumpăraseră o rochie nouă pentru pălăria prea scumpă de anul trecut. Doamnele acelea erau adevăratele romantice, aşa cum fusese şi ea cândva. Nu aveau alt motiv să se afle acolo, spre deosebire de foştii colegi de cameră din facultate ai lui Alexander, şeful lui Chloe sau mătuşile lor vârstnice.

Apoi zări o figură cunoscută printre ele şi îşi ţinu răsuflarea. Nu se gândise că avea s-o vadă, şi îndată ce o văzu se întrebă de ce nu se gândise că ar fi putut da peste ea acolo. La urma urmei veniseră de multe ori la biserică împreună, aşteptând să vadă mireasa, cu un milion de ani în urmă.

Cei mai mulţi oameni de la poartă îi erau necunoscuţi; plecase de acolo cu ani în urmă şi venise destul de rar, iar atunci se oprea doar la casa părinţilor ei. Însă aceea era o persoană pe care o cunoscuse bine, cu toate că trecuseră două decenii de când se întâlniseră ultima oară. Lois Rossi. Mai în vârstă şi mai îndesată. Părul, pe care şi-l purtase cândva într-o tunsoare paj de un negru strălucitor, până la umeri, era acum argintiu şi mai scurt. Lois zâmbea larg şi chiar în direcţia ei. Susannah se întrebă dacă o recunoscuse şi aproape că privi peste umăr să vadă cui i-ar fi putut fi destinat acel zâmbet.

În spatele lui Lois, mult, mult mai înalt – şi de data asta fu sigură că acei ochi la fel de adânci şi căprui erau aţintiţi spre ea – se afla fiul ei.

Roberto Rossi. Rob.

Băiatul înalt, brunet şi frumos de care se îndrăgostise – pentru prima dată în viaţa ei – când avea şaisprezece ani. Acum, bărbatul pe care nu-l mai văzuse de două decenii.

Preţ de o clipă nu ştiu ce să facă. Ar fi vrut să o ia la fugă, însă prinsese rădăcini acolo, ca şi când privirea lor colectivă o blocase şi îi împiedica orice mişcare. Şi stătea în iarbă pe tocuri de zece centimetri, aşa că nu prea putea alerga. Îl căută cu privirea pe fratele ei, însă nu-l zări nici pe el, nici pe alt cunoscut. Stătea încremenită, în vreme ce grupurile de străini eleganţi se revărsau pe lângă ea – prieteni de-ai lui Chloe şi Alex, după toate probabilităţile – râzând şi vorbind tare. O mare agitată de culori pastel şi pene într-o ceaţă groasă de parfum şi fixativ de păr. O luă ameţeala.

Existase o vreme, cu mulţi ani în urmă, când o întâlnire întâmplătoare cu Lois sau Rob fusese cea mai mare preocupare şi teamă a ei când se discuta despre o excursie la părinţii ei. Odată parcase la o benzinărie Texaco la marginea satului, când indicatorul de benzină îi spunea „ar fi trebui să alimentezi cu vreo cincizeci de kilometri înainte, fraiero", însă la pompa vecină îl zărise pe tatăl lui Rob, Frank. Pornise mai departe fără ca măcar să oprească, disperată să nu dea ochii cu el, apoi maşina ei rămăsese fără benzină după opt kilometri. Ea şi Sean nu asistaseră la citirea publicaţiei de căsătorie de la St. Gabriel din acelaşi motiv. Lois şi Frank fuseseră în vacanţă la nunta propriu-zisă – nu că ar fi venit să-i ureze de bine, îşi spuse ea. Nu după ceea ce se întâmplase.

Treptat, teama se disipase. Vizitele ei acasă se mai răriseră şi ele. La început fusese prea fericită şi absorbită de propria persoană ca să vină. Apoi prea umilită după ce lucrurile începuseră să se schimbe şi prea distrusă ca să facă orice după ce totul se terminase cu Sean.

Nici cu Douglas nu venise prea des în ultimii ani. Copiii, barca mult-iubită a lui Doug din portul Chichester, slujba ei... viaţa îi trăgea în prea multe direcţii. Şi pur şi simplu trecea timpul. Treceau săptămâni, luni, anotimpuri, ani. Părinţii ei ieşiseră la pensie şi petreceau câteva luni pe an pe proprietatea cumpărată în Franţa. (O realizare importanta din punctul de vedere

al tatălui ei – se îndoise că până şi insistenţa lui ar
fi putut să o convingă pe mama ei să părăsească satul
şi St. Gabriel.) Când erau acasă, le plăcea să „umble
haihui", cum spunea tatăl ei. Mama ei declara că pre-
gătise prea multe cine de duminică de-a lungul vieţii,
astfel că era încântată să vadă pe altcineva luându-i locul
la aragaz. Apoi Alastair şi Kathryn îi chemaseră şi ei,
ademenindu-i de Crăciun şi de Paşte şi pentru vacanţe
scurte în Cornwall cu nepoţeii lor cei adorabili.

Luată cu gândurile, uitase să privească peste umăr sau
să-şi pună ochelarii de soare Jackie O. Aşa că îi văzuse.
Era explicabil. Oare acea zi putea fi mai rea de-atât?

Lois Rossi se îndrepta spre ea, cu braţele întinse.
Dumnezeule! Da, putea. Putea fi mai rea de-atât. Îşi
aduse aminte. Frank, soţul lui Lois, era bolnav. Foar-
te bolnav.

Fusese diagnosticat cu o maladie neuromotorie în
urmă cu trei ani. Ştia de la mama ei; făcea parte din
litania bârfelor satului pe care o recita de câte ori se ve-
deau, mare parte referindu-se la membri ai parohiei pe
care Susannah nu i-ar fi recunoscut dacă i-ar fi întâlnit.
Se gândise să-i scrie lui Lois când aflase. Însă ce i-ar pu-
tut spune? Când murea cineva, platitudinile veneau de
la sine. Însă nu era prea simplu să scrie despre Frank –
nu ştia multe despre acea boală, doar că era distrugă-
toare şi că Stephen Hawking era singura persoană care
supravieţuise o durată considerabilă. Era sigură că pen-
tru cei mai mulţi reprezenta o condamnare la moarte.
Cum povestea mamei ei fusese lipsită de detalii, decise-
se să nu scrie nimic. Acum însă, pe când se îndreptau
una spre alta prin iarbă, îşi dori să o fi făcut. Redactarea
unei scrisori ar fi fost un lucru mult mai uşor decât să
descopere cuvintele potrivite atunci, acolo, în mijlocul
acelei veselii de nuntă.

Lois făcu un pas spre ea şi vorbi prima.

– Susannah!

Spuse doar atât. Apoi, când se apropie, deschise bra-
ţele şi mai mult şi o strânse într-o îmbrăţişare care încă
îi era familiară. Susannah aproape că leşină de uşurare.

Sigur, se gândi, Lois nu putea să fie supărată în continuare pe ea. Poate nici măcar nu fusese. Nu după atâția ani. După o viață.

1987

Septembrie

La 8:15 dimineața, Alastair și Susannah stăteau în stația de autobuz nemarcată, așteptându-și cursa. Alături de vreo optzeci la sută dintre cei o mie și ceva de elevi de la școala lor, erau duși în fiecare dimineață de o procesiune de autobuze pe cei opt kilometri până la clădirea imensă din beton din cel mai apropiat oraș. Autobuzul lor oprea de cinci ori pe traseu și era al doilea și cel mai aglomerat. De acolo mai urcau aproximativ douăzeci și cinci de copii, majoritatea locuind în case izolate de pe partea aceea a islazului. Alt autobuz îi lua pe copiii de pe partea opusă și de pe proprietățile noi de pe cealaltă parte a autostrăzii și încă unul îi lua pe cei de la fermele și casele mai îndepărtate. Clipeau cu toții din ochi în soarele dimineții, nemulțumiți că trebuiseră să se trezească atât de devreme după șase săptămâni de lenevie.

Alex încă frecventa școala primară din sat, la care merseseră și ei doi. Îl ducea mama lor, la vreo treizeci de minute după ce ea și Al plecau să prindă autobuzul. Alex se bucura de tratamentul matern complet – mic dejun așezat, o inspecție sumară cu întrebarea „te-ai spălat pe dinți cum trebuie?" și acompanierea până la școală. Cei doi traversau islazul, apoi mama rămânea la capătul aleii și îl urmărea în timp ce el parcurgea ultimii zeci de metri. Din clipa în care intra pe poartă, pentru câteva ore devenea responsabilitatea școlii.

Acela era ultimul an în care mai așteptau împreună autobuzul. Alastair era acum în clasa a șasea superioară. Vara următoare avea să-și dea examenele de nivel A, următând să plece la universitate. La Exeter, ca să studieze ingineria, dacă lua note suficient de mari, însă nimeni nu se îndoia că avea să reușească.

Susannah era doar cu un an în urma lui, cu toate că Al era cu optsprezece luni mai mare. Își dăduse toate examenele de nivel O în vara care tocmai se încheiase și intra în clasa a șasea. Colegiul era chiar lângă școală – la vreo cincizeci de metri, un drum îngust și o lume distanță de copiii din clasele mai mici. Chiar era un afront să împarți același autobuz cu ei.

Știa de anul trecut cum mergea treaba. Cei de clasa a șasea nu purtau uniformă, iar hainele obișnuite însemnau putere. Stăteau la mare distanță de toți ceilalți în stație. Își apropriau ultimele șase sau șapte șiruri de scaune ale vehiculului. Era o regulă nescrisă și urcau ultimii în autobuz, mulți dintre ei aruncând ostentativ chiștoacele de la țigări. Cei de clasa a șasea nu vorbeau cu ceilalți. Când ea fusese în clasa a cincea, Alastair nu-i adresase niciodată cuvântul în stație. Pe drumul până acolo vorbeau, bineînțeles – fuseseră întotdeauna apropiați. Însă odată ce ajungeau la punctul unde oprea mașina și pe toată durata călătoriei în fiecare zi, Susannah devenea o străină pentru el, lucru pe care-l accepta fără crâcnire. În anul următor, când Alex intra în clasa întâi superioară, avea să fie exact la fel. Urma să se prefacă demn că nu-l vedea când mai erau și alții în jur, după care aveau să sporovăiască până acasă.

Pentru mama lor se întrevedea o perioadă de bulversări. În sfârșit, biserica avea să fie curată. Alastair avea să plece, iar Alex avea să înceapă naveta. Iar în anul următor... Dumnezeu să-l aibă în pază pe Alex. Avea să rămână singur...

În acea zi, Susannah era încântată să scape de uniforma verde și urâtă pe care fusese obligată să o poarte. Însă de cravată nu scăpase, și oricât de bine ar fi legat-o sau și-ar fi descheiat cămașa, tot nu arăta cum trebuie. Mai ales dacă aveai sâni mari, iar ea – spre marea ei consternare – avea. În premieră, părinții îi dăduseră 250 de lire în august, când primise rezultatul – ca răsplată și ca să-și cumpere haine noi pentru clasa a șasea –, iar ea cheltuise

până la ultimul bănuţ într-o excursie minunată de o zi pe
Oxford Street. În acea zi era îmbrăcată în blugi-pană şi
pulover negru, cu o eşarfă lungă negru cu albastru înfă-
şurată de mai multe ori la gât. Cizme scurte din piele în-
toarsă de la Chelsea Girl. În sfârşit, Al şi ceilalţi puteau
vorbi cu ea, chiar dacă până atunci nu o făcuseră.

Statutul acela nou îi înfrumuseţa ziua. Mereu iubise
începuturile de semestru. Papetărie nouă, geantă nouă,
şanse noi. Probabil că n-ar fi recunoscut-o în faţa ni-
mănui, dar abia aşteptase ziua aceea. Se presupunea că
trebuia să deplângi terminarea verii şi să te porţi ca şi
când întoarcerea la şcoală era sfârşitul lumii. De fapt,
lui Susannah nu-i plăcea libertatea fără scop a verii la
fel de mult pe cât părea să le placă celorlalţi. Anul acela
vara păruse şi mai lungă, căci transpirase aşteptând re-
zultatele pentru nivelul O, care veniseră abia la sfârşitul
lui august. Spre deosebire de ea, Alastair nu părea să fi
transpirat vreodată pentru ceva şi era cu siguranţă genul
de băiat care iubea sfârşitul de semestru. În dimineaţa
aceea, mama lor fusese nevoită să-i toarne apă rece în
cap ca să-l dea jos din pat, pe când ea era gata îmbrăcată
şi aşezată la masă pentru a-şi lua micul dejun înainte să
coboare chiar şi tatăl lor – mult mai devreme.

Luase opt de A şi un B (la geografie). Un nou record
de familie. Alastair se descurcase bine în anul prece-
dent, însă nu atât de bine. Susannah ştia că Alastair
era foarte inteligent şi ar fi putut să se descurce la fel
de bine. Dacă i-ar fi păsat suficient de mult. Însă nu-i
păsase. Era mult mai delăsător ca ea. Învăţa doar cât să
ia câţiva de A şi B la examene. Iar restul timpului şi-l
ocupa cu alte lucruri, pe care le făcea chiar bine. Se des-
curca minunat la sport, avea un grup imens de prieteni,
cunoştinţe muzicale enciclopedice şi o colecţie amplă
de discuri. Mergea la pescuit cu tata şi îşi tot cârpea
bicicleta BMX cu care putea face scheme suficient de
periculoase cât să o sperie de moarte pe mama lor. Ieşea
cu fete – deja avusese un adevărat şuvoi de prietene.
Alastair era echilibrat. Susannah bănuise mereu că ea
nu prea era aşa.

Era deșteaptă, fără nici o îndoială. Chiar foarte deș-
teaptă. Genul acela de deșteaptă care putea ajunge pri-
ma în clasă fără să se străduiască prea mult și care, când
își dădea silința, îi încânta pe profesori. Genul acela
care atrăgea din partea celorlalți copii un amestec de
venerație și dispreț cu care ea nu se obișnuise niciodată.
De restul, în ceea ce o privea, nu fusese niciodată prea
sigură, motiv pentru care începutul școlii constituia
pentru ea un teren foarte solid.

– Hey, Suze!

Era Amelia Lloyd. O striga de la o distanță de cinci-
zeci de metri și îi făcea frenetic cu mâna, fără să-i pese
că toți o priveau lung. Fuseseră cele mai bune prietene
de când familia Lloyd venise în sat, în anul al treilea de
școală generală. Amelia locuia cu părinții în vechea casă
parohială din spatele bisericii. Mama ei petrecuse doi
ani renovând-o și adăugase o seră mare într-o parte și
o piscină în grădină. Aveau cea mai uimitoare masă, la
care încăpeau doisprezece oameni, însă dacă o întorceai
și scoteai buzunarele se transforma în masă de snooker.
Tatăl ei era avocat – partener la o firmă de avocatură din
Londra. Lui Susannah i se păreau bogați. Mergeau la
schi în fiecare an de Paște, într-o cabană ca o căsuță din
turtă dulce pe care o aveau bunicii Ameliei în Elveția,
și își petreceau vacanțele de vară în stațiuni renumite.
Amelia era singură la părinți, avea baia ei și un ponei și
mergea la școala de stat doar din cauza vederilor politice
de stânga ale părinților ei, după cum spunea ea. Îi su-
geraseră oricum să se transfere și să urmeze clasa a șasea
la Roedean sau Marlborough sau St. Mary's Ascot, însă
Amelia cea îngrozită derulase o campanie de rezistență
acerbă, cu Susannah pe post de manager, astfel că dădu-
seră înapoi și o lăsaseră să termine clasa a șasea acolo,
cu condiția ca rezultatele de la nivelul O să fie suficient
de bune.

Probabil ar fi trebuit să fie o nesuferită – răsfățată
și încrezută. Însă nu era. Da, Amelia era răsfățată, însă
era și veselă, amuzantă și generoasă, îndrăzneață și ne-
înfricată. Dacă ar fi trebuit să dea o definiție, Susannah

ar fi spus probabil că toată copilăria ei se transformase
într-o peliculă color când sosise Amelia în sat – așa cum
se întâmplase cu Dorothy în *Vrăjitorul din Oz* după ce s-a
trezit după uragan. Se cunoscuseră la organizația Spiri-
dușilor, unde mama lui Susannah fusese Bufniță Brună
întregul deceniu, cu mult după ce fiica sa renunțase.
Când fetele se înscriseseră la Zâne[1], deveniseră insepa-
rabile aproape imediat, spre marea surpriză a lui Susan-
nah și marea ușurare a Ameliei. Când începuseră școala
generală, Susannah se temuse că o va pierde, că Amelia
va fi răpită de fetele mai la modă. Însă, slavă Domnului,
asta nu se întâmplase. Amelia o făcuse pe Susannah să
fie ceva mai modernă, iar Susannah, după cum pretin-
dea Amelia, o făcuse un pic mai deșteaptă; prin urmare,
schimbul fusese valoros pentru amândouă.

Nu se mai văzuseră de ceva vreme, căci Amelia se în-
torsese cu doar o zi în urmă din vacanța de vară. Acela
fusese unul dintre motivele pentru care vara i se păruse
un chin – ea fusese plecată o veșnicie, iar lui Susannah
îi era foarte dor de ea. Amelia îi telefonase în ajun să
țipe de fericire pentru rezultate: cinci de A, trei de B și
un C (la matematică). Nu erau spectaculoase, însă erau
suficient de bune ca părinții ei să nu o transfere, și doar
de asta le păsa amândurora. Amândouă aveau de dat
trei examene – își alesese engleză, istorie și franceză, iar
Susannah matematică, engleză și economie – iar pla-
nul lor era să meargă la aceeași universitate. Nu știau
încă la care, cu toate că se gândeau deja la Bristol, dacă
primeau oferte după ce începeau procesul îngrozitor al
candidaturilor. Amelia avea o verișoară care fusese la
Bristol și spusese că era minunat și foarte tare. Amelia
îi mai dăduse de înțeles că avea să-i spună ceva impor-
tant, însă nu-i oferise nici un indiciu. Trebuia să aștepte
până se vedeau la autobuz a doua zi. Susannah știa că
n-avea rost să încerce să o tragă de limbă – Amelia iubea
drama. Să fie ceva mai important decât rezultatele de la
nivelul O...

---

[1] „Spiriduși" (*Brownies*) și „Zâne" (*Pixies*) – organizații de cercetași
pentru fete din Marea Britanie (n.red.)

Şi iat-o, foarte bronzată, cu nuanţe de blond foarte deschis în părul auriu. („Sun-In!") Cele două fete se îmbrăţişară, iar Amelia îşi învârti în braţe prietena. Copiii mai mici se holbau la ele.

– Suze! Nu ştii cât de dor mi-a fost de tine!

– Arăţi atât de bine! Nu-mi vine să cred ce bronzată eşti. Te urăsc.

Amelia se umflă în pene. Era îmbrăcată într-un tricou alb, bineînţeles, cu mâneci scurte, în ciuda răcorii acelei dimineţi de toamnă, şi cu mai mulţi nasturi desfăcuţi decât ar fi îngăduit mama lui Susannah. Probabil că era valabil şi pentru mama Ameliei – era sigură că şi-i desfăcuse în drumul spre staţie. Picioarele ei lungi şi zvelte păreau chiar şi mai lungi şi mai zvelte.

– Ştiu. Nu cred că am fost vreodată atât de bronzată. Dar află că bronzul acesta m-a costat trei săptămâni de eforturi.

– Ce norocoasă. Cum a fost în Italia?

– Fantastic. Abia aştept să-ţi povestesc *tot!*

Autobuzul opri, iar copiii în uniformă urcară; bobocii păreau emoţionaţi, iar ceilalţi – plictisiţi. Susannah urcă, îl salută din cap pe şofer, pe care nu-l recunoştea din anul precedent, apoi merse cu o indiferenţă studiată până la şirurile din spate, unde se aşeză pe un scaun liber, cu trei rânduri în faţa lui Alastair. El îi zâmbi scurt şi îi făcu prieteneşte cu mâna Ameliei, care îi trimise un sărut din vârful degetelor şi se aşeză lângă Susannah, apropiindu-se de ea cu un aer conspirativ. Şoferul dădu drumul la Radio 1, probabil ca să acopere gălăgia, iar muzica lui Paul Young invadă atmosfera.

Când Amelia vorbi din nou, o făcu într-o şoaptă rapidă.

– Deci, Italia e superbă. Am fost la Veneţia şi la Roma şi am vizitat toate muzeele şi galeriile pe care dorea mama să le vadă, am făcut cumpărături şi totul a fost minunat. Veneţia e *uimitoare.* Acolo vreau să merg în luna de miere. Şi Roma a fost faină. Însă ultima săptămână – ultima săptămână a fost *cea mai minunată.*

– Unde ziceai că ai fost în ultima săptămână?

Susannah și frații ei petrecuseră câteva zile la bunica lor în Suffolk, apoi întreaga familie dârdâise o săptămână într-un bungalow cu autoservire, în Pembrokeshire, unde era ploaie și frig. Nu era chiar invidioasă pe Amelia, însă ar fi dat orice să vadă și ea acele locuri. Era hotărâtă să meargă într-un traseu InterRailing după ce dădeau nivelul A, iar Amelia spusese că avea s-o însoțească, deși nu era limpede de ce ar fi vrut să doarmă în hosteluri și pensiuni ieftine după ce stătuse la hoteluri de patru stele.

– Pe Coasta Amalfitană. Amelia o rostise cu un accent italian amator. Cel mai romantic loc din lume. La Sorrento.

– Și...

– Și am cunoscut un băiat... Amelia zâmbea.

– Un băiat italian?!

– Un băiat englez. Tristan. Stătea la același hotel cu părinții. Ne-am întâlnit în prima noapte. Și el e singur la părinți, așa că ne-am tot învârtit în jurul cozii la piscină, apoi eu am intrat și am înotat puțin, și el a făcut același lucru, după care el s-a ciocnit chipurile din întâmplare de mine, la capătul mai puțin adânc, am început să vorbim în apă și am rămas acolo până când ne-am învinețit de frig. După aceea eram ca gemenii siamezi, aproape lipiți unul de celălalt. Am petrecut tot timpul împreună. A fost *atât* de romantic!

– Și părinții tăi?

– Aproape nici nu-i vedeam. Nu știu ce i-a apucat – nu mi-au dat niciodată atâta libertate. Poate și-au dat seama în sfârșit că am mai crescut și eu. Plecau tot timpul în excursii de o zi – au fost la Capri, o insulă din largul Coastei Amalfitane, la ruinele de la Pompei, știi tu, toți oamenii aceia îngropați sub vulcan. Și la prânzuri îngrozitor de lungi pentru că voiau să stea la soare în perioada cea mai călduroasă a zilei. Ai mai auzit de ceva atât de ridicol?... Așa că aproape tot timpul eram doar noi doi. Nici părinții lui nu prea stăteau pe-acolo. Nu veneau la piscină...

– Însă voi doi, da?

– Când nu eram în camera mea... Amelia lăsă un moment de tăcere semnificativă şi clipi lasciv din gene.

Susannah îşi duse palma la gură, înţelegând brusc ce anume sugera.

– Doar nu...?

Amelia nu răspunse imediat. Apoi râse triumfătoare.

– Oho, ba da.

Susannah simţi cum roşeşte, spre deosebire de amica ei.

– Trebuie să-mi spui tot.

– N-o să-ţi spun tot, perverso. Amelia o înghionti în braţ, însă continua să zâmbească. Însă o să-ţi povestesc în ce fel s-a întâmplat. Şi o să înţelegi de ce am făcut-o. Nu avea cum să fie mai perfect de-atât. Nu voiam ca prima dată să fie într-o maşină sau după vreun paravan sau în vreo cameră la o petrecere urâtă, sub un morman de haine. Am vrut să fie... perfect. Şi a fost.

– Nu-mi vine să cred că ai mers până la capăt cu el.

– Crede-mă că şi tu ai fi făcut la fel.

Susannah nu era chiar de aceeaşi părere. Nu putea nici măcar să-şi imagineze.

Amelia continuă povestea.

– Deci... am luat o cină incredibil de romantică împreună. Pe terasă. Tristan avea voie să o treacă pe nota părinţilor săi. Ai mei se duseseră într-un oraş pe nume Ravello – fuseseră plecaţi toată ziua. Nu ştiu unde erau părinţii lui – cred că luau cina în altă parte. Păreau că nu prea îi interesa deloc soarta lui. A fost minunat, cu lumânări aprinse, iar eu eram foarte bronzată şi purtam rochia aceea argintie cu bretele, ştii care?

Susannah făcu semn că da.

– Apoi... s-a întâmplat pur şi simplu. Ne sărutam şi de-astea, lângă piscină, pe şezlong, apoi m-a întrebat dacă voiam să merg în camera lui. Şi am spus da.

– Şi părinţii tăi?

La acea întrebare, Amelia făcu un semn cu mâna.

– Le-am lăsat un bilet să le spun că eram extenuată – că stătusem prea mult la soare – şi m-am dus la culcare devreme.

Susannah știa că mama ei ar fi venit să bată la ușă și să vadă ce era cu ea, înarmată cu cremă și paracetamol. De fapt ea n-ar fi avut niciodată tupeu să mintă așa. Nu avusese niciodată curajul să meargă în camera unui băiat... darămite să mai și facă ceva cu el acolo.

– Ești chiar amuzantă, Suze – părinții mei erau ultimul lucru la care mă gândeam, însă pe tine *asta* te ardea să știi...!

Făcu o mutră nedumerită, iar Susannah se simți un pic prost.

– Am și alte întrebări. Cum a fost... știi tu...?!

– Așa mai merge. Amelia coborî tonul până la șoaptă și își apropie gura de urechea prietenei ei.

– A fost minunat.

– Atât, minunat?

– Minunat. Foarte minunat. Mult, mult mai frumos decât mă așteptam. Nu spun mai mult.

Susannah se îndoia de asta. Amelia pur și simplu dorea să înfrumusețeze povestea.

– Și o să te mai întâlnești cu acest Tristan?

– Nu știu. Am făcut schimb de numere de telefon și de adrese. E cu un an mai mare ca noi. Locuiește pe undeva pe lângă Lincoln și merge la un internat pe undeva pe aici. E posibil să ne mai întâlnim.

Susannah rămase ușor mirată, deși nu îndrăznea să comenteze cu voce tare. I se părea o atitudine atât de... neglijentă. Să cunoști un băiat și să te culci cu el – virgină fiind – și nici măcar să nu știi sigur dacă-l mai vezi. Se întrebă dacă nu cumva Amelia doar se prefăcea că nu-i păsa, ca să nu-și strice imaginea.

– Ascultă. Amelia îi aruncă un zâmbet binevoitor, citindu-i expresia de pe chip. Nu e băiatul cu care vreau să mă mărit, Suze. A fost splendid și ne-am distrat de minune, iar mie îmi pare foarte, foarte bine că l-am ales pe el să fie primul, pentru că, după cum am spus, a fost perfect. Să știi că nu trebuie să fie dragostea vieții mele. Asta, desigur, nu înseamnă că o să devin o târfă care se culcă din prima cu oricine. Pur și simplu simt că am scăpat de prima dată și că am făcut-o bine.

Susannah nu se gândise niciodată la virginitatea ei ca la o povară de care trebuia să scape.

– Credeam că să o faci bine înseamnă să o faci cu un băiat pe care chiar îl iubești.

– Fără supărare, Suze, însă chiar ești persoana cea mai demodată pe care o știu. În stilul ăsta o să tot aștepți.

– Nu s-ar zice că sar toți pe mine, pufni Susannah.

– Asta pentru că nu transmiți undele corespunzătoare. Ești frumoasă, amuzantă și deșteaptă. Însă parcă pe fruntea ta stă scris „Nici să nu te gândești". Iar asta... îi ține la distanță. Amelia își încreți nasul și scutură ușor din cap.

Susannah își șterse fruntea cu dosul palmei.

– Nu e adevărat.

Amelia încrucișă brațele.

– Ai sărutat pe cineva în vara asta? Sau până acum?

– Nu, însă...

– Însă nimic. Mă dau bătută. Ai șaisprezece ani – curând șaptesprezece – și nici măcar nu ai fost sărutată. Nu așa cum ar trebui. Ce fel de treabă e asta?

Izbucniră în râs. Susannah spera să nu le asculte nimeni, iar când înălță capul peste spătarul scaunului și privi în jur, toți păreau prinși în propria conversație, fără să le acorde atenție.

– De fapt asta e misiunea mea.

– Ce misiune?

– Anul ăsta îți fac rost de un iubit.

Susannah făcu un gest disprețuitor.

– Doar dacă aș muri fără asta.

– S-ar putea.

– Ce anume discutai atât de aprins cu Amelia? Alastair o prinsese din urmă. Copiii coborâseră din autobuz și o porniseră fără chef spre noile lor clase. Amelia se oprise să vorbească cu un grup de fete pe care le știa de la grajdurile unde era îngrijit poneiul ei.

În ultimii doi ani, Susannah se gândise că lui Alastair i se cam pusese pata pe prietena ei cea mai bună, cu toate că el negase întotdeauna. Însă mereu părea

un pic mai interesat de Amelia când venea în vizită la ei.
Și uneori putea să jure că se pieptăna înainte să coboare
din camera lui când știa că aveau musafiri. Chiar și Alex
remarcase, cu toate că mama îi punea la locul lor când
încercau să-l tachineze.

– Nu e treaba ta, rânji ea.

– Despre mine? I-a fost dor de mine?

Susannah știa că era doar pe jumătate în glumă.

– Nu sunt sigură că mai știe cum te cheamă.

Alastair își duse mâna la inimă într-un gest teatral.

– Surioară, mă rănești.

– Să ai o zi bună, Romeo.

– Și tu, Graso.

– Cunoaște cineva originea termenului „dramă *kit-
chen-sink*"?

Nu răspunse nimeni. Bineînțeles. Oare la ce se aștep-
tase profesorul la o oră atât de matinală de la acea clasă?
De la acel an? De la cursul de nivel A? Felicitări pentru
încercare, domnule Blythe, își spuse Susannah. Tot el
îi predase și pentru nivelul O cu un an în urmă – unii
profesori predau în ambele clădiri. Făcuseră împreună
The Great Gatsby și *Othello* și chiar îl plăcea. Însă era
unul dintre acei profesori pe care copiilor li se părea
mai simplu să-i ironizeze decât să-i asculte. Avea un măr
al lui Adam uriaș, obrazul permanent iritat de la băr-
bierit și un gust imposibil în materie de vestimentație.
Amelia îl poreclise Ichabod cu ani în urmă, iar porecla
îi rămăsese (cu toate că aproape nimeni din clasă nu
avea habar de unde i se trăgea). Bietul domn Blythe.
Iubea enorm literatura engleză, era evident, însă publi-
cul său era format din adolescenți inexpresivi cu pri-
virea leneșă, care ar fi preferat să fie afară, pe iarbă, la
soare și să vorbească despre orice altceva.

– A citit cineva piesa asta?

Susannah o citise, bineînțeles, însă nu avea de gând
să ridice mâna din prima. Profesorul era sigur că ea
o citise. Era sigur că ea cunoștea exact semnificația con-
ceptului de dramă *kitchen-sink*. Și chiar câte ceva despre

contextul istoric al acestui gen de teatru. Nu avea nevoie de handicapul social pe care i l-ar fi creat un eventual răspuns în public. Nu încă, era prea devreme pentru asta. Deja profesorul era exasperat, cu toate că începuseră ora de doar câteva minute. Ar fi trebuit să o citească toți în vacanța de vară – toți primiseră câte un exemplar. Nu se anunța un curs prea vesel.

Toți coborâseră privirea și răsfoiau hârtiile, scormoneau prin penare sau, în cazurile mai îndrăznețe, prin trusele de machiaj.

Domnul Blythe își prinse mâinile la spate, cu picioarele desfăcute, înghiți, făcând ca mărul lui Adam să i se miște violent în gât, și se lansă într-un monolog despre Mișcarea New Wave de la sfârșitul anilor '50 și începutul anilor '60 și despre dramaturgii hotărâți să aducă realismul în teatru în acea epocă. Pe Susannah o interesa, dar făcea toate eforturile să dea impresia contrară. În timp ce vorbea, profesorul nu-i privea direct pe elevi. Era ca și când ar fi ținut un discurs unui public atent și motivat, scornit de propria lui imaginație. Mulțumiți că își vedea de treaba lui și urma să vorbească timp de cel puțin zece sau cincisprezece minute fără să le ceară vreun feedback, cei mai mulți începură să mâzgălească, să viseze cu ochii deschiși și să șușotească.

Susannah privi în jur. Clasa cu băncile aranjate în semicerc se afla într-un corp nou de clădire, la etajul al doilea. Îi vedea bine pe toți colegii, sau cel puțin atât cât putea să-i vadă, căci majoritatea se pitiseră în spatele rucsacurilor. Lângă ea, Amelia desena încântată flori exotice elaborate pe coperta ei nouă și roz. Erau vreo douăzeci de puști, iar pe majoritatea îi știa de la orele de nivel O din anul precedent, însă era uimitor să vadă cât de diferit arătau fără uniforma obișnuită. Acea zi dovedea din plin faptul că uniforma era un instrument perfect de nivelare. Acum, hainele aveau să creeze o ierarhie care până atunci nu existase.

Și aveau un coleg nou.

Îl remarcă din prima. Întârziase vreo două minute –
probabil se rătăcise pe coridoare – şi mormăise o scuză.
Apoi se aşezase într-o bancă de lângă fereastră. Nu se
ghemuise ca ceilalţi – stătea drept, cu picioarele încru-
cişate la gleznă.

Era incredibil de înalt. Fusese primul lucru pe care
îl observase, îndată ce intrase în clasă. Mult mai înalt
decât majoritatea celorlalţi băieţi şi cu cel puţin zece
centimetri mai înalt decât Ichabod.

Acum, cu vocea profesorului zumzăind în fundal,
putea să-l studieze nestingherită.

Părul lui era prea scurt ca să fie la modă, însă îi
plăcea. Îşi spuse că sfârşitul anilor '80 era o perioadă
nefericită pentru coafura bărbătească; o privire rapidă
în clasă dezvăluia mai multe cozi de cal sfrijite, câteva
cazuri inspirate de Limahl şi câteva tunsori de fotba-
list. Părul lui era castaniu-închis şi lung doar cât să-i
cadă într-un val subţire, scurt peste urechi şi la gât.
Ochii lui erau foarte căprui. Şi se bărbierea – se vedea
umbra de deasupra buzei şi de la bărbie. Avea pielea
măslinie – arăta ca şi când ar fi fost mediteraneean,
poate spaniol... Mama ei ar fi spus că era oacheş (bă-
nuia, însă nu era sigură, că mama ei era puţin rasis-
tă), dar îi plăcea şi asta. Era bine făcut. Mulţi tipi din
clasă erau slăbănogi, încă deşiraţi. Băieţi. Însă el nu.
Avea ceva mai... bărbătesc. Simplul fapt că rostise
acel cuvânt în gând o făcu să roşească, dojenindu-se.
„Bărbătesc" era un cuvânt din romanele siropoase.

Îşi înălţă din nou privirea şi văzu că nou-venitul
se uita direct la ea. Simţi cum roşeşte şi mai tare, iar
el zâmbi. Zâmbetul lui era larg şi uşor pieziş. Ridică
sprânceana într-o provocare tăcută, iar Susannah co-
borî ochii în textul ei, simţind cum i se accelerează
respiraţia.

La finalul orei interminabile rămase pe scaunul ei
până când cei mai mulţi elevi plecară, grăbiţi să ia prân-
zul. Privind concentrată spre geantă, îi văzu picioarele
trecând prin faţă, oprindu-se puţin în faţa băncii ei,
apoi ieşind din clasă.

prezent

În spatele lui Lois, Rob îi zâmbi aproape timid, un zâmbet din care nu i se vedeau dinții. Același zâmbet pieziș.

– Bună, Susie.

Într-un fel foarte ciudat, nimeni altcineva nu o mai strigase vreodată Susie (iar cât timp fuseseră împreună, el nu o strigase niciodată altfel), și acel nume de alint familiar o străbătu ca un curent electric. O secundă se chinui să separe trecutul de prezent. Când îl văzuse, amintirile, îngropate de mult și aproape uitate, reveniseră brusc și puternic, inundându-i mintea. Trebuia să se facă eforturi pentru a reveni în prezent.

– Cum te simți, draga mea? Arăți minunat!

Lois, ținând-o de mâini, o cântărea din priviri de sus până jos.

– Mulțumesc. Se simțea sfioasă ca o adolescentă. Sunt bine. Foarte bine, mulțumesc. Și tu? Apoi, fără să vrea, izbucni: Voi ce mai faceți? Cum se simte Frank? Și-ar fi dorit să fi scris. Mi-a părut atât de rău, Lois, când am aflat că e bolnav.

Lois făcu un semn blând cu mâna.

– Fii binecuvântată, draga mea. Nu e chiar atât de rău, având în vedere... Însă părea obosită.

– E în spital, interveni Rob. I-au schimbat tratamentul. De asta sunt acasă. Stau aici câteva zile ca să o ajut pe mama.

Din câte știa Susannah, Lois nu avea permis de conducere.

– Mâine îl externează. Lois îl cuprinse pe Rob de talie și lăsă fruntea pe pieptul lui. Era mult mai înalt decât ea. Băiatul meu mi-a fost de mare ajutor. A fost minunat să-l am aici...

– Sunt sigură de asta. Amintirea puterii lui tăcute și liniștite trecu pe lângă ea ca o fantomă. Susannah contempla chipul lui Rob. Arăta bine. Se maturizase, dar păstrase niște trăsături băiețești. În jurul ochilor și la colțurile gurii avea câteva riduri fine. Părul i se mai rărise, însă încă era des și negru, doar cu o urmă ușoară

de argintiu la tâmple. Ochii lui erau la fel de căprui ca
întotdeauna. De obicei avea tenul măsliniu, însă în acea
zi era de-a dreptul bronzat – cămaşa lui albastră ecosez
era descheiată la gât... Îşi dădu seama că se holba la el.
Şi nimeni nu spunea nimic. De unde veneau toate as-
tea? Nu-şi mai amintea ultima dată când se simţise atât
de vulnerabilă, atât de emotivă...

Cei trei îşi zâmbiră vreme îndelungată. Lui Susannah
i se părea că erau atât de mult de spus, încât nici unul
nu se încumeta să înceapă. Apoi, brusc, Sadie o trase
de fustă.

– Tanti Susannah!

Uşurată, o ridică în braţe. Îl văzu peste umăr pe Alas-
tair, care o aştepta răbdător. Probabil că el o trimisese
pe Sadie.

– E fetiţa lui Alastair, nu?

– Ea e Sadie, răspunse ea, dând afirmativ din cap.

Lois scoase un sunet admirativ spre micuţă, care îşi
umflă pieptul, strălucind de încântare.

– Tati spune că trebuie să vii acum, gânguri ea.

– Desigur. Lois zâmbi şi făcu un pas înapoi. Desigur,
trebuie să pleci... a fost minunat să te văd.

– Şi pentru mine, Lois. Vorbea serios. Şi pe tine, Rob.
Mi-a părut bine să te văd.

– Şi mie, Susie, răspunse el, cu acelaşi zâmbet sfios.

Din nou acel nume. Toţi atât de politicoşi. O lăsă
jos pe Sadie, iar fetiţa o prinse de încheietura mâinii,
trăgând-o după ea. Cu o strâmbătură prefăcută, se lăsă
dusă, făcându-le uşor cu mâna.

Când ajunseră la Alastair, Sadie consideră că îşi
făcuse datoria, aşa că lăsă mâna lui Susannah şi plecă
ţopăind spre casă să-şi caute mama.

– Ai putea să mă numeşti Sir Galahad.

– Deci arătam ca şi când aveam nevoie să fiu salvată?

– Mi-am dat seama că ţi-ar fi mai bine fără o rafală
din trecut.

– Probabil. Privi din nou spre Lois şi Rob, care se în-
torseseră şi se îndreptau încet spre islaz, braţ la braţ.

Era dezamăgită; ar fi vrut să-i mai vadă o dată chipul. Cât de ridicol.

– Hei! Pământul către Grasa.

Ea scutură din cap și zâmbi către fratele ei, care o luă pe după umeri.

– Haide, revino-ți sau te plesnesc. Hai să bei un pahar de șampanie. Mai precis, să beau eu un pahar de șampanie.

Peste un minut sau două erau înghițiți deja de forfota petrecerii – ar fi fost imposibil să se întâmple altfel. Mireasa și mirele străluceau, cortul era la fel de încântător pe cât îl lăudase mama ei. Cânta o mică trupă de jazz, iar cei 120 de oaspeți o scoaseră pe Susannah din reveria ei. Aproape.

În acea noapte, când se întoarse la Islington, Susannah nu intră direct în casă. Era obosită și stoarsă. Nu așa trebuie să te simți după o nuntă – cu atât mai mult cu cât e vorba de nunta unor oameni dragi. Trebuie să te simți plin de bucurie, de strălucirea pe care o emană dragostea tinerilor căsătoriți, nu? Sau, cel puțin, trebuie să ai o grămadă de observații răutăcioase pe seama oaspeților și nenumărate critici la adresa modului în care cei doi au ales să organizeze ceremonia. La un deget mare de la picior îi apăruse o bășică, însă nu acela era motivul. Poate ar fi trebuit să rămână la mama ei. (Sau poate că nu – dacă nunta în sine fusese obositoare, curățenia de a doua zi cu siguranță avea să necesite de o sută de ori mai multe eforturi. Când plecase ea, petrecerea încă era aproape în toi, intrase într-o fază periculoasă de „cereri pentru DJ". Tocmai începuse Madness când reușise să fugă, iar tinerii prieteni avocați ai lui Alex și Chloe păreau că aveau chef să danseze toată noaptea.) Găsi un loc de parcare la câteva case distanță – cât și-ar fi dorit o alee a ei – și rămase pe scaun, sprijinindu-și ceafa de tetieră. Băuse doar două pahare de șampanie toată ziua, însă capul o durea îngrozitor. Afară era întuneric și luminile din casa ei se aprindeau

pe rând. Alastair avusese dreptate în privinţa unui lu-
cru – acolo nu era totul în regulă.

Aşa era, sau poate că nu. Poate că nu procedase co-
rect mergând singură la nunta fratelui ei în acea zi şi nu
era tocmai bine că stătea singură în maşină, temându-se
să intre în propria ei casă.

Ştia că erau şi copiii acolo. Nu era weekendul în care
trebuia să-i ia Doug, însă, după cum spunea întotdeau-
na Douglas cu o uşoară mândrie (ca şi când asta ar fi
dovedit cât de civilizat era), înţelegerea era una „fluidă".
Dacă „fluid" însemna că ei doi se aflau întotdeauna la
cheremul fostei sale soţii, Sylvie, şi a toanelor ei, atunci
avea dreptate. Probabil îi luase de la mama lor în acea
dimineaţă, după ce plecase ea la nuntă.

De asta se certaseră. Sau cel puţin teoretic. În ulti-
ma vreme se certaseră din multe motive, însă, la fel ca
aisbergurile, doar zece la sută dintre ele ieşiseră vreo-
dată la suprafaţă. Aşteptase până în ultima noapte ca
să-i spună, deşi se părea că Sylvie sunase miercuri să-l
roage să-i ia. El nu fusese curajos. Ea se înfuriase. El îi
prezentase problema fără să propună vreo soluţie, fericit
să o pună pe umerii ei. Ce-ar fi trebuit să facă? Să refuze,
răspunsese ea. Asta dacă nu cumva chiar se bucura să
aibă o scuză pentru a nu merge la nuntă. El spusese că
asta nu era adevărat, că ar fi vrut să vină. Ridicase din
umeri, ca şi când s-ar fi aşteptat ca ea să-şi sune mama
şi să găsească locuri pentru trei copii pe care abia îi cu-
noştea. Nu, strigase ea, ştiind că vocea îi răsuna urât
şi răutăcios. Nu. Ajungea. El ar fi trebuit să refuze. Iar
acum era problema lui. Nu te obosi să vii, îi spusese.
Iar el nu venise. Cumva se aşteptase ca el să reacţioneze
altfel? Să o sune pe Sylvie şi să-i spună că se răzgândise?
Nici măcar o clipă.

Deja vizualiza ce avea să găsească în casă când intra;
mereu era la fel. Sylvie locuia într-o cocină, iar copiii îi
preluaseră obiceiul şi nu puteau fi convinşi că în casa
aceea existau reguli. Bucătăria era un dezastru – vase în
chiuvetă, resturile de la cină lăsate pe blat, brânză întări-
tă şi un cuţit uitat în unt. Chiar şi după atâţia ani, când

erau copiii la ei avea senzaţia ciudată că se afla într-o
locuinţă străină.

De fapt nici nu era casa ei. Teoretic. Avea şi ea un
cămin, cu toate că nu l-ar fi numit astfel; era un mic
apartament cumpărat după Sean şi înainte de Douglas,
în care nu locuise niciodată. Însă acea casă îi aparţinea
lui Douglas, care locuia acolo când se cunoscuseră.
O cumpărase după partajul cu Sylvie, care îi redusese
drastic veniturile. Era mult mai mică decât cea pe care
o împărţise cu fosta soţie. Aceea fusese o vilă situată
într-o zonă mai bună, cu parcare separată. Cea de acum,
lipită de casele vecine, avea trei camere şi o peluză infi-
mă. Însă când nu erau copiii se simţea ca acasă. În pre-
zenţa lor se simţea sub asediu. Apoi se simţea vinovată
pentru că se simţea asediată. Apoi se simţea iritată că se
simţea vinovată. Era un model foarte, foarte familiar.
Daisy se închidea în camera ei, fără îndoială trăgând
până la limită telefonul din hol şi dând muzica prea
tare. Susannah nu înţelesese niciodată cum puteau ado-
lescenţii să asculte stereo la maximum şi în acelaşi timp
să vorbească la telefon cu prietenii lor, dar să nu audă
când le cereai să-şi facă patul dacă stăteai chiar lângă ei
şi în jur era linişte. Probabil vorbea cu Seth, „iubitul".
Rosie urmărea vreo porcărie la televizor. (Spre deosebi-
re de ea şi Doug, Sylvie limita „orele de vizionat". Aşa
că se petrecea un adevărat ospăţ după foamete, pe care
Susannah nu-l considera deloc sănătos – când erau cu
ei, copiii rămâneau prinşi în câte o chestie din care nu
mai ieşeau. Cu o săptămână în urmă, Rosie încercase să
stea cu căştile de la iPod în urechi la cină.) Iar Fin, care
probabil ar fi trebuit deja să fie în pat, era prea ocupat
cu DS Lite, mult prea prins în joc să-şi mai dea seama
că-i era somn.

Nu fusese mereu aşa. Ea nu dorise să devină vreodată
aşa. Se purta ca o mamă şi avea îndatoririle unei mame,
însă nu primise vreodată vreo felicitare de Ziua Mamei.

Nu era vina copiilor. Ar fi vrut să-i iubească. Me-
reu crezuse că asta va veni cu timpul. Poate că nu era

dragostea necondiționată care îi cuprinde imediat pe părinții biologici în sala de nașteri, ci o afecțiune dulce care se dezvoltă treptat, permițându-le să fie o familie – toți cinci. O familie amestecată și haotică, poate cu disfuncții, însă nu mai rea ca alte familii. La urma urmei, copiii nu fuseseră o surpriză. Lucrase cu Doug înainte să fie împreună cu el, așa că știuse – știuse foarte bine – că exista o fostă soție cu trei copii mici. Pe atunci nu păreau să fie un obstacol, ci dimpotrivă. Avea timp. Avea treizeci de ani. Se gândise că era pregătită. Și iată-i. Spre deosebire de alte femei, nu o deranja că nu erau copiii ei. Sau cel puțin asta își spunea ea.

Însă lucrurile nu stătuseră chiar așa. După toate aparențele, nu asta își dorise Douglas.

Acel Douglas de atunci părea cu totul alt om. (Oare la fel se simțeau și alții după câțiva ani, când se trezeau și priveau persoana de alături?) Ea avea treizeci și unu de ani, era divorțată de Sean și distrusă. Și cu siguranță nu dădea semne că își dorea o relație. Cu atât mai puțin îi dăduse de înțeles că ar fi vrut o relație cu el. Pusese placa „mă concentrez asupra carierei", iar poveștile de dragoste de la birou nu intrau în planurile ei. El era un coleg de rang superior, nu șeful ei, însă șeful mai multor colegi de-ai ei și partener în firmă, și era cu doisprezece ani mai mare ca ea. La început fuseseră prieteni. Era un tip cumsecade și blând, care părea mereu trist. Îndrăgostirea de el fusese un proces treptat. Nu părea deloc romantic sau sexy sau convingător. Însă la acea vreme se gândise că era exact ceea ce-i trebuia. Sean o lăsase mai mult decât distrusă. Poate că și Sylvie făcuse același lucru cu Doug. Trebuia să o ia încet. Aveau nevoie de timp pentru a învăța să-și recapete încrederea. De data asta erau amândoi mai prudenți.

Chiar se gândise că acela era motivul și în privința copiilor. Că îi proteja. La început îl iubise pentru asta. La fel cum, tot la început, îl iubise pentru alte o sută de lucruri care în prezent o înnebuneau, de exemplu faptul că adormea de fiecare dată în timp ce se uita la știri și nu era în stare să facă o ceașcă decentă de ceai. Îi făcuse cunoștință cu puștii abia după foarte mult timp. Se culcau împreună de nouă luni când o invitase la pizza cu ei. Își amintea perfect cum stătea în chiloți, cu telefonul pe umăr, vorbind cu Amelia despre ce să poarte. Amelia, punctul ei de referință atâția ani, fusese așezată pe un soclu de zeiță când Susannah îl cunoscuse pe Douglas – era mamă a trei copii mici și mai avea și o fină, pe Elizabeth, și un fin, pe Sam, așa că era expertă în toate lucrurile legate de „micuți".

– Trebuie să mă descurc perfect. Prima impresie chiar e importantă.

– Să nu faci mare caz din asta. Ei nu fac. Probabil nici nu le pasă. Probabil doar cea mai mare. Daisy?

– Da. Daisy are opt ani. Rose are trei.

– Ce e cu toate numele astea de flori? Amelia era o tradiționalistă.

– Nu știu. El spune că Sylvie le-a ales. Însă nu era adevărat.

– Și copilul de sex masculin? Amelia îl numise pe Sam „copilul de sex masculin". Sau „But", prescurtarea de la Belzebut, poreclă care se datora predilecției lui pentru golitul sertarelor pe podea.

– Îl cheamă Fin. Are doar doi ani. În fotografiile pe care le văzuse la el i se păruse că arăta ca un îngeraș. Un îngeraș cu bucle blonde.

– Deci e simplu. Fin și Rose sunt ca Sam și Victoria. Pur și simplu vor să te cobori la nivelul lor, să discuți cu ei și să te prostești puțin. Să le arăți că te interesează, dar să nu faci pe profesoara. Să fii un fel de bonă de gașcă.

– O spui de parcă m-aș pricepe.

– Glumești, nu? Tu chiar *ești* o bonă de gașcă. Copiilor le place să vii pe-aici. Îi farmeci pur și simplu. Victoria nu mă iartă nici acum pentru că nu te-am rugat să fii și nașa ei.

– Foarte bine. Acum că-mi aduci aminte, nici eu...

– Ei, mai lasă-mă. Știi că am fost obligați să-i cerem asta surorii lui J... Râse.

– Dar Daisy?

– La Daisy o să fie mai complicat. E un fel de Elizabeth, și Dumnezeu știe cât de atentă trebuie să fiu cu a mea... Opt e noul treisprezece. E suficient de mare cât să-și dea seama ce se petrece. Sylvie pare suficient de aiurită cât să-i fi spus și lucruri pe care nu e suficient de matură să le înțeleagă. Și probabil în cea mai mare parte prostii. I-a explicat precis că tatăl lor i-a părăsit din vina *ta*.

– Asta nici măcar nu e posibil fizic. Pe atunci nici nu-l cunoșteam.

– Asta nu o va opri pe o fostă soție nebună, îți spun sigur. Nu există nici în iad o scorpie mai mare decât o femeie de patruzeci și ceva de ani părăsită de soț. Ar spune orice...

– De unde știi atât de multe despre asta?

– Urmăresc *EastEnders* în timp ce calc rufe, răspunse Amelia. Așadar, cu Daisy ar putea să fie mai greu. Sunt apropiați?

– Cine, Sylvie și Daisy?

– Nu, Douglas și Daisy.

– Nu știu. Oricum, nu i-am văzut niciodată împreună.

– Da, așa e, nu i-ai văzut. Amelia spuse asta pe un ton gânditor, în stilul lui Hercule Poirot, apoi tăcu o clipă, ca să sublinieze mai bine ideea. Ți-am menționat că mi se pare bizar...? *Da*, îi mai spusese, bineînțeles, de mai multe ori. Dacă „menționat" însemna predici fără sfârșit. Și, după toate aparențele, se pregătea să o facă din nou dacă Susannah nu o oprea. Adică locuiești cu el de șase luni și tot nu i-ai cunoscut copiii?

– Las-o moartă, Meels. Acum mă duc să-i cunosc, nu? Putem să revenim la subiect? Hainele pe care-o să le port?

– Da, exact. Întreabă o femeie care n-a mai purtat nimic fără elastic la betelie de... nu știu, o mie de ani; cere-i ei sfaturi despre modă.

– Trebuie să plec în aproximativ șase minute.

– Bine, bine. Amelia trecu imediat la subiect. Blugi. Închiși, cu talia joasă. Nu blugi de mămică.

– Nici nu am așa ceva.

– Aşa e. Uitasem. Iartă-mă. Cizmele de motociclist, geaca de piele întoarsă. Cercei lungi. Să arăţi cool, dar nu exagerat. De zi cu zi.

Susannah scotea deja haine din şifonier.

– Mulţumesc mult. Te iubesc.

– Şi eu. Sună-mă după aceea.

Amelia avusese mare dreptate în privinţa lui Daisy. Avea opt ani, aproape nouă, însă lui Susannah i se părea că are aproape optsprezece. Avea ceva atotcunoscător şi o duritate enervantă pentru o vârstă atât de fragedă. Poate că Amelia avusese dreptate şi Sylvie *chiar* încercase să o monteze împotriva lui Susannah. Rose era doar o prinţesă frumuşică şi bosumflată, cu burtică umflată de copil, care venise la masă în tutu şi cu tiară. Iar Fin era ceva mai mare ca un bebeluş, cu un degeţel înfipt în guriţa roz şi cu o bucată de satin care mirosea a şosete în mână, la fel de fermecător ca în poze, însă mult mai zgomotos.

Bineînţeles, la început o emoţionase să-l vadă pe Douglas, bărbatul de care se îndrăgostise, înconjurat de copii. La început. Era în egală măsură emoţionat şi sexy. Vreme de aproximativ cincisprezece minute. Până când Rosie începuse să facă scandal că nu aveau cartofi pai, iar Fin începuse să urle fără ca cineva să ştie de ce... Şi până când îşi dăduse seama că nici el nu ştia mare lucru despre ei. Nu putea să potolească o criză de furie sau să oprească plânsul. Nu avea habar nici măcar cum să se poarte cu ei. Întrebările pe care i le punea lui Daisy erau parcă învăţate pe de rost, iar răspunsurile ei erau seci şi papagaliceşti. Următoarea etapă fusese să-i fie milă de el – tatăl alungat. Apoi urmase iritarea. Genul de enervare pe care poate să-l simtă doar o femeie fără copii în timp ce stă într-un separeu cu nişte plozi needucaţi faţă de care nu simte vreo responsabilitate, cu un tată care încearcă în zadar să-i intimideze şi lansează ameninţări cărora nu le dă curs.

Acea primă întâlnire îi deschisese ochii cu adevărat. În afară de examinarea atentă din cap până-n picioare a lui Daisy – şi de onoarea ciudată de la sfârşit, când

trebuise să-i șteargă fundul lui Rosie într-o excursie până
la baie – copiii nu fuseseră interesați aproape deloc de
ea, de atitudinea ei degajată sau de hainele ei cool. Iar
geaca de piele întoarsă se alesese cu o pată de grăsime
de la mozarella pe partea dreaptă a reverului. Aceea fu-
sese una dintre cele mai obositoare și mai puțin plăcute
seri pe care le petrecuse vreodată, din cauza așteptărilor
neîmplinite.

La acea prima întâlnire se abținuse însă de la orice
intervenție, oricât de mult și-ar fi dorit să o facă. În taxi,
pe drum spre casă, Douglas îi zâmbise adorabil și apo-
logetic (o lăsase să aștepte după colț să nu o vadă Sylvie
când îi dusese pe copii la mama lor), o ținuse de mână
și îi spusese cât de fericit era că în sfârșit îi cunoscuse.
Apoi făcuseră sex ca un cuplu fără copii, pe canapeaua
de acasă, iar asta îi distrăsese de minune atenția.

Intervenise abia după multe luni – după ce ea și Dou-
glas deveniseră oficial un cuplu, ea plecase de la firma la
care lucrau amândoi (Amelia fusese foarte supărată din
cauza asta, avusese o reacție destul de feministă, însă
Susannah știa că unul dintre ei trebuia să plece, iar
Doug era partener) și se mutase cu el definitiv. Erau cu
toții în parc, Susannah făcea poze, iar Rosie îl tortura
pe Fin în groapa de nisip – îi lua jucăriile, umplea inten-
ționat gropile pe care el se chinuise să le sape și îi călca
în picioare castelele. Douglas se afla în cealaltă parte a
parcului, ajutând-o pe Daisy să stea dreaptă pe rolele pe
care îl convinsese Susannah să i le cumpere de ziua ei.
La început, Susannah o dojenise pe Rosie, apoi țipase la
ea, după care, exasperată, o lovise peste mână cu putere.
Douglas văzuse totul de la distanță și rămăsese alb ca
varul și cu buzele strânse tot restul după-amiezii. Ca și
când nu ar fi fost de ajuns, peste numai câteva secunde,
Daisy căzuse cu patinele și își sucise glezna atât de rău,
încât urlase vreme de zece minute.

Mai târziu în acea noapte, când copiii se băgaseră în
pat, iar el se dusese să le spună noapte bună, ea turnase
două pahare mari de Pinot Noir, pregătită să discute cu
el despre comportamentul din ce în ce mai urât al lui

Rosie față de frățiorul ei. Însă, când coborâse, Douglas
nu se așezase lângă ea la masă așa cum crezuse că o va
face. Rămăsese în picioare în fața ei, la o distanță sigu-
ră, și rostise un discurs pe care era evident că-l repetase
în minte toată după-amiaza.

Era un ton pe care nu-l auzise de la el până atunci în
afara sălii de ședințe, și o uimi să-l audă acasă.

– Trebuie să stabilim un lucru dacă avem un viitor,
Susannah. (Dacă? Locuiau împreună!) Ăștia sunt copiii
mei. Au mamă. Nu am de gând să-i amețesc atribuin-
du-ți rolul de mamă de-a doua. Poți să le fii prietenă,
însă nu încerca să le fii părinte. Nu asta vreau. Și ni-
ciodată, absolut niciodată, nu vreau să ridici mâna la
vreunul dintre ei.

Ea se simțise ca și când ar fi plesnit-o. Aceea fusese
prima noapte în care dormiseră fără să se împace. Șo-
cată, furioasă și rănită, rămăsese întinsă în pat, rigidă
lângă el, încercând să-și dea seama ce trebuia să facă.

Nu povestise nimănui ce-i spusese el în acea noapte.
Nici mamei ei și în nici un caz Ameliei. Nimănui. Știa
ce ar fi spus Amelia. Ar fi îndemnat-o să se despartă
naibii de el înainte să fie prea târziu. Și poate ar fi avut
dreptate. Poate ar fi trebuit s-o facă. Dar îl iubea. (Re-
frenul tuturor femeilor din istoria lumii.) Nu voia să o
ia de la început. Nu voia să fie singură. Așa că îi căutase
scuze în gând până se convinsese singură că ea întrecuse
limita. Că el avea dreptate, că ea nu trebuia să se bage.

Și, sincer, pe atunci nu credea că lucrurile aveau să
rămână așa pentru totdeauna. Își spuse că n-ar fi con-
tinuat relația dacă ar fi bănuit măcar, dar nu reușea
să-și creadă propriile cuvinte. Simțea că timpul avea să
schimbe lucrurile. Poate că îi forțase mâna prea mult și
prea repede, dar situația avea să se îmbunătățească.
Aveau să ajungă la un numitor comun și totul avea să
meargă de minune. Și, într-un fel, chiar așa se și întâm-
plase. Erau împreună de opt ani. Participase la con-
cursurile de alergat de la școală și asistase la piesele
de teatru și la concertele orchestrelor de copii. Admi-
nistrase Calpol, făcuse probleme de algebră și bătuse

magazinele Toys R Us căutând cel mai la modă cadou
de Crăciun. Însă nu fusese așa cum crezuse ea că va fi.
Nu simțea că-i aparțineau ei în vreun fel. Dacă se iu-
beau, acea dragoste nu fusese vreodată exprimată clar,
nici măcar presupusă, de ea, de ei sau de tatăl lor. Iar
în ultima vreme se întreba dacă făcuse bine să rămână.
Sau cel puțin dacă făcuse bine să rămână în termenii lui
Douglas. Odată ce stabiliseră deja regulile relației, era
greu – sau mai degrabă imposibil? – să le schimbe.

Acum, în fața casei, trase adânc aer în piept și vârî
cheia în broască. Înăuntru, copiii abia dacă-i remarcară
prezența – Fin nici nu ridică privirea din joc, iar Rosie
se mulțumi să murmure un salut și să facă ușor cu mâna
în direcția ei, fără să-și desprindă ochii de pe ecran.
Simon Cowell își bătea joc de cineva. În ultima vreme
era mereu Simon Cowell. Și mereu își bătea joc de cine-
va. Toate pernele de pe canapea erau pe covor, iar Fin
stătea întins pe ele ca un împărat, în timp ce Rosie era
tolănită pe toate cele trei locuri ale canapelei. Douglas
și Daisy nu se zăreau pe nicăieri.

Salutul ei nu primi cine știe ce răspuns. Se hotărî să
nu intre în bucătărie – știa că va simți imediat nevoia
să deretice și chiar nu avea chef; în plus, era îmbrăcată
într-o rochie deschisă la culoare și scumpă, care nu fuse-
se destinată pentru treburi casnice, astfel că urcă direct
scările. Exact așa cum își imaginase ea, Daisy era închisă
în camera pe care o împărțea – spre consternarea ei –
cu Rosie, cu firul de la telefon prins în ușă și Death
Cab for Cutie cântând din iPod. I se părea uimitor că
depistase sursa zgomotului, dar Elizabeth îi pusese niște
muzică pe iPod cu două săptămâni în urmă, când fusese
acasă la Amelia. Și îi plăcuse câte ceva... Presupunea că
Douglas era închis în biroul său de la etaj. În ultima
vreme acela era refugiul său în fața tuturor problemelor
casnice. Acolo avea o combină stereo demodată și o co-
lecție de CD-uri cu jazz, dar și o sticlă de whisky Maker's
Mark și un fotoliu de piele foarte vechi, care începuse
să se cojească. Daisy numise acea încăpere – pe tonul

disprețuitor pe care îl adoptase în ultimii ani – „peștera
lui bărbătească". Iată însă că era în camera lor. Patul –
pe care ea îl lăsase nefăcut – era perfect aranjat, cu toate
pernele inutile de care se plângea mereu puse frumos în
ordine, așa cum ar fi făcut Susannah. Prin ușa deschisă
a băii lor vedea apa curgând. Iar el turna sare de baie
sub robinet.

Când o auzi se întoarse și îi aruncă un zâmbet spășit.
Același zâmbet de pizzerie. Părea de douăzeci și cinci de
ani când zâmbea așa.

– Te-am auzit intrând. M-am gândit că ți-ar prinde
bine o baie fierbinte. Apoi se apropie de ea și o cuprinse
în brațe. Îmi pare atât de rău, Susannah. Vorbea în gâ-
tul ei, mângâindu-i părul cu mâna. Aseară m-am purtat
ca un idiot și îmi pare rău. Îi scoase jacheta de pe umeri
și o sărută tandru.

Se pricepea la asta. Nu știa dacă o făcea intenționat
sau era pur și simplu o întâmplare, dar își cerea scuze
întotdeauna când ea era suficient de obosită cât să le
accepte în loc să prelungească disputa. Așa că îl lăsă să o
îmbrățișeze o clipă. Totul la el i se părea atât de familiar!
Atingerea lui, mirosul lui, sunetul vocii lui. Îl lăsă să-i
descheie fermoarul rochiei, care căzu pe podea, apoi să
o conducă în baie.

Cada era plină până la jumătate, iar el se aplecă să în-
chidă robinetele, apoi își trecu mâna prin apă să verifice
temperatura.

– E pregătită. Ce-ar fi să intri, iar eu mă duc jos să-ți
aduc ceva de băut. Ce ți-ar plăcea? O ceașcă de ceai, sau
ceva mai tare? Apoi îmi povestești.

– Ceai. Mă doare capul. Știa că părea îmbufnată.

– Îmi pare rău, răspunse el cu o expresie îngrijorată.
Să-ți aduc o pastilă?

Ea ridică din umeri și zâmbi, hotărâtă să facă un
efort.

– Nu te pot învinui și pentru durerea de cap.

Își scoase sutienul și chiloții și intră în apa fierbinte.
Douglas îi mângâie umărul, însă nu era nimic sexual
în acel gest sau în atmosfera din încăpere, în ciuda

goliciunii ei. Când erau copiii în vizită, decența era la ordinea zilei. Aflase asta cu mult timp în urmă.

Amelia îi spusese odată că, pe când erau încă împreună, ea și fostul ei soț, Jonathan, făceau dragoste în diminețile de weekend. Lăsați să se uite la desene animate, copiii erau fericiți și liniștiți și le lăsau timp să se desfășoare. Tatăl lor cobora să-i așeze în fața televizorului, cu un castron de Cheerios și telecomanda, pregătea un ceainic cu ceai, revenea în dormitor și încuia ușa în urma lui. Cele mai bune cincisprezece minute din weekend, spunea ea. Erau gata la fix ca să bea ceaiul înainte să se răcească.

Însă asta nu funcționa și pentru Douglas. Cu siguranță nu dimineața, nici măcar noaptea. Nici măcar dacă odraslele dormeau duse în paturile lor. Asta o frustrase, nu doar sexual, ci pentru că i se părea nedrept – nedrept să separe aceste două elemente importante din viața lui. La început părea lacom de dragoste. Nu se putea sătura de ea. Oricând, oriunde. Recupera anii pierduți într-o căsnicie aproape lipsită de sex, spunea el. Făceau sex aproape zilnic în acele prime luni. Nu-și dădea seama cum se oprise totul atât de brusc. Încercase toate metodele să-l convingă, folosise toate armele din arsenalul ei sexual ca să-l asigure că era în regulă, că o partidă rapidă și tăcută de sex în spatele ușii încuiate a dormitorului lor nu avea cum să-i rănească pe copii, însă nu reușise și, într-un final, renunțase. Sexul era complet exclus când erau copiii la ei. Încă un lucru pe care nu i-l mărturisise vreodată Ameliei.

Se întinse în cada adâncă și închise ochii. Iar în acel moment îl văzu pe Rob.

Nu așa cum fusese în acea zi. Ci așa cum fusese atunci...

1987

Se părea că Rob Rossi se mutase în sat cu părinții lui în acea vară. Nu frecventau St. Gabriel – erau catolici și nu mergeau deloc la biserică – fapt care explica de ce scăpaseră de radarul mamei ei. Locuiau într-o casă de pe cealaltă parte a islazului. Lua alt autobuz până la școală.

Nu-și vorbiră timp de săptămâni întregi, dar Susannah se obișnuise să-l caute cu privirea. Era ușor de găsit, fiind atât de înalt. Și de câte ori îl zărea, i se tăia respirația. Se trezea cu gândul la el în tot felul de momente ciudate ale zilei și în timp ce stătea lungită în pat noaptea. Începu să se privească foarte atent în oglindă dimineața. Încercând să vadă ceea ce vedea el. Întrebându-se dacă el o zărea măcar.

Susannah era adolescenta stângace tipică, puțin mai înaltă decât și-ar fi dorit, foarte conștientă de formele care i se dezvoltau. Amelia avusese sâni dintotdeauna, dar în cazul ei erau mai degrabă o achiziție recentă. În clipele de analiză obiectivă recunoștea că avea tenul mai curat decât alte persoane de vârsta ei, că ochii ei – de obicei de un căprui dezamăgitor – erau verzi pe margine și străluceau când era fericită. Amelia spunea că avea un nas ca o rampă de lansare și buze ca înțepate de albină, s-o ia naiba, însă Susannah știa că prietena ei era mai frumoasă – și, oricum, uneori se gândea că și-ar fi schimbat toate calitățile pe cochetăria acesteia.

Ea și Rob aveau un singur curs împreună, engleza. Era foarte tăcut, însă dacă Ichabod îl striga, dădea răspunsuri ample, rostite pe o voce groasă. Uneori îi zâmbea timid, însă ochii lui se îndepărtau întotdeauna de privirea ei înainte să termine de zâmbit. Susannah se întrebă dacă nu cumva își bătea joc de ea, dacă nu cumva ea se holba prea evident. Era oarecum singuratic – părea să fie prietenos cu mulți băieți, însă fără să se apropie de vreunul, și nu-l văzuse niciodată vorbind cu fete. În pauza de prânz fie juca fotbal, fie citea o revistă – nu știa care – rezemat de un copac, lângă laboratorul de științe. Amelia spunea că avea un aer de visător sexy. Îi amintea de Heathcliff, dar Susannah nu vedea asemănarea – nu avea înclinația spre dramatism a prietenei

ei celei mai bune – şi i se părea doar reţinut şi rece.
Ca şi când n-ar fi avut nevoie de restul lumii.

Într-o seară de vineri, pe la sfârşitul lui octombrie,
mama Ameliei le aducea cu maşina de la cinema – şi
tocmai povesteau cu amănunte intriga din *Atracţie fa-
tală* – când îl văzură mergând de-a lungul şoselei prin-
cipale, de la staţia de autobuz către casă. Purta haine în
stil militar – pantaloni albaştri prea largi ca să fie mo-
derni, un pulover cu dungi şi beretă neagră. Avea alături
o fată îmbrăcată la fel. La început, Susannah crezuse că şi
ea era tot băiat.

Lunea următoare, Amelia – care nu era deloc timidă
în preajma lui sau a altcuiva – se aşeză pe marginea băn-
cii lui şi îl luă la întrebări în timp ce aşteptau să înceapă
ora de engleză.

– Deci eşti soldat? Lui Susannah i se păru că tonul ei
era uşor batjocoritor.

Rob părea stânjenit, ca şi când l-ar fi luat prin sur-
prindere, însă nu o întrebă de ce îl chestiona.

– Cadet în forţele aeriene, răspunse el, scuturând
din cap.

– Ce înseamnă asta?

– Că o să fiu aviator. În Forţele Aeriene Regale. După
ce dau nivelul A.

– Te-am văzut într-o seară. Eram cu Susannah.

El o privi pe Susannah, apoi dădu din cap.

– Erai cu o fată. E prietena ta?

Rob încă o privea pe ea, iar obrajii lui se înroşiră.

Amelia putea să fie rea dacă voia, îşi spuse Susannah,
cu toate că abia aştepta să audă răspunsul lui.

– Nu. Nu am prietenă.

Amelia îi dădu un ghiont – slavă Cerului că în acel
moment intră domnul Blythe şi le ceru să deschidă
piesa la pagina 110, chiar înainte ca Susannah să-şi ciu-
pească zdravăn prietena de coapsă.

În ciuda tachinărilor şi încurajărilor Ameliei, Susan-
nah găsi curaj să i se adreseze direct abia în noiembrie.
Îşi zâmbeau, iar în unele momente era sigură că şi el o
căuta prin mulţime. Uneori o ţintuia cu privirea un pic

mai mult decât era nevoie. De fiecare dată avea senzația
că în jurul ei se materializa strălucirea din reclama de la
Ready Brek pe care o vedea la televizor. În sat se făcea
întotdeauna un foc de tabără imens, pe islaz, de ziua lui
Guy Fawkes. Începeau să-l pregătească în octombrie –
toți sătenii contribuiau – iar pe 5 noiembrie era deja su-
ficient de mare cât să ardă o sumedenie de manechine.
Cei de la Rotary pregătiseră un foc de artificii pe un
câmp, în nord, și un mic parc de distracții cu un carusel
și mașinuțe, în cealaltă parte a islazului. Dacă nu ploua,
toată comunitatea ieșea să participe la spectacol. Încă
de când era mică, lui Susannah i se părea foarte pal-
pitant – întunericul și prezența neobișnuită a tuturor
oamenilor pe islaz, alături de permisiunea de a se culca
târziu, deși a doua zi avea școală. Cel mai mult îi plăceau
artificiile. De câte ori le urmărea pe cer i se punea un
nod în gât. Mereu o făceau să plângă.

Vâlvătaia deja era în toi, după ce fusese aprinsă din
șase sau șapte puncte diferite, iar flăcările înghițeau ra-
murile până aproape de vârf. Toate momâile erau aprin-
se. Focul trosnea ca în povești și mirosea delicios. Era
ciudat cum ți se înfierbântau obrajii atât de rău că te
dureau, deși în spate îți era tot frig. Amelia se dusese
cu Alastair să cumpere cidru fierbinte și mere carameli-
zate, înainte să înceapă focul de artificii. Despărțită de
părinții ei și de Alex, care își găsise și el amicii în partea
opusă a islazului, și părăsită de prietena ei care plecase
să cumpere răcoritoare, Susannah se trezi, spre plăcerea
și groaza ei, stând lângă Rob, care privea focul alături
de doi adulți de vârstă mijlocie – probabil părinții lui.
Nu îl căutase și spera ca el să nu o suspecteze. Nu pu-
tea să se îndepărteze: Al și Amelia urmau să se întoarcă
acolo, iar dacă se despărțeau nu mai aveau vreo șansă să
se găsească. În plus, era foarte aglomerat și câmpul era
cufundat în beznă. La început nu fusese prea sigură că
el o văzuse în lumina focului, dar peste câteva clipe se
apropie de ea. Se temu că avea să amețească atât de rău
încât să cadă în foc dacă nu era sfoara de protecție din

jurul rugului, menită să-i țină la distanță pe spectatorii neatenți. Niciodată, *niciodată* nu se simțise așa.

– Salut. El vorbi primul.

– Salut.

– Este minunat, continuă Rob, făcând un semn spre foc.

Ea dădu din cap, într-un răspuns plin de entuziasm autentic.

– Îmi place la nebunie. Cred că e noaptea mea preferată din an. Toată lumea e prezentă.

– Ai locuit dintotdeauna aici?

– Da. Toată viața. Deci asta e a șaisprezecea sau a șaptesprezecea Noapte a Focurilor la care particip. Sunt destul de sigură că m-au adus și când eram un bebeluș.

– Întotdeauna e așa de mare?

– Cred că da. Nu știu. Când ești copil, lucrurile par mai mari, nu?

– Unde e prietena ta? întrebă el zâmbind.

– Amelia? Lui Susannah i se strânse inima și simți durerea ascuțită a dezamăgirii. De fapt era interesat de Amelia. Era de înțeles. Amelia era cea căreia îi plăcea să flirteze, atrăgând băieții ca o lampă fluturii. Nu era ciudată și timidă. Se legănă de pe un picior pe altul, căci îi înghețaseră degetele, și explică: A plecat cu fratele meu să cumpere de băut. Se întoarce în câteva minute.

– Păcat.

Îi privi ochii strălucitori. Aproape că zâmbea.

Se lăsă o tăcere stânjenitoare. Susannah își căuta în gând ceva interesant de spus. Chiar nu se pricepea deloc la asta. Tensiunea era de nesuportat. Și știa că dintr-o clipă în alta avea să o salute și să se întoarcă la părinții lui. Când deschise gura, cuvintele aproape că i se rostogoliră afară.

– Noi suntem... un grup mai mare... o să mergem în parcul de distracții după ce privim focul de artificii. Vrei să vii? Dacă ți-ar plăcea...

– Sigur. Rob ridică din umeri, ca și când i-ar fi convenit oricum.

Când se întoarseră ceilalți, Amelia rânji spre ea. Susannah îngustă privirea și își țuguie buzele în semn de avertisment, iar prietena ei duse un deget la buze în semn de tăcere, făcându-i cu ochiul. Alastair vorbi foarte natural cu Rob, fără să-și dea seama ce se petrecea.

Lui Susannah pur și simplu i se tăie respirația când artificiile explodară într-o mare de culori deasupra capetelor lor. Nodul îi reveni în gât. Toți lăsară capul pe spate să privească, iar în jur se auzeau strigătele de uimire ale copiilor. I se părea că el era foarte aproape de ea, în frig și întuneric. Și îi plăcea să-l simtă alături.

Când lăsă mâna în jos, mâneca hainei ei o atinse ușor pe a lui, apoi simți mâna lui alunecând ușor într-a ei, până când degetele li se uniră. Îi strânse mâna, însă privirea lui rămase ațintită pe cer.

prezent

August

În ultimii ani, de multe ori se păruse că Anglia își tachina locuitorii cu o mână de zile fierbinți în mai, trezind o adevărată isterie de vopsit de unghii, epilat de picioare și cumpărat de maiouri, doar ca să revină la ploaia cenușie și vântul rece în iulie, însă anul acela vara se anunța una normală. Riviera engleză era rezervată pentru august, iar tabloidele publicau zilnic fotografii dintr-un Hyde Park plin de oameni care stăteau la plajă în costum de baie. Doug ieșise în trei weekenduri cu barca și se bronzase ca tuciul. Susannah reușise să scape o dată, pretinzând că rămăsese în urmă cu serviciul, însă fuseseră plecați toți cinci cu un weekend în urmă. Daisy, bosumflată că nu era cu Seth, stătuse întinsă pe burtă toată ziua, îmbibată de Piz Buin, iar Fin se cocoțase periculos pe bastingaj, în timp ce tatăl lui îi dădea instrucțiuni. Și-ar fi dorit să-i fi plăcut să navigheze la fel de mult ca lui Doug, însă adevărul era că Rosie era singurul membru entuziast și cât de cât util al echipajului.

Soarele încă strălucea cu putere, iar aerul era dens și tare când Susannah își termină lucrul și ieși clipind din ochi ca o cârtiță din biroul ei întunecat. Își scoase jacheta de bumbac pe care o purta peste rochia roz ca să înfrunte răcoarea aerului condiționat și se îndreptă spre metrou. Pasul ei vioi se datora probabil faptului că în seara aceea nu se ducea direct acasă, cu toate că Douglas se oferise să facă grătar și să deschidă o sticlă de vin roze și fusese destul de îmbufnat când îi reamintise de planurile ei. Nici nu se ducea, ca mulți dintre cei care treceau în grupuri transpirate pe lângă ea, în vreun bar ca să se bucure de o seară de august cu o sticlă sau două de Pimm's. Trebuia să meargă la o întâlnire programată de mult timp, iar asta o încânta la fel de mult pe cât o încântau toate celelalte lucruri în ultima vreme. Urma să se întâlnească cu Amelia pentru a-și petrece seara la Porchester Spa în Queensway – mergeau acolo de trei, patru ori pe an și se țineau de acest obicei, cu excepția perioadelor ei de sarcină, încă din 1993, primul lor an la Londra, când descoperiseră locul aproape din întâmplare.

Era o baie municipală de modă veche, în stil victorian, deschisă în 1929, pe care o vizitaseră prima dată într-o noapte de marți dintr-o iarnă, după ce o colegă de-a Ameliei îi spusese că era foarte ieftină. Și așa și fusese. Oricum, mult mai ieftină ca majoritatea spa-urilor care apăruseră în ultimele decenii în tot orașul – și chiar și mai ieftină de când deveniseră membre (își făcuseră cadou una alteia de Crăciun un certificat de membru, crezând că avuseseră cea mai bună și mai originală idee de cadou). Însă nu de asta se atașaseră de acel loc. Când începură să câștige mai bine, le încercaseră și pe celelalte, Bliss Spa și The Sanctuary, plus, o dată, când Susannah primise un bonus neașteptat la serviciu, spa-ul de la The Berkeley. Dar se simțiseră nelalocul lor și supuse constrângerilor. Nimic nu se compara cu atmosfera de la Porchester Spa. Potrivit Ameliei, asta se datora faptului că era singura încă populată de femei albe și grase de vârstă mijlocie cărora nu le păsa și care

continuau să se ducă acolo pentru că se simțeau suple
și tinere. Lui Susannah i se părea mai romantic. Iubea
acel loc, tavanul înalt și faianța victoriană originală.
Și îi plăcea că îl frecventau împreună de atâta timp. Aco-
lo își făcuseră planuri și își șoptiseră secrete timp de ani
întregi, întinse una lângă alta în aburul umed sau în căl-
dura uscată. Țipau împreună în piscina cu apă rece ca
gheața. Merseseră acolo să sărbătorească promovări și să
consoleze inimi frânte și să se vaite și să-i critice pe șefi,
pe copii și pe managerii de la bancă. Acolo serbaseră ie-
șirea din burlăcie a Ameliei, dezbătând obsesiv detaliile
nunții, și la nici un an după aceea se bucuraseră de pri-
ma ei ieșire de după ce o născuse pe Elizabeth. Atunci,
sânii ei umeziseră cu lapte prosopul alb și aspru, iar ea
plânsese din cauza abdomenului lăsat și a felului în care
mirosea capul bebelușului ei. Nu aduseseră niciodată
pe altcineva acolo – era locul *lor* – și era aproape sacru
pentru Susannah. Stabilimentul fusese renovat cu vreo
doi ani în urmă, iar ea se temuse că vor distruge acel aer
special, însă nu se întâmplase asta. Cei mai mulți dintre
angajați își păstraseră slujbele și, cu aerul lor morocănos
și încruntat, erau parte integrantă a experienței la fel ca
împrejurimile și tratamentele în sine.

Acel ritual reprezenta firul roșu al relației lor în con-
dițiile în care viețile lor luaseră direcții diferite. Când
fusese foarte tânără, își imaginase că vor face întotdeau-
na aceleași lucruri în același timp. Colegiu, universita-
te, cariere, căsnicii, copii, din nou cariere. Visaseră la
variațiuni subtile ale acelorași vise. Și la început părea
că totul va merge după cum plănuiseră ele. Ajunsese-
ră la universități diferite – Susannah studia dreptul la
Bristol, iar Amelia studia franceza la Manchester – însă
amândouă făcuseră efortul de a rămâne prietene bune.
Petreceau weekendurile una la cealaltă, plecau împreu-
nă în vacanță și veneau de fiecare Crăciun și An Nou
în sat. După ce absolviseră, încă rămăseseră suficient de
apropiate cât să fugă de colegii de la universitate și să se
mute împreună în Clapham, într-un apartament cu pat
dublu de la etajul al treilea, cu un proprietar libidinos

și vedere spre pajiște. Ea îl cunoscuse pe Sean. Amelia, pe Jonathan. Se căsătoriseră amândouă în interval de douăsprezece luni, cu întâlniri în pauza de prânz ca să-și compare listele de la John Lewis și dantelele.

Cărările lor începuseră să se despartă cu adevărat abia după ce li se încheiaseră lunile de miere. Amelia rămăsese însărcinată imediat cu Elizabeth, doi ani mai târziu apăruse Victoria, iar Sam, ultimul ei copil, se născuse după alți doi ani. După Victoria renunțase la slujbă. Ea și Jonathan se mutaseră din Zona 1 în Richmond, într-o casă cu o grădină mare pe care o umpluseră cu spaliere și gropi cu nisip. Susannah își păstrase serviciul și trecuse printr-o căsnicie eșuată. Munca îi oferise la început un refugiu, apoi redescoperise pasiunea pentru ceea ce făcea, după ce fusese pusă în umbră de căsnicia cu Sean. Se mutase de la firma de avocatură unde lucrase încă din anul petrecut la Chester, unde își făcuse studiile postuniversitare de drept. Ambiția ei cunoscuse unele modificări; nu mai era esențial să-și găsească un partener. Se angajase pe post de consilier juridic la o firmă de arhitectură, și așa îl cunoscuse pe Douglas.

Amelia spusese întotdeauna că începuse să facă cumpărături din catalogul Boden în perioada în care Susannah începuse să comande din catalogul Nicole Farhi. Ieșeau împreună să ia prânzul ca să-și spună că se invidiau reciproc, sub pretextul că asta le făcea să se simtă mai bine. Amelia declara că îi era dor de perioada când își ducea hainele la curățătorie și avea contul ei personal în bancă. Susannah se uita în cărucior și visa la un copil care să verse băutura pe jacheta ei Jaeger. Amelia îi spunea povești răutăcioase despre mămicile din clubul ei de lectură, iar Susannah se plângea de șefi și de obstacolele pe care le întâmpina o femeie în carieră.

Nu era convinsă pe deplin de poveștile de groază ale Ameliei din sud-vestul Londrei. Amelia nu făcea compromisuri; nu făcuse niciodată. Făcea exact ceea ce dorise întotdeauna, ce planuise întotdeauna. Își iubea viața. Acorda căsniciei și maternității aceeași energie și dedicare pe care le acordase slujbei. Susannah își imaginase

întotdeauna că celelalte mame de la grădiniţă o urau,
cu toate că ţi-era greu să o urăşti. Copiii ei erau mereu
curaţi, mereu manieraţi. Nu cumpăra niciodată prăji-
turi când putea să le facă singură şi mereu putea să le
facă singură. Pentru Amelia nu existau plăcinte cumpă-
rate de la magazin.

La început, Susannah rămăsese şocată când aflase că
Amelia îi ceruse lui Jonathan să se mute, însă curând
ajunsese la concluzia că era vorba de o altă faţetă a firii
luminoase şi hotărâte a prietenei ei celei mai bune. Nu ar
fi continuat o căsnicie care devenise, dacă nu nefericită,
atunci semnificativ mai puţin fericită decât fusese când-
va. Nu de ochii lumii, nu pentru copii şi nu pentru ea.
Nu existase altă persoană. Mereu spusese că poate în vi-
itor ar fi existat, pentru Jonathan sau pentru ea, iar asta
ar fi înrăutăţit mult mai mult lucrurile pentru ei şi mai
ales pentru copii. Era de preferat să termine cât încă se
iubeau. Cât mai aveau şansa de a construi o relaţie nouă
şi civilizată care să-i protejeze pe copii şi să le creeze o
lume funcţională, în timp ce îşi păstrau speranţa într-un
viitor luminos cu altcineva.

Îşi studiase îndeajuns propriii părinţi ca să-şi dea
seama că nu convieţuirea în silă era răspunsul. „Părin-
ţii mei credeau că totul e perfect pentru că în casă nu
existau certuri. Nu au înţeles niciodată că tăcerea era
mult mai rea." Aşteptaseră să plece ea de acasă ca să se
despartă în sfârşit, amândoi siguri că procedaseră în
interesul fiicei lor. Ea fusese de altă părere. Tatăl ei se
mutase, întâi într-un apartament mai aproape de slujbă,
apoi, după ce ieşise la pensie, în Spania, unde locuia în
prezent într-un complex din Costa Brava împreună cu o
blondă pe nume Sandra, pe care Amelia nu o cunoştea
şi de care nici nu-i păsa. Juca golf zilnic; juca şi Sandra,
cu un set de crose roz pe care i le cumpărase el ca prim
cadou de aniversare. După vizitele la el, întreprinse rar
şi cu destulă ranchiună, Amelia spunea de fiecare dată
că nu îl recunoştea în acel tip pe bărbatul alături de
care crescuse. Mama ei nu avea pe nimeni. Încă locuia

în casa în care crescuse Amelia; se lăfăia, în exprimarea fiicei.

Amelia avea o capacitate extraordinară de a gestiona situațiile complicate și înfruntase acea ultimă schimbare cu la fel de multă competență. Jonathan se mutase. Copiii se simțeau bine. Se simțeau bine cu adevărat, nu se prefăceau, credea Susannah. Amelia nu arătase niciodată mai bine. Dacă Susannah așteptase cumva o explozie nucleară, ar fi trebuit să-și fi dat seama că nu era cazul.

Uneori i se părea că propria ei viață luase o traiectorie diametral opusă, fiind jalonată de o serie de compromisuri. Episoade legate între ele de momente în care nu fusese suficient de fericită. Uneori și-ar fi dorit să fi avut curajul Ameliei, deși nu era prea sigură la ce anume i-ar fi folosit.

O salută pe recepționeră, care lucra acolo de ani buni, apoi se duse la vestiar, se dezbrăcă rapid, își luă halatul de bumbac și își lăsă hainele în dulap.

Amelia ajunsese deja, ca de obicei, în prima sală, cu cel mai puțin abur, locul lor obișnuit de întâlnire. Se dezbrăcă – mereu aceeași fată lipsită de timiditate chiar și după ce născuse trei copii – și se acoperi cu același sarong vechi de bumbac albastru cu alb pe care îl avea de-o veșnicie. Susannah și-o amintea ieșind din mare la Mykonos cu o sută de ani în urmă în bikini, foarte bronzată și suplă, înfășurându-se în el. Își prinsese părul la spate și avea un soi de mâzgă gri pe toată fața.

Nu se mai văzuseră de la nunta lui Alex și Chloe, însă vorbiseră de mai multe ori la telefon. Obișnuiau să se sune de trei, patru ori pe săptămână. Și era ciudat că nu se întâlniseră de atâta vreme. După cum se așteptase, tocmai acela fu subiectul cu care Amelia deschise conversația.

– Deci mă eviți? Nu te-am văzut de săptămâni întregi. Copiii cred că ai emigrat!

– Am fost ocupată. În plus, și tu ai fost plecată.

Fusese împreună cu odraslele într-o vacanță de zece zile pe iaht, în Creta. Amelia petrecuse mult timp trimițându-i texte amuzante și poze făcute cu telefonul în care copiii înotau perfect în apele uluitor de albastre ale golfului.

Amelia o privi lung, apoi scutură din cap.

– M-am întors de-o săptămână. Mă eviți.

– Așteptam să se mai ducă bronzul.

– Nu. M-ai evitat. Mereu faci așa când ceva nu e în regulă cu tine.

– Nu e nimic în neregulă. Îi povestise Ameliei despre nuntă. Despre cearta cu Douglas.

Însă nu și despre Rob.

Nu mai avea rost să se ascundă. Amelia era ca un fel de conștiință a ei. Așa fusese de ani întregi. Însă, oricum, nu era nimic de spus. O întâlnire întâmplătoare cu un fost prieten, atâta tot. De ce se simțea ca și când ar fi fost mare lucru?

Luă tubul cu masca de față de pe podea, apoi stoarse o picătură pe degete și o aplică ușor pe obraji.

– L-am văzut pe Rob.

– Fugi de-aici! Amelia se ridică imediat în capul oaselor, iar sarongul alunecă, dezvelindu-i sfârcul drept.

– La biserică. Venise cu Lois.

– La naiba. Bineînțeles că a venit și ea. Cât a trecut?

– Ani buni.

– Și el cum arăta?

– Arăta... ca Rob. Arăta minunat. M-a strigat Susie. Un amănunt pe care n-ar fi trebuit să-l divulge, se mustră ea.

Amelia o privi și mai pătrunzător.

– Ce înseamnă mutra asta?

– Care mutră?

– Mutra asta. Nu-ți trebuie oglindă ca să știi ce mutră ai făcut.

– Nici ție.

– Și ce mai face? Încă e în Forțele Aeriene? E însurat? Are copii?

– Nu știu, răspunse Susannah, ridicând din umeri.

– Nu ai vorbit cu el? întrebă Amelia uimită.

– Nu chiar. Alastair m-a salvat. Deja îmi dăduseră la-crimile în biserică. Cred că s-a gândit că nu era tocmai o idee bună...

– Deci a fost doar un salut și la revedere?

Susannah dădu ușor din cap.

– Salut și la revedere. Cam așa ceva.

– Dar...?

– E vreun „dar"?

– Chipul tău spune că e un „dar".

– Chipul meu spune „Aah, masca asta înțeapă!"

– Da, desigur, e pentru tipul meu de piele, nu al tău. Probabil o să te iriți. Asta o să te învețe minte să iei fără să întrebi. Însă ce e cu acel „dar"?

– Dar arăta bine.

– Mereu a arătat bine.

1987

După noaptea focurilor de artificii, când Rob o ținu-se de mână în întuneric, cei doi deveniseră de nedespăr-țit aproape instantaneu. Era ca și când digul invizibil dintre ei se rupsese și acum nu se mai săturau unul de celălalt. Autobuzul lui întotdeauna pleca primul de la școală, iar el, după ce se întorcea în sat, traversa pe jos islazul până la stația ei ca să o aștepte și să o conducă acasă, lăsând-o în drum pe Amelia, la casa parohială. Amelia îi tachina fără milă, însă lor nu le păsa. Uneori o ducea pe la el, alteori învățau împreună la ea. În week-end mama ei nu o lăsa să iasă decât după ce își termina temele, așa că sâmbăta se trezea la șapte dimineața și învăța cât putea de repede ca să poată pleca. Părinții începuseră să mârâie despre examenele de nivel A și ad-miterea la universitate, însă notele ei nu scădeau.

După câteva săptămâni de convorbiri telefonice lungi și pauze de prânz scurte în care se țineau de mână, Su-sannah era deja îndrăgostită. Nu spusese asta nimănui, nici Ameliei, nici mamei, nici lui Alastair. Se temea să nu râdă de ea, să nu-i denigreze sau să-i minimalizeze sentimentele – avea atât de puțină experiență, de unde era să știe? Însă știa. Cu toată vehemența și certitudinea absolută de care era în stare o fată de șaisprezece ani, știa.

Dorea să fie cu el. Dorea să fie cu el în fiecare secundă. Când nu era cu el, se simțea ca și când l-ar fi așteptat. Nu erau prea multe locuri în care să poată fi împreună și aproape în nici unul nu aveau ocazia să rămână singuri. Casele lor, holul de la școală, cu automatul de băuturi și mobila de instituție, cinematograful local, petrecerile din casele prietenilor... erau înconjurați întotdeauna de o mulțime de oameni. Mergeau în plimbări lungi pe potecile reci și iernatice care înconjurau satul.

Se sărutaseră pentru prima dată abia la vreo trei săptămâni după acea primă noapte, iar Rob mărturisise că era la fel de lipsit de experiență ca ea. Erau în bucătăria ei, iar atmosfera fusese toată seara încărcată de fiorul anticipării. O prinsese, în sfârșit, când se întorsese să ia cănile de cafea de pe dulapul din spatele lui; îi cuprinsese talia și își aplecase chipul spre al ei, urma țepoasă de barbă atingându-i obrazul înainte ca buzele lor să se unească.

Exercițiul le perfecționase tehnica. Și exersaseră îndelung. Nu merseseră mai departe de sărut, sau cel puțin nu în prima fază. Dar sărutul... Când DJ-ul de la petrecerea de Crăciun a clasei a șasea pusese marele hit al acelui an, *You Were Always On My Mind* în versiunea celor de la Pet Shop Boys (care o enervase cumplit pe mama ei, o mare fană a lui Elvis), i se păruse că fuseseră împreună dintotdeauna. Mai precis, pentru Susannah viața începuse abia după ce el o ținuse de mână în lumina focului.

prezent

Susannah era uimită de cât de vii îi erau amintirile adânc îngropate despre Rob. Îi reveneau în memorie melodii, cadouri și momente la care nu se mai gândise de ani de zile. Ea şi Amelia căzură imediat într-o pasă nostalgică, aşa cum li se întâmpla de multe ori în acel spaţiu al tinereţii lor fragede, pălăvrăgind şi râzând despre zilele „de demult". Istoria comună era mare lucru. *Smash Hits* şi Chelsea Girl şi Kajagoogoo şi Frankie Goes to Hollywood. Amândouă avuseseră tricouri albe cu RELAX imprimat în litere fluorescente uriaşe. Dansuri lente pe muzica celor de la Kool & The Gang. Două bătrâne grase dintre cele pe care le preţuiau cel mai mult le făcură semn să tacă din cealaltă parte a încăperii, prin abur, iar ele chicotiră, simţindu-se o clipă foarte departe de patruzeci de ani.

Însă o conversaţie despre adolescenţa lor ducea inevitabil la una despre adolescentele din viaţa lor prezentă. Elizabeth o înnebunea pe Amelia. Se plângea că era monosilabică, bosumflată şi necomunicativă. Daisy i se părea exact la fel lui Susannah. Se părea că ambele fete aveau prieten. Metoda Ameliei era să-l lase pe Nick, tânărul lălâi şi plin de coşuri al lui Elizabeth, să petreacă oricât de mult timp voia în casă, unde „pot să stau cu ochii pe ei". Susannah nu-l cunoscuse pe Seth, aşa că habar n-avea dacă era lălâi sau plin de coşuri, însă asta părea prea puţin probabil – Daisy era o fată frumoasă (semăna mult cu mama ei, cu toate că nu-i făcea prea mare plăcere să admită asta). Dacă Susannah s-ar fi plâns – la urma urmei, Daisy nu era fiica ei, iar ea nu avea atâta timp liber – Amelia ar fi spus că misiunea ei era cu atât mai dificilă din acele motive.

– Uneori, dragostea necondiţionată e singurul lucru care mă împiedică s-o omor. Însă nu-mi dau seama ce te ţine pe tine...

Victoria se revolta împotriva regulilor casei. Susannah protestă.

– Nu sunt reguli în casa mea, deci nu are motiv să se plângă. Iar băieţii erau doar producători de scandal şi de rufe murdare. Susannah o iubea pe Amelia pentru că o lăsa să pretindă că şi în cazul ei era la fel.

Copiii nu prea se cunoşteau. Se întâlniseră de câteva ori de-a lungul anilor, însă nu depăşiseră niciodată stadiul de timiditate stânjenită, iar Susannah renunţase. Ştia că Amelia nu prea îl plăcea pe Douglas. Se întrebase o clipă, când Amelia anunţase că îşi va duce copiii într-o vacanţă pe iaht, dacă să iasă cu toţii cu barca, însă nu ştia dacă va ieşi bine şi bănuia că Douglas nu va fi prea încântat să aibă atâţia oameni la bord.

În cele din urmă revenirăm la ele şi la prezent. Şi, inevitabil, la subiectul Rob.

– Şi ai de gând să iei legătura cu el? Să afli răspunsul la acele întrebări?

– Ce întrebări? Am spus eu ceva de întrebări?

– Serios? replică Amelia ridicând din sprânceană.

– Bine. Recunosc că sunt curioasă. Aş avea o întrebare, două.

– Una, două, sigur. Amelia zâmbea. Arăta ca şi când ar fi făcut o glumă pe care Susannah nu o înţelesese.

Era uşor enervant, chiar dacă asta venea din partea unei persoane pe care o iubea atât de mult.

– Nu. N-o să iau legătura cu el. De ce aş face asta?

– Tu să-mi spui. Amelia ridică din umeri.

– Nu. Scutură din cap. N-o voi face. În nici un caz. E deja istorie. Ce-a fost, a fost.

– Şi alte clişee.

– Se numesc clişee pentru că sunt adevărate, să ştii. În plus, viaţa e destul de complicată şi aşa...

– Însă nu e nici tocmai fericită... Amelia rosti acea ultimă replică atât de încet, încât nici măcar nu fu sigură că Susannah o auzise. Dacă da, nu o luă în seamă.

Susannah avea perfectă dreptate; Amelia nu-l plăcea pe Douglas. Sau cel puţin nu atât de mult pe cât îl plăcea Susannah. Sau îl plăcuse – căci în ultima vreme părea să-l placă tot mai puţin. Nu putea înţelege – chiar dacă încerca să privească lucrurile obiectiv – ce anume vedea Suze la el. Era tot timpul morocănos şi dominator. Amelia nu avea nimic împotriva diferenţei de vârstă, însă Douglas i se păruse aproape bătrân când îl văzuse prima dată, cu opt ani în urmă. Suze nu părea să se distreze prea mult cu el. Iar Suze chiar putea să se distreze. Nu era o trăsătură evidentă a ei, însă Amelia

o cunoştea de multă vreme şi ştia de ce era în stare.
Dacă avea în preajmă oameni care ştiau cum să o facă
să se distreze. Din păcate, Douglas nu era un astfel de
om. Pe deasupra, se purtase ciudat în privinţa copii-
lor la începutul relaţiei lor, iar Amelia nu uitase asta.
Susannah ştia, bineînţeles. Nu încercase să se ascundă
atât de mult cât o făcea în ultimul timp. Însă era mai
simplu să evite astfel de discuţii în prezent. Nu putea
rezista să nu o împungă şi să nu comenteze din când în
când, dar încerca să nu întreacă prea des limita. Nu mai
întrebase de ani de zile de căsnicie sau de copii. Chiar
o iubea pe Susannah.

Acum se îmbrăcau, cu pielea mai moale şi mai nete-
dă şi mai relaxate decât fuseseră cu câteva ore în urmă.
Locul se închidea la zece seara – mereu plecau ultimele,
iar Susannah îşi spuse că dacă se răsfăţa şi lua un taxi
spre casă, ar fi putut să fie în pat la 10:45 şi adormită
deja la 11, înainte să dispară amorţeala aceea delicioasă
care îndemna la somn.

În timp ce stăteau una lângă alta în sutien şi chiloţi,
Susannah observă că Amelia era mai slabă decât în
mod normal.

– Ai slăbit? Susannah îngustă privirea şi o măsură is-
coditor din cap până-n picioare.

– Un pic, răspunse Amelia ridicând din umeri.

– Cred că mai mult decât un pic. Cât?

Amelia avea răspunsul pregătit. Cam şase kilograme
din primăvară.

– Uau. Era mult. Amelia oricum nu cântărea mai
mult de cincizeci şi patru de kilograme. Nu cântărise
niciodată mai mult, în afară de perioadele în care fusese
însărcinată. Chiar şi atunci îşi purtase bebeluşii ca şi
când ar fi fost nişte mingi de fotbal, iar la botez deja
revenise la hainele normale.

– Cum ai reuşit? Nu mi-ai spus că ţii regim.

Amelia îşi trase blugii. Îi atârnau pe coapse, iar când
se întoarse văzu că nu-i stăteau strânşi pe fund aşa cum
ar fi trebuit. Aproape curgeau de pe ea. Era ciudat felul

în care se observa mai bine când era îmbrăcată că slăbise. Îşi strânse cureaua.

– Nu m-am străduit.

Asta chiar nu avea nici o explicaţie. Şase kilograme erau prea mult.

– Eşti bine?

Amelia rămase nemişcată şi se opri din încheiat cămaşa.

– Nu ştiu.

Susannah simţi un fior de spaimă şi îşi lăsă mâna pe braţul prietenei ei.

– Meels?

Amelia o îndepărtă.

– Nu e mare lucru. Susannah, nu fi dramatică. Am slăbit un pic, atâta tot. Fără să vreau.

Nu părea deloc în regulă.

– Şi?

– Şi transpir noaptea. Atât de mult că ud cearşafurile.

Susannah nu ştia ce putea însemna asta.

– Te simţi bine?

– Nu mă simt rău. Adică am nişte dureri. Ca la gripă – mă dor umerii. Însă nu. Nu mă simt bolnavă.

– Şi?

– Şi ce?

– Şi când ai programare la doctor?

– Vezi? De asta prefer să nu mă confesez.

– Prostii. Bineînţeles că o faci. Tocmai de asta.

– Ca să mă baţi la cap?

– Nu te bat la cap. Când?

– Săptămâna viitoare.

Susannah se îngrijoră şi mai mult când află că Amelia deja îşi făcuse programare. Asta însemna că şi ea se gândea că ceva era în neregulă – ura doctorii aproape la fel de mult ca prietena ei.

– E suficient de repede?

– Este tot ce au putut face cei de la asigurările de sănătate.

Asta aşa era. De fapt, din experienţa lui Susannah, era chiar repede.

– De ce vorbim abia acum despre asta? Suntem aici de ore întregi și am sporovăit despre mine, iar tu nu mi-ai spus nimic...

– Nu e nimic de spus. Mă duc la doctor.

– Sună-mă. Îndată ce mergi.

– Te sun. Dacă îmi promiți că nu mă bați la cap. Și stai departe de Wikipedia și nu căuta simptomele pe Google. Te cunosc. Nu vreau un diagnostic minci-nos, mulțumesc.

– Nu-ți pot promite asta.

Când se despărțiră, Susannah își îmbrățișă prietena ceva mai strâns decât de obicei.

Amelia se simți brusc foarte ușoară în brațele ei.

– Lasă-mă.

– Nu. O mai strânse încă o dată, apoi îi dădu dru-mul, înghiontind-o ușor. Și mănâncă un baton de Dairy Milk, pentru numele lui Dumnezeu. Nu pot să mă mai dezbrac în fața ta dacă o să ajungi precum Carol Vorderman.

– Carol Vorderman. Amelia se îndepărtă, râzând și scuturând din cap. Nu puteam să fiu Kate Moss. Trebu-ia să fiu Carol Vorderman...

Septembrie

La trei săptămâni după seara petrecută la Porchester Spa, Susannah simțea cum îi crește tensiunea arterială doar intrând în mica sală de așteptare a spitalului la care fusese trimisă Amelia. Prietena ei o rugase să o în-soțească și nici n-ar fi visat să nu o facă, însă tot ura acel loc. Detesta spitalele. Nu-i plăcea deloc felul în care mi-roseau. Mai erau câteva grupuri de persoane care aștep-tau la secția de oncologie, iar Susannah încerca să facă abstracție de ele. Unii dintre acei oameni erau bolnavi. Alții, chiar pe moarte. Era înfiorător. Nu era un cuvânt matur, își dădea seama de asta, însă era cuvântul cel mai potrivit pentru senzația pe care i-o dădea acel loc. Iar acum Amelia, care stătea lângă ea și sorbea dintr-o cafea cu lapte la pahar de carton, putea fi bolnavă. Poate avea... nu îndrăznea să rostească acel cuvânt nici măcar în gând. Avea o presimțire rea. Pulsul i se accelerase și și-ar fi dorit să fi mâncat la micul dejun.

Încercă să-și amintească ultima dată când intrase într-un spital. Își dădu seama că avusese o viață norocoasă. Nu fusese internată niciodată. La zece ani își rupsese clavicula, însă asta însemnase doar vreo două vizite la policlinică, de care își amintea destul de vag; i se imprimase mult mai bine în memorie cât de supărată fusese că nu primise un ghips cu care să facă senzație. Alastair își scosese amigdalele în același an și își amintea că stătuse pe patul lui, o vizitatoare fericită, care-i adusese înghețata prescrisă de medic, însă nu-și amintea decât înghețata – ciocolată și căpșune. Nici mama nici tatăl ei nu fuseseră internați pentru vreo boală gravă. Aveau șaizeci de ani și nici unul nu luase nici măcar o pastilă de tensiune. Nimeni dintre cei apropiați nu murise în spital, cu excepția bunicilor ei, însă atunci era foarte mică – poate îi vizitase, dar nu ținea minte. I se părea înspăimântător, acum că se gândea la asta, cât de puțin fusese marcată viața ei de ideea de tragedie. O făcea să reflecteze la ce-i rezerva soarta... exact acela era procesul morbid de gândire care punea stăpânire pe ea când era nevoită să intre într-un spital, și de aceea și-ar fi dorit să se afle oriunde în altă parte. Răsfoi un număr vechi de doi ani din *Country Life*, cea mai bună opțiune oferită de teancul de reviste cu colțuri îndoite din sala de așteptare. Încercă să se întrebe cine locuia în casa de cinci milioane de lire din Cotswold care era la vânzare din aprilie 2008, însă nu era prea ușor să-și distragă atenția.

Nu venise cu prietena ei, cu o săptămână în urmă. Amelia spusese că nu avea nevoie de însoțitor pentru teste, ci pentru rezultate.

– Nu sunt sigură că sunt persoana cea mai potrivită să te însoțesc, Meels. Am sindromul cronic al halatului alb și nici măcar nu e programarea mea.

Amelia zâmbi, fără să ridice fruntea din exemplarul ei antic din *Good Housekeeping*.

– Eşti exact persoana potrivită. Ştiu că eşti un copil mare cu lucrurile astea. Cea mai inutilă parteneră de naşteri din lume. Însă va trebui să treci peste asta. Fii tare, scumpo. Treaba ta e să mă înveseleşti pe mine. Să mă faci să râd.

Părea un fel de ordin. Deja avea ochii în lacrimi şi încă nu auziseră nimic rău.

– Ultimele trei dăţi când am fost într-un astfel de loc au fost tot vina ta.

– Compari secţia de naşteri cu cea de oncologie?! o împunse Amelia.

– Sânge, groază, urlete şi băieţii în halat alb. Mie mi se pare destul de asemănător.

Amelia îi dădu un ghiont în braţ.

– Aici nu e sânge. Iar eu nu am urlat.

Şi chiar nu urlase. Fusese aproape tăcută şi cât se poate de curajoasă şi, cu toate că Susannah nu ar fi recunoscut, fusese fascinată de prietena ei. Jonathan, pe de altă parte...

O asistentă de vârstă mijlocie cu o mapă în mână îşi făcu apariţia şi strigă numele Ameliei fără să ridice privirea.

Susannah o strânse uşor de mână şi se ridică.

– Haide. Să mergem... doar dacă nu vrei să rămân aici.

Amelia se uită urât la ea, apoi făcu o grimasă.

– Nu cred că vreau asta.

Când intrară, domnul Swift stătea la birou şi citea nişte documente, însă traversă încăperea să dea mâna cu ele, apoi le făcu semn spre două scaune, iar el se aşeză pe marginea mesei de lucru la câţiva metri distanţă. Era tânăr şi chipeş, în sensul de bine făcut, după cum spusese Amelia (dând de înţeles că bine făcut nu era deloc tipul ei). Nu avea halat alb, doar o cămaşă în carouri şi pantaloni largi de bumbac.

– Cum te simţi, Amelia?

Ea dădu uşor din umeri.

– La fel ca înainte. Însă mai speriată. Hai să termi-
năm odată – aveți rezultatele, nu?

El trase adânc aer în piept, apoi îi zâmbi larg.

– În regulă. Îmi amintesc. Îți spun direct.

Bietul băiat – Dumnezeu știe ce i-o fi îndrugat
Amelia cu o săptămână în urmă.

– Deci uite... foarte direct, după cum ai cerut. Ai can-
cer. Nu făcu vreo pauză. Însă era mult prea direct pen-
tru Susannah. Simțea că o lua cu amețeală. Ai limfom
Hodgkin, continuă el. Este un cancer al nodulilor lim-
fatici. De asta ai ganglioni în umăr. Testele de sânge,
RMN-ul și razele X pe care le-ai făcut săptămâna trecută
au confirmat asta.

Susannah o privi consternată. Nu știuse câte teste fă-
cuse prietena ei în ultima săptămână. Urmărise destule
episoade din *Spitalul de urgență* și *Anatomia lui Grey* cât
să știe ce erau RMN-urile. Și-ar fi dorit să fie acolo, în
ciuda fobiei pentru spitale.

Amelia dădu ușor din cap.

– Știam eu. Cumva, într-un fel foarte amuzant, e o ușu-
rare să vă aud spunând asta. Știam că era ceva grav.

– Și chiar e grav. Evident. Nu aș putea folosi alt ter-
men. Însă am și multe vești bune, și nu doar ca să o
mai îndulcesc pe cea rea. Sunt destul de sigur de ceea
ce spun acum. Dacă e depistat rapid și tratat corespun-
zător, rata de supraviețuire e de nouăzeci la sută timp
de cinci ani.

– Și l-am depistat din timp?

– Cred că da, răspunse el, dând afirmativ din cap.
Ești în ceea ce noi numim Stadiul unu. Asta chiar este
o veste bună, căci înseamnă că e afectată o singură regiu-
ne de noduli limfatici – regiunea superclaviculară. Făcu
un semn către umerii Ameliei. RMN-ul și razele X nu
arată că s-ar fi răspândit.

– Și îl puteți trata corespunzător?

– Absolut.

– Însă asta înseamnă chimioterapie, nu?

Medicul dădu afirmativ din cap.

– Acesta e tratamentul standard pentru astfel de cazuri. Te vom înscrie într-un program de tratament numit chimioterapia ABVD. Numele provine de la cele patru medicamente care formează cocktailul. Denumirile lor complete sunt: adriamicină, bleomicină, vinblastin și dacarbazin.

– Pot să primesc și umbreluță și cireașă confiată în pahar? Sunt sigură că toți întreabă asta, nu? Bum, bum.

– Poți să primești ce vrei, draga mea. Susannah își urmări atent prietena, mușcându-și buza de jos. Nu avea să plângă. Nu putea. Nu și dacă Amelia nu plângea.

– Cât timp va trebui să fac chimioterapie?

– Aș vrea între șase și opt luni. Ca să ne asigurăm. Apoi, dacă totul merge bine, vii la control din șase în șase luni.

Susannah știu că acea perioadă de timp era o lovitură. O văzu pe Amelia coborându-și o clipă privirea spre mâini, apoi ridicând-o din nou. Își umflă obrajii, după care expiră încet.

– Și o să-mi cadă părul? Își puse ambele mâini pe cap. Nu pot să cred că ăsta e primul lucru la care mă gândesc...

El dădu din cap.

– E primul lucru la care se gândesc mulți oameni. Și, da, cel mai probabil o să-ți cadă părul. Acum există anumite tratamente care împiedică asta, dar în cele mai multe cazuri se întâmplă și ar trebui să fii pregătită. Începe după primele două tratamente. Majoritatea femeilor se tund scurt pentru ca șocul să nu fie prea mare. În primul rând o să te simți obosită – mai ales în primele două zile după fiecare tratament. Probabil o să ai și niște grețuri, însă aici am făcut progrese mari – avem niște antivomitive foarte bune. Și imunitatea îți va scădea drastic, așa că va trebui să fii atentă la infecții.

– Atunci ar trebui să scap de copii. Atrag microbii ca niște magneți.

– Nu e necesar, răspunse domnul Swift zâmbind. Trebuie doar să fii mai atentă. Într-adevăr, dacă au gripă sau ceva asemănător ar fi bine să-i duci la bunici sau, poate, la prietena care te însoțește.

Cumva voia să o tragă de limbă? Rostise cuvântul „prietenă" pe un ton ciudat. Cumva se întreba de ce soțul Ameliei nu era alături de ea? Susannah nu era prea sigură dacă jurământul lui Hipocrat îi dădea voie să flirteze cu o femeie pe care tocmai o diagnosticase cu cancer. Însă era ceva obișnuit când venea vorba de Amelia. Văzuse de mai multe ori asta de-a lungul anilor, dar niciodată într-o secție de oncologie...

– O să mă asigur că are grijă, interveni Susannah.

Se lăsă o tăcere scurtă. Chiar dacă se prinsese, Amelia nu-i dădea apă la moară.

– Amelia, mai ai și alte întrebări?

– Cred că o să am nevoie întâi să mă obișnuiesc cu asta, răspunse ea scuturând din cap.

– Sigur. Mă poți suna oricând. Dacă vrei să afli ceva. O să stabilim prima ședință încă de azi. Începem de acum, da? Ea dădu afirmativ din cap. Părea mai mică, copleșită de toate acele vești. Și, Amelia, continuă medicul. Chiar cred că rezultatul va fi pozitiv. Ești tânără și puternică și nu ai și alte boli. Totul e în favoarea ta.

Afară, Susannah o cuprinse în brațe.

– Meels, îmi pare atât de rău.

Amelia o înlătură fără prea multă blândețe.

– De ce îți pare rău? L-ai auzit. Nouăzeci la sută după cinci ani. Dacă e să ne luăm după statistica aceea care spune că vom face cu toții cancer la un moment dat, înseamnă că eu sunt norocoasă să scap acum.

– E și ăsta un punct de vedere, cred.

– E *cel mai bun* punct de vedere, Susannah.

Era un ordin, nu o rugăminte. Amelia redevenise ea însăși, cel puțin pentru moment. Nu-i luase prea mult.

– O să le spui celorlalți?

– Nu chiar acum.

– Dar trebuie să-i spui lui Jonathan, nu?

– Da, sigur. O să-i spun și o să le spun și mamei și tatei, cred, dacă îl prind în afara terenului de golf. Și cam atât acum.

– Şi copiii? Elizabeth avea cincisprezece ani, iar Victoria treisprezece. Îşi vor da seama că ceva e în neregulă. Şi Samuel la fel. Copiii nu sunt proşti. Şi nici orbi.

– Nu încă, răspunse Amelia pe un ton emfatic. Nu până nu va fi nevoie.

– Eşti sigură?

O fixă cu o privire care nu lăsa loc de tocmeală.

– Da.

În maşină, în drum spre casă, Amelia deschise radioul şi începu să cânte şi ea, tare şi fals. Mereu făcuse asta.

Chiar în noaptea de după plecarea lui Jonathan, după jumătate de sticlă de vin roşu, Amelia îşi vărsase paharul în faţa prietenei sale încercând să explice de ce îi ceruse să se mute. „Îi plăcea la nebunie când cântam odată cu radioul. Înţelegi, îi plăcea *la nebunie*. Acum îmi spune să tac în secunda în care încep. Chiar îl enervează."

La început, lui Susannah i se păruse un motiv prostesc. Însă ajunsese să înţeleagă. Ei încă îi plăcea la nebunie când cânta Amelia. Iar în acea zi îi plăcea mai mult decât oricând. Amelia nu mai voia să discute despre problemă, asta era evident. Susannah ştia că nu era negare, cât un refuz încăpăţânat de a se lăsa pradă disperării sau fricii. Era extrem de curajoasă, ca întotdeauna.

– Crezi că Swift flirta cu mine?! întrebă Amelia între refrene, făcându-i cu ochiul.

– Bineînţeles că da. Susannah făcu şi ea cu ochiul. Bietul om habar n-are că nu e genul tău.

– Cred că genul meu ar putea să se schimbe. Aş putea să dezvolt o relaţie ca a doctorului Kildare...

Susannah îşi ascultă prietena distrugând o baladă de-a Christinei Aguilera şi şi-o aminti născând-o pe Elizabeth, cu cincisprezece ani în urmă. Amelia decretase că Susannah trebuia să fie acolo. Nu o dorise pe mama ei – pe motiv că s-ar fi agitat prea mult – dar susţinuse că avea nevoie de o femeie lângă ea. Se gândise că era foarte posibil ca Jonathan să clacheze când lucrurile deveneau mai dure, iar ea dorea să aibă alături pe cineva pe care să se poată bizui. Apoi făcuse cu ochiul şi mărturisise că nu fusese chiar sută la sută sigură în privinţa lui Susannah, însă că aceasta era singura femeie pe care o putea lăsa să o vadă cu picioarele în sus şi fără chiloţi, aşa că nu avea de ales. Susannah acceptase, cu condiţia strictă să nu se afle lângă locul pe care ea îl numise atât de eufemistic „punctul terminus". Însă, bineînţeles, când venise momentul, îi fusese imposibil să nu se uite. Şi fusese la fel de uimitor pe cât spusese toată lumea. Scârbos. Însă uimitor. Cel mai mult o şocase Amelia însăşi. Avusese dreptate când se lăudase cu tăria ei. Îi făcuse pe toţi cel din salon să râdă. Aproape până la capăt.

Când ajunse acasă, după ce o lăsase pe Amelia îmbrăţişând-o încă o dată şi promiţându-i că va suna a doua zi, Susannah fu recunoscătoare pentru pustietatea sumbră a încăperilor. Îşi scoase pantofii lângă uşă, apoi se duse la bufetul din sufragerie şi îşi turnă un pahar de coniac – prima sticlă la îndemână care nu necesita complicaţia unui mixer sau a unui cub de gheaţă. Se tolăni pe canapea fără să aprindă lumina şi începu să plângă. I se părea înspăimântător, iar efortul de a încerca să pară veselă toată ziua de dragul Ameliei fusese mai epuizant decât îşi imaginase. Fu o uşurare să nu se mai prefacă.

Moartea şi tragedia stătuseră departe de Susannah şi, undeva în subconştientul ei, se întrebase întotdeauna când aveau să apară. Poate că se întâmplase atunci şi acolo. Dumnezeule, Amelia ar fi fost furioasă dacă ar fi ştiut la ce se gândea. În timp ce stătea în beznă, dând pe gât alcoolul, îşi derulă prin minte tot felul de scenarii – ea şi copiii îmbrăcaţi în negru la cimitir; Amelia palidă şi slăbită pe patul de moarte, purtând discuţii de tipul celor pe care le avea Debra Winger în *Terms of Endearment*. Continuă să plângă şi să sughiţă, analizând toate posibilităţile pe care le-ar fi putut oferi viitorul.

Ultima dată când fusese înspăimântată... fusese din cauza lui Rob. În 1990, când luptase în Golf. Stătuse întinsă în pat nopți întregi întrebându-se unde era, ce i se întâmpla, cuprinsă de o teroare de care nu reușea să scape, derulând prin mintea insomniacă tot felul de scenarii.

Și iată cum el se strecura din nou, aproape nevăzut, în viața ei din prezent. Trecuseră ani întregi fără ca ea să se gândească măcar la el, și acum îi invada iarăși gândurile.

În acel stadiu se afla când se întoarse Douglas acasă. Pentru că lumina de afară era stinsă, el intră întâi în bucătărie, iar ea îl auzi deschizând ușile dulapului și desfăcând o sticlă de vin. Se întoarse pe hol și aprinse lumina, întinzând mâna să ia telecomanda de pe televizor. Ea făcu ochii mici, ca să se ferească de lumina bruscă.

– Iisuse, m-ai speriat de moarte.

– Îmi pare rău. Își duse mâna la ochi.

– Ce faci, de ce stai aici în beznă? Se așeză lângă ea, aplecându-se să o sărute pe obraz, apoi se opri. Plângi? Ea dădu din cap și pufni, iar Douglas își trecu brațul pe după umărul ei. Ce s-a întâmplat? Neprimind răspuns, insistă: Te rog, Susannah, spune-mi ce s-a întâmplat. Mă sperii.

– E vorba de Amelia. O clipă văzu pe chipul lui ușurarea că nu era ceva legat de căminul lor, apoi își schimbă cu grijă expresia și o ascultă în timp ce ea îi povesti ce se petrecuse în acea zi. Pentru ea era o dramă foarte aproape de căminul ei. Amelia era una dintre persoanele pe care le iubise cel mai mult, aproape dintotdeauna. Amelia *era* familia ei.

Douglas dădu toate replicile pe care le putea da în asemenea cazuri, rostind toate platitudinile și clișeele care se spun de obicei despre boli. Apoi pregăti cina.

Ea își spuse că nu era vina lui, că el nu prea înțelegea ce se întâmpla de la o vreme încoace.

Chiar înainte ca Susannah să meargă la culcare, pe la unsprezece, Amelia o sună pe mobil. Ca de obicei, trecu direct la subiect.

– *Trebuie* să îl suni pe Jonathan.

– E... Cât e ceasul? Meels, e târziu.

– Atunci îl suni de dimineață.

– Și de ce anume să-l sun eu?

– Pentru că a înnebunit.

– I-ai spus?

– Da. L-am sunat în după-amiaza asta, după ce m-ai lăsat acasă. I-am povestit ce ne-a spus domnul Swift, i-am zis că nu e mare lucru, dar s-ar putea să am nevoie să-i țină el mai mult pe copii, după ce încep tratamentul...

– Și... Susannah și-o putea imagina cu ușurință pe Amelia orbindu-l pe Jonathan cu acea informație. Probabil i-o transmisese ca pe o declarație firească. Chiar îi părea rău pentru el, bietul băiat. Și nu era prima dată.

– Și s-a speriat. Cred că plângea. A tăcut câteva minute, apoi s-a auzit un pufnit în fundal. După care a început să vorbească prostii.

– Cum adică prostii?

– Vrea să se mute înapoi.

– Poftim?!

– Exact. Exact așa. Mi-a spus direct. De unde o fi scos-o?

Susannah bănuia de unde o scosese, dar nu îndrăznea să spună.

– Și tu ce-ai zis?

– L-am întrebat ce-o să spună Jess. Susannah știa că Jess era femeia cu care ieșea Jonathan de câteva luni încoace. Iar el a continuat cu monologul lui ridicol. Mi-a spus că Jess nu e atât de importantă. Că eu sunt mama copiilor lui... bla, bla, bla... Apoi a început să-mi spună cât de rău îi pare că lucrurile au luat-o razna.

– Bietul om.

– De ce bietul om?

– Haide, Amelia, îl suni, îl anunți că ai cancer și te aștepți ca el să vină cu un răspuns coerent și rațional?

– Nu m-am așteptat la asta.

– Atunci ești naivă. Ascultă, nu-mi place să fiu vocea rațiunii în povestea asta, însă o cauți cu lumânarea. Am băut și e târziu. Iar dacă îți place atât de mult să fim directe, o să fiu directă cu tine. Știuse că va veni și acel moment, dar coniacul îl făcuse să vină mai devreme. Chestia asta chiar e *mare lucru*. O să continui să te prefaci că nu e, foarte bine. Însă nu te poți aștepta ca noi toți să fim de acord cu asta. Iar el e unul dintre oamenii care te iubesc, oricât de neplăcut ar fi pentru tine să recunoști asta. Și la fel sunt și eu. Ne pasă și suntem speriați și, ca să-ți spun drept, noi suntem cei normali în acest mic scenariu pe care ți l-ai făcut...

Amelia tăcea. Susannah se gândi că avea să-i închidă, însă peste o clipă o auzi:

– Spune-mi ce simți de fapt, da?

Râseră amândouă. Era o reacție clasică din partea Ameliei. Nu însemna că acceptase tot ce spusese Susannah, dar nu însemna nici că n-o făcuse.

– Deci? Tu vrei să se mute înapoi?

– Nu-mi vine să cred că mă întrebi așa ceva.

Amelia îi ceruse lui Jonathan să plece în urmă cu trei ani. De atunci el locuia într-un apartament închiriat în Chiswick, la câțiva kilometri de casa ei. Divorțul lor se definitivase în urmă cu un an. Și ieșea cu Jess de vreo șase luni.

Susannah oftă. Știa că până la urmă avea să cedeze, acceptând să-l sune pe Jonathan.

– Ce anume vrei să-i spun exact?

– Vreau să-l faci să înțeleagă că nu am chef să se poarte așa. Nu am nevoie. Nu vreau. Nu voi accepta. Deci o să vorbești cu el?

– Dacă tu crezi că ajută, sigur că o să vorbesc.

– Știu că o să ajute. Ține la tine și o să te asculte.

– Și tu?

– Eu pur și simplu te iubesc. Nu ascult de nimeni. Știi asta.

Și Susannah ținea enorm la Jonathan. Erau prieteni de foarte mult timp. De fapt, îl cunoscuse înaintea Ameliei. Fusese prezentă când se întâlniseră prima dată, într-un grup mare dintr-un bar aglomerat și plin de fum din Clapham Common. Se simțiseră încă de atunci scânteile dintre ei, chiar și prin fum și norii de beție.

Jonathan fusese întotdeauna un tip taciturn și timid. După câteva băuturi, Ameliei i se potrivea cel mai bine termenul de prădătoare. Susannah obișnuia să-i spună că se purta ca un bărbat. Nu era chiar o târfă – sau cel puțin prietena ei cea mai bună n-ar fi descris-o niciodată așa. Nu avea o listă foarte lungă de cuceriri (cu toate că întotdeauna fusese mult, mult mai lungă decât a lui Susannah). Pur și simplu căutase întotdeauna să obțină ce dorea. Cu avânt, apetit și entuziasm. Și fără să stea să se gândească prea mult. Dar, așa cum își amintea Susannah, elementul neobișnuit în acea noapte fusese că Jonathan *nu* fusese dus târâș la ea acasă după ce plecaseră de la bar. Schimbaseră numerele de telefon, ieșiseră împreună. Trecuseră deja câteva săptămâni – trei sau patru – înainte ca Susannah să se trezească și să-i găsească haina în cuier. Asta îi dăduse de gol.

Pe când cele două împărțeau a doua lor casă, apartamentul din Latchmere Road, ea îl numise pe Jonathan „intrusul". Era mereu acolo, întins pe canapea duminica dimineața, folosindu-le apa caldă și prosoapele uscate. Dacă n-ar fi fost vorba de Jonathan, probabil ar fi deranjat-o. Însă întotdeauna fusese omul cel mai fermecător pe care îl cunoscuse vreodată, iar ei i se părea imposibil să se supere pe el. Mereu acceptase totalitatea prieteniei lor – el întotdeauna le numise „nevesticile" lui, cu toate că de câte ori făcea asta primea câte o pernă în cap. Pe deasupra, în scurt timp i se alăturase și Sean, și așa se născuse grupul de patru în care pe vremea aceea se distraseră atât de mult.

Prin urmare, îl sună. Chiar atunci, deoarece avea la fel de multă nevoie de el pe cât probabil avea el de ea. Amândoi o iubeau pe Amelia, iar dacă trebuiau să fie puternici de dragul ei, aveau nevoie să capete putere unul de la celălalt.

Se întâlniră două zile mai târziu, după slujbă, într-un bar din apropierea biroului lui Susannah de pe Adam Street – Jonathan lucra ca agent de bursă în apropiere de Fleet Street. Ea ajunse prima, iar când apăru el deja

băuse jumătate de pahar de vin alb din sticla pe care
o comandase. Se ridică să-l salute, iar el o îmbrățișă
lung, făcând-o să se simtă ușor emotivă. Îi era dor de
Jonathan și Amelia. Îi era dor de prietenul ei. Nu era ca
și când Amelia i-ar fi cerut să țină cu vreunul din ei (ori-
cum nu existau tabere, căci nu fusese vreun război). Pur
și simplu viața galopase într-un ritm nebunesc. O văzuse
pe Amelia. Îi văzuse pe copii. Însă nu-l văzuse pe el.

Observă că îi crescuse părul, iar Jonathan își trase
timid de buclele de pe gât.

– Încerc să-l las mai lung, spuse el, ca un fel de expli-
cație. Se pare că mă face să arăt mai tânăr. Și crește ca
iarba. Ar trebui să-l mai retușez.

Chiar îl făcea să arate mai tânăr, deși el niciodată
nu-și arătase de fapt vârsta. Avea fața rotundă și aproa-
pe fără riduri. Susannah își spuse că probabil lui Jess îi
plăcea să-l aibă mai lung. După cum spunea Elizabeth,
Jess era „dezgustător de mai tânără" decât tatăl ei, deși
în opinia Ameliei avea vreo treizeci de ani. Adolescenții
sunt ființe care judecă ușor când vine vorba de părinți.
Susannah nu și-l putea imagina cu altcineva. O durea
puțin că nu menționase nimic de Jess – asta dacă Jess
era cea care dorise să-și lase părul mai lung. Ca și când
secretul ar fi plutit în aer între ei. Un secret prostesc
care nici măcar nu prea era secret. Însă era ca și când el
s-ar fi simțit vinovat, deși, evident, nu avea de ce.

Îi turnă un pahar de vin din sticlă, iar el își scoase
haina și se așeză în fața ei.

– Noroc. Ridică paharul și îl ciocni de al lui.

– Pentru Amelia. El lăsă paharul jos fără să bea.

Susannah văzu că mâna lui tremura ușor.

– Jonathan, o să se facă bine.

– De unde știi? Își trecu degetele prin păr.

– Nu *știu*. Nu au cum să ofere vreo garanție. Însă are
șanse foarte mari. L-au depistat din timp și îl tratează în
forță. Ți-a spus și ea asta, nu? Nouăzeci la sută șanse de
supraviețuire pentru cinci ani. Mi-a spus că ți-a povestit
deja asta când ați vorbit.

– Da, mi-a spus, murmură el, făcând un semn aproba-
tor din cap. Ți-a spus și ce am răspuns eu?

– Desigur.

– Așa că ai fost trimisă să-mi bagi mințile în cap, nu?

– Nu am fost „trimisă" nicăieri.

– Mincinoaso. Nu te-am văzut de luni întregi. Avea
un ton de reproș.

– Știu și îmi pare rău.

– Nu trebuie să-ți pară rău. Mi-e dor de tine, Susan-
nah, atâta tot.

Părea trist.

– De fapt mi-e dor de tot. Și acum.

– Știu că îți e. Rămaseră tăcuți o clipă, după care
Susannah se interesă: Deci cum îți merge cu Jess?

– Știi și de asta, nu? pufni el.

– Nu avem secrete. Știi doar.

– Asta înseamnă că Amelia îți spune totul? Ea dădu
afirmativ din cap. Și ce părere are de asta?

Amelia nu i se confesase pe această temă, așa că
Susannah ridică din umeri.

– Doar nu era să rămâi singur toată viața.

El zâmbi. Nu era răspunsul la care probabil se aș-
teptase. Nu era chiar un răspuns la întrebarea lui, însă
o cunoștea bine pe Susannah și știa că nu va primi mai
mult de-atât.

– E bine.

Ea ridică din sprânceană.

– Cel mai sec răspuns afirmativ din lume.

– E bine. Ce pot să-ți spun, Suze? Nu e cine știe ce.
Nu sunt îndrăgostit.

– Nu ești îndrăgostit în sensul „nebunește"?

– Nu, râse el. Nu sunt îndrăgostit în sensul „nu mă
gândesc prea mult la ea când nu suntem împreună".
E o fată drăguță. Sunt flatat, cred, din perspectiva tristă
a divorțatului de vârstă mijlocie. Și cam atât. Sex și un
suflet cu care să-mi petrec nopțile de duminică.

Susannah simți un val brusc de milă pentru Jess, deși
nu o cunoscuse. Aflase prima dată despre ea pentru
că Victoria se dăduse de gol, iar Victoria era singura

la curent, deoarece își înfruntase tatăl cu câteva săptă-
mâni în urmă din pricina unui ruj pe care îl găsise în
baie. „Nu e deloc nuanța cea mai potrivită pentru tine,
tată!" Fusese foarte încântată de gluma ei.

– Îmi pare rău, spuse el scuturând din cap, asta mă
face să par un ticălos. E o fată drăguță.

– Ai mai spus asta. O faci să pară ca o prezentatoare
de la *Blue Peter*.

– Chiar este. Adică drăguță, nu prezentatoare. Dar
sunt la mii de kilometri distanță de a fi pregătit pen-
tru ceva serios. Am informat-o. Știe. Nu o duc de nas.
Ea spune că se mulțumește cu un flirt. Susannah ridică
din nou sprânceana, iar Jonathan continuă grăbit: Știu,
știu. Nu ar trebui s-o cred.

– Nu. Susannah nu le cunoștea personal pe toate fe-
meile din lume, însă un sondaj în rândul celor câteva
sute pe care le știa ar fi arătat că indiferent de procentul
celor care pretindeau că se mulțumesc cu un flirt, doar
foarte puține vorbeau serios.

Oare nu-i spusese ea însăși lui Douglas că era fericită
să nu se mărite, când el îi pusese pe tavă bine cunoscu-
tul discurs cu „Am încercat, ai încercat și tu și n-a mers
pentru nici unul dintre noi, așa că hai să rămânem așa
cum suntem acum"? Atunci, la început, vorbise serios.
Însă, bineînțeles, nu pentru mult timp.

– Și nici nu o cred. Promit că o să am grijă. N-o s-o
lungesc dacă o să consider că ea s-a atașat prea mult. Dar
mă simt singur, Susannah. Înțelegi asta, nu? Am plecat
dintr-o casă plină de copii zgomotoși și cu o soție cu care
împărțeam patul și am ajuns într-un apartament gol.
Și, dacă îți aduci aminte, nu a fost alegerea mea.

– Știu. Jon, nu trebuie să te aperi în fața mea. Eram
acolo, ai uitat?

El își masă ceafa.

– Oricum... asta nu pare să mai conteze prea mult
acum.

– Nu. Își privi mâinile cu care ținea paharul.

– Deci, cum se simte?

– Exact aşa cum ne-am fi aşteptat. Este practică, puternică şi hotărâtă.

– Şi o crezi?

– Cred că tu o cunoşti mai bine ca mine, la urma urmei...

– Nu sunt prea sigur de asta.

– Cel puţin o cunoşti foarte bine. Cred că e adevărat. Încă nu am văzut fisuri. Şi crede-mă că sunt atentă.

– Dar aş vrea să fac ceva.

– Şi poţi să faci ceva. Poţi să încetezi cu dramatismul. N-o să accepte asta din partea nimănui. Şi Dumnezeu s-o aibă în pază pe mama ei dacă începe cu scenele. Nu vrea circ. Vrea doar ajutor cu lucrurile practice atunci când va veni vremea. Copiii, casa. Astea.

– Sigur că da. Orice.

– Orice, însă nu să te muţi înapoi. Trebuie să renunţi la ideea asta, Jon.

– Ştiu. N-ar fi trebuit să spun aşa ceva. Pur şi simplu am fost... şocat.

Susannah îi puse mâna pe umăr.

– Ştiu. Nu e în stare să dea asemenea veşti cu blândeţe. I-am îndurat de prea multe ori reacţia la câte o tunsoare nouă de-a mea ca să ştiu asta. Nu cruţă.

– De ce o iubim amândoi atât de mult? De fapt este îngrozitoare. Râse cu tristeţe.

– Încă o iubeşti, nu?

– Mai mult decât aş fi ştiut vreodată înainte să mă sune ca să-mi dea vestea asta.

Ochii lui se umplură de lacrimi, iar ea îi luă mâna fără să spună nimic, căci în acel moment nu era nimic de spus.

Douglas o ceruse o dată de nevastă. Nu la început. La început spusese că nu dorea să se însoare din nou, iar argumentaţia lui păruse logică. În practică, o aşteptase să se îndrăgostească la rândul ei ca să o poată cere. Era unul dintre lucrurile despre care se întrebase mereu dacă le făcuse intenţionat – aşa cum se nimerea întotdeauna să-şi ceară scuze când era obosită. Spusese că avea trei copii şi că nu mai voia alţii. Nici măcar cu ea.

Că dacă dorea să fie cu el, trebuia să accepte asta. Apoi o lăsase să hotărască singură, iar după două săptămâni îngrozitoare fără el îşi dăduse seama că putea să accepte orice atâta timp cât îl avea alături. Se dusese la el, el o îmbrăţişase şi o sărutase, iar ea rămăsese.

Cererea în căsătorie, dacă o putea numi aşa, venise la trei ani după aceea. Se certaseră – în privinţa copiilor şi a incapacităţii lui de a i se dedica –, o ceartă îngrozitoare, plină de furie, care părea să le fi distrus relaţia definitiv. Ea ieşise trântind uşa şi dormise la Amelia câteva nopţi, iar el venise acolo s-o caute.

– Ne putem căsători dacă asta e ceea ce îţi doreşti cu adevărat.

Exact acelea fuseseră cuvintele lui. Fără inel, fără lăsat în genunchi, fără flori şi, desigur, fără viori.

Însă ea se întorsese oricum cu el acasă.

1988

Bineînţeles, Rob nu o ceruse de nevastă. Erau mult prea tineri. Ar fi fost nebună să se şi gândească la aşa ceva. Dar asta nu însemna că nu se gândise. Era tânără, iar fetele tinere nu aveau altceva în minte. Petrecuse ore întregi visând cu ochii deschişi. Desenându-i pe doamna Rossi, pe domnul şi doamna R. Rossi, pe Susannah Rossi pe caiet în loc să înveţe.

Rob îşi luă examenul pentru carnetul de conducere la trei săptămâni după ce împlinise şaptesprezece ani. El şi Frank exersaseră întoarceri şi parcări paralele în parcarea de la Tesco în fiecare seară, după ora închiderii. Citise *Codul rutier* ore întregi, în timp ce stăteau pe canapea, el cu braţul liber pe după umărul ei, iar ea cu obrazul pe pieptul lui. Uneori îl testa, numea semne de circulaţie pe care el trebuia să le deseneze cu degetul în aer, iar alteori – de cele mai multe ori – încerca pur şi simplu să-i distragă atenţia sărutându-l pe gât şi pe urechi până când îl auzea gemând şi lăsa cartea jos să o sărute.

Frank îi permisese fiului său să-i conducă maşina şi i-o împrumuta după ce se întorcea de la slujbă şi în weekend. Odată cu maşina şi posibilitatea de a călători, cei doi descoperiră o libertate nouă. În sfârşit puteau fi singuri. Acasă la Rob, Frank şi Lois le cereau să stea la parter, dar nu prea îi lăsau în voia lor. Erau aproape tot timpul în camera alăturată, vorbind tare. Iar la Susannah acasă era şi mai rău. Dacă nu venea mama ei tot timpul sub un pretext sau altul, atunci o făceau Alastair sau Alex. În maşină erau doar ei doi.

Părinţii ei considerau că devenise „prea obsedată" de Rob. Se certau în privinţa asta – primele certuri adevărate din adolescenţa lui Susannah, de fapt din viaţa ei. Mai precis, se certa cu mama ei, în prezenţa uşor stânjenită a tatălui. Rosemary era convinsă că Rob reprezenta dacă nu neapărat o influenţă nocivă, atunci prima piesă instabilă dintr-un domino care avea să se răstoarne probabil către lucrurile de care se temea cel mai mult ca mamă – băutură, droguri, examene picate, sex înaintea căsătoriei, sarcini nedorite şi boli cu transmitere sexuală. Standardul ei dublu o înfuria pe Susannah – nu îl cicălea niciodată pe Alastair în felul acela – şi lipsa ei de încredere o rănea mai mult decât dorea să recunoască. I se părea neobişnuit şi stânjenitor să constate că mama ei nu o înţelegea deloc. Că distanţa dintre ele era cu mult mai largă decât fusese vreodată şi decât îşi imaginase vreodată că va fi. Se simţea în defensivă şi obligată să aibă secrete, situaţie care nu-i făcea nici o plăcere. Şi îşi judeca mama, o făcea responsabilă pentru acea atmosferă nouă şi neplăcută de acasă. O judeca la fel de aspru pe cât simţea că era judecată ea însăşi. Pentru prima dată în viaţă îşi considera mama o femeie prostuţă.

Într-o seară de vineri, mama ei încercă să o împiedice să meargă la o întâlnire cu Rob. Era vară şi se întuneca abia târziu. Copiii de vârsta lor, prea tineri ca să meargă la bar şi prea maturi pentru terenul de joacă, se strângeau pe islaz. Susannah dorise să sară peste cină, însă Rosemary pusese piciorul în prag, aşa că anunţase că se va întâlni cu Rob după masă. Mama ei începu să o bată la cap că mânca prea repede. Voia să stârnească o ceartă, sau cel puțin așa i se părea fetei. Alastair îi aruncă o privire plină de compasiune, iar Alex își coborî fruntea, preocupat de conținutul farfuriei, însă Susannah mușcă momeala.

– De ce te iei de mine?

– Nu mă iau. Nu cred că cer prea mult dacă vreau să stai cu familia ta și să mănânci frumos. Am avut nevoie de o oră ca să pregătesc cina și nu vreau să o înfuleci în cinci minute, atâta tot.

Susannah ura când mama ei încerca să o facă să se simtă vinovată.

– Însă asta nu e tot, nu-i așa, mamă?

– Ce vrei să spui?

– Adică nu vrei să fiu afară cu Rob.

– Cine a spus ceva de Rob? Mama ei privi către ceilalți comeseni, cu brațele deschise în semn de nedumerire. Am spus eu ceva de Rob?

– Rosemary. Tatăl ei vorbea calm, însă tonul său de avertisment o aprinse imediat pe soția lui.

– Nu mă lua cu „Rosemary", Clive. Fata asta este obsedată. Știi că am dreptate. Era o expresie pe care o folosea des.

După aceea, disputa urmă modelul deja obișnuit. În ultimul timp se termina când un membru al familiei ieșea trântind ușa. În seara aceea fu Rosemary, care luă o țigară Silk Cut din pachetul pe care îl ținea în cutia de biscuiți și ieși în grădină. Pentru că, după cum spunea mereu, fuma doar când era stresată sau supărată, gestul ei de a scoate țigara din ascunzătoarea aflată la vedere era mai mult o declarație, scopul fiind culpabilizarea fetei.

Aceasta se simțea însă vinovată cu adevărat doar față de tatăl ei. Știa că el încerca să fie un fel de tampon. Că el era cel nevoit să iasă în grădină și să asculte tot ce mai avea mama ei de spus.

Uneori îi auzea vorbind despre ea, când credeau că adormise. De obicei, tatăl îi lua apărarea. Se pricepea să o calmeze pe mama ei. Odată îl auzise întrebând-o

exasperat pe Rosemary dacă nu cumva uitase complet
cum fuseseră și ei doi în tinerețe. Mama ei tăcuse o cli-
pă, apoi izbucnise într-un râs aparent vesel. „Nu știi că
de-asta îmi fac atâtea griji...?"

Acum el își termina masa.

– Îmi pare rău, spuse ea, coborând privirea în farfu-
rie. Tatăl ei lăsă jos furculița și își puse mâna peste a ei,
strângându-i degetele. Însă nu are dreptate, tată, insistă
Susannah. Nu în privința asta. Nu are.

– O să se liniștească, zâmbi el aprobator. O să vorbesc
eu cu ea. Tu du-te, draga mea. Băieții o să spele vasele.

– Contra cost, mârâi Alex.

Tatăl ei îi aruncă băiatului o privire mustrătoare.

– Tu du-te și distrează-te.

Ea și Rob vorbeau. Mult. Mai mult decât făceau orice
altceva, cu toate că părinții lor și mai ales Amelia poate
că n-ar fi crezut. Rob parca undeva, lăsa radioul deschis
cu volumul scăzut și se mutau pe bancheta din spate, se
îmbrățișau și stăteau la taclale ore în șir. Lui Susannah
i se părea că nu cunoștea pe nimeni atât de bine pe cât
îl cunoștea pe Rob. Sau că va cunoaște vreodată. Sau că
va vrea să cunoască vreodată.

Vorbeau despre copilărie și părinți, despre crezurile
și temerile lor. Despre unde erau și unde voiau să ajun-
gă. El îi explica decizia lui de a intra în forțele aeriene.
O făcea să înțeleagă de ce își dorea atât de mult asta.
I se oferise o bursă la Biggin Hill după examenele de
nivel O, iar cei de la Royal Air Force îi oferiseră bursa
pentru nivelul A. Nu mergea la universitate – în sep-
tembrie, după examenele finale de colegiu, avea să ple-
ce la Cranwell, în Leicestershire, ca să urmeze cursul
de ofițeri cadeți. Optsprezece săptămâni de instruire
intensivă, după cum se părea. Apoi se înrola în Forțele
Aeriene. Cel puțin timp de șase ani, însă el spunea că
nu se putea imagina făcând altceva. Dorea să zboare.
Să aparțină unui lucru. Asta însemna ca viața lui să fie
organizată și planificată și, până la un punct, controlată
de alți oameni.

Ea credea că îl înțelegea, însă de fapt nu-l putea înțelege cu adevărat. Nu era ceva ce-și dorea ea și nici măcar nu se gândise la așa ceva înainte să-l cunoască pe el. Nu se putea închipui pe ea într-o asemenea viață. Lucrurile pentru care muncise o duceau în altă direcție, opusă. Și nu îi plăcea să se gândească la viitor. Totul avea să se schimbe. Ceea ce până de curând i se păruse palpitant începuse să se transforme într-un presentiment sumbru. Nu dorea să se despartă de el. De fapt nici nu-și putea imagina asta.

Rob văzuse mereu lucrurile altfel. Spunea fără ironie sau tristețe, ci pe un ton cât se poate de firesc, că ea se putea descurca mult mai bine ca el. Îi cuprindea chipul în mâini și o privea în ochi, apoi declara că oricum, măcar o vreme era doar a lui și că nu plecarea lui la Cranwell avea să-i despartă.

– Tu ești făcută pentru lucruri mărețe, Susannah Hammond. Văd asta în tine. Ești atât de isteață, de deșteaptă. Atât de frumoasă și specială. Eu nu sunt nimic din toate astea. Poate doar atunci când zbor. Aici, jos, sunt un om obișnuit. Pentru tine o să mă transform doar într-o amintire. Sper că măcar una dulce. Fericită. Însă voi rămâne doar o parte a trecutului tău. Poate că acum sunt suficient de bun pentru tine, însă nu voi fi pentru totdeauna suficient de bun pentru tine. Nu pentru tine.

O înfuria și o întrista când îi spunea asemenea lucruri. Știa că era deșteaptă. Însă celelalte lucruri pe care le vedea în ea... simțea că erau reale, însă doar când era cu el.

Rob nu vorbea de un viitor dincolo de examenele lor. Iar când nu o putea convinge să nu vorbească despre asta o săruta ca să o facă să tacă, metodă care nu dădea greș.

Atitudinea lui avea ceva de modă veche, și acela era unul dintre motivele pentru care îl iubea. Nu făcuseră niciodată sex pe bancheta din spate a mașinii lui Frank, chiar dacă vehiculul le oferise prima ocazie adevărată pentru asta și chiar dacă amândoi și-o doreau atât

de mult, încât era aproape dureros fizic, şi chiar dacă
apropierea era atât de tentantă. De cele mai multe ori
Rob era cel care se stăpânea. Existaseră multe ocazii
când Susannah era prea ameţită de dorinţă ca să-l poa-
tă opri.

– Dacă se întâmplă, atunci trebuie să fie într-un pat.
Unul mare, alb şi curat. Nu în grabă, cu teamă că ne-ar
putea prinde cineva sau că ne-ar putea bate un poliţist
în fereastră. Nu cu pantalonii în vine şi tu cu puloverul
ridicat până în gât. Doar noi, doar noi doi. Te respect
prea mult, Susie. În plus, o fac şi pentru tatăl meu.
E maşina lui şi are încredere în mine. Iar dacă crezi
că sunt speriat, ai dreptate. Sigur că sunt. Dacă crezi că
nu vreau, eşti nebună. Nu e nimic – absolut nimic – să
vreau mai mult. Dacă îţi închipui că...

Ea îl sărută în timp ce vorbea, ca să-l reducă la tăcere.

– Vrei să continui să-mi spui ce crezi tu că-mi închi-
pui, sau mă laşi pe mine să-ţi mărturisesc? Cred... că eşti
cel mai bun bărbat pe care-l cunosc. Cred că te iubesc.
De fapt, ştiu asta... şi nu mă deranjează să aştept. Pentru
că o să se întâmple, Rob. Ştiu că într-o zi o să se întâm-
ple. Şi o să merite aşteptarea.

prezent

Susannah închise uşa cu piciorul în urma ei şi se
duse direct la bucătărie cu cele două pungi grele pe
care le adusese. Întâi trebuia să vâre cumpărăturile în
frigider, ştia asta, însă o dureau picioarele de la tocurile
de şapte centimetri pe care le purtase, iar costumul o
strângea – nu-şi dorea decât să se schimbe în pijamaua
frumoasă din caşmir pe care i-o dăruise Rosemary de
ziua ei şi pur şi simplu să lenevească în faţa televizoru-
lui, uitându-se la *Holby City* sau ce se difuza. Doug era
plecat în delegaţie, iar ea îşi plănuise o orgie cu aperitive
şi seriale toată ziua, uşurată la gândul absenţei lui. N-ar
fi fost o idee rea să-şi ofere o baie lungă cu spumă şi
o noapte în care să adoarmă devreme. Era exact ceea

ce îi trebuia – un pic de spațiu și de egoism. Își luase liber de la serviciu pentru restul după-amiezii – întâlnirea de la Canary Wharf la care fusese după prânz se terminase la trei. O vizitase pe Amelia, însă aceasta era obosită și intenționa să se bage direct în pat. Biata de ea. Spusese că nu putuse să doarmă, pentru prima dată în viața ei de adult, și chiar arăta ca un om care nu dormise. Sub ochi îi apăruseră cearcăne. Era atât de indignată de insomnie, încât o făcuse pe Susannah să râdă. Pentru ea, să se culce la două noaptea era ceva firesc. Mereu fuseseră diferite din acel punct de vedere. Susannah își aminti cum o contempla iritată pe Amelia dormind în șezut, cu fruntea rezemată de rucsac, într-un tren zgomotos care hurducăia pe undeva prin Europa, în vreme ce ea rămânea cu ochii larg deschiși și singură.

Avea o sută de lucruri de care trebuia să se ocupe la serviciu, însă nu în acea după-amiază. O sunase pe Megan, secretara ei, și se asigurase că nu era nimic care să nu poată aștepta până a doua zi de dimineață. Acum, după ce își scoase pantofii și își lăsă haina pe spătarul unui scaun, urcă scările în ciorapi, trăgându-și bluza din fustă.

Urcase deja jumătate de scară când auzi un zgomot venind de sus și imediat simți un fior de adrenalină pură. Cineva era în casă. Rămase împietrită pe trepte, scotocindu-și mintea după reacția optimă. Cine naiba era? Ușa fusese încuiată. Era plină zi – auzea mașinile trecând pe stradă și vocea unui copil râzând. Nici o urmă suspectă în hol sau pe scări. Prin ușa deschisă a camerei de zi vedea televizorul, încărcătorul de i-Pod, în care încă se afla i-Touch-ul lui Doug. Și geanta ei pe scaunul din hol. Telefonul era înăuntru.

– Cine-i acolo? Nu era probabil cel mai inteligent lucru pe care-l putea face, însă la asta o mânase instinctul.

– La naiba!

Recunoscu imediat vocea lui Daisy și cea mai mare spaimă a ei se domoli.

– Daisy? Ce naiba făcea Daisy acolo într-o după-amiază de miercuri? O strigă din nou, simțind iritarea din propria voce.

Neprimind răspuns, continuă să urce. Ușa de la dormitorul pe care Daisy îl împărțea cu Rose era larg deschisă, însă fata nu era acolo. În partea cealaltă a coridorului, camera lui Fin era și ea goală. Ușa dormitorului principal era singura închisă.

– Daisy? Răsuci clanța și întredeschise ușa, tensionată.

– Nu intra!

Însă intrase deja. Daisy era în patul lor. Strânsese cearșaful în jurul ei, însă era clar că pe dedesubt era goală. Prin bumbac se contura forma sânului ei tineresc. Părul îi era ciufulit, ca și când ar fi fost pieptănat pe spate, iar obrajii îi erau foarte roșii. Lângă pat, prietenul lui Daisy, Seth, se grăbea să-și tragă boxerii, respirând agitat. Nu îl văzuse niciodată fără haine. De fapt, ea și Doug abia dacă îl văzuseră și îmbrăcat – Daisy nu era niciodată prea dornică să-l aducă sau chiar să discute despre el – iar spatele lui musculos și fără păr, boxerii care se ridicau peste un dos neted și rotunjit, o șocară într-un fel. Pe moment fu uimită că remarca felul în care arăta, că îi conștientiza prezența la un nivel atât de primitiv. Sexualitatea din cameră era foarte palpabilă, iar ea se simțea ca un intrus. Acești doi tineri frumoși făcuseră dragoste acolo până de foarte curând – asta era cât se poate de evident. În miezul zilei, în patul ei, în cearșafurile ei. Unde dormea ea cu Doug, tatăl lui Daisy.

Hristoase!

Își dădu seama că ei doi – ea și Doug – nu făcuseră sex nici acolo, nici în altă parte de două săptămâni. Iar când o făcuseră fusese pe întuneric. Cu trupuri mai vârstnice și mai puțin încântătoare și probabil cu mai puțin entuziasm și elasticitate.

Da, era furioasă. Ce naiba fusese în capul lui Daisy? Era de-a dreptul inacceptabil și revoltător. Însă mai era și altceva. Ceva mult mai rău și mult mai neașteptat. Era geloasă? Nu pe Seth. Sigur că nu. Ar fi putut să-i fie mamă. Ci pe ei doi, atât de disperați să se aibă unul pe celălalt, încât să vină aici pe furiş după-masa. Erau atât de tineri şi de frumoşi şi de îndrăgostiţi sau plini de dorinţă sau în călduri sau cum s-o chema, încât veniseră acolo în acea după-amiază să facă acel lucru extraordinar.

Încercă să înlăture acele gânduri stânjenitoare şi nepotrivite. Să gândească aşa cum ar gândi un părinte.

– Ce naiba se întâmplă aici? Îşi auzi propria voce ascuţită şi şocată.

– Îmi pare rău, Susannah... eu....

Ridică mâna să o oprească pe Daisy. Nu ştia care dintre ele două era mai şocată. Pur şi simplu voia să iasă din cameră.

– Lasă explicaţiile. Cred că îmi dau seama exact ce se întâmplă aici, pare destul de evident. Nu trebuie să-mi spui pe litere.

Întoarsă spre uşă, făcând eforturi să-şi controleze respiraţia, Susannah privi atentă liniile din covorul de culoarea nisipului, ca un câmp arat, dorindu-şi să rămână calmă. Ceea ce şi-ar fi dorit cel mai mult în acel moment era să traverseze încăperea şi să-i dea una lui Daisy.

Însă îşi păstră tonul pe cât de neutru putea şi rosti pe o voce liniştită:

– Seth, cred că cel mai bine e să te îmbraci şi să pleci, te rog.

Fără să-i privească, închise uşa şi coborî direct în salon, unde îşi turnă o măsură bună de whisky şi dădu paharul pe gât. Îl umplu din nou şi se duse la masa din bucătărie. Casa era nemişcată şi tăcută. Asigurându-se că avea vedere la uşa principală, rămase să aştepte.

Seth avu nevoie de aproximativ trei minute ca să se îmbrace, să coboare şi să iasă pe uşă, pe care o închise încet în urma lui, fără să privească în urmă. Nu ştia cum să plece mai repede. Şi nu-l învinuia.

Peste vreo cinci minute apăru şi Daisy. Susannah se aşteptase să dureze mai mult. N-ar fi fost surprinsă nici dacă fata s-ar fi dus direct în camera ei, trântind uşa după cum obişnuia. Iată însă că venise să dea seamă. Susannah trebuia să-i dea nişte puncte măcar pentru asta, deși era încă extrem de furioasă. Se îmbrăcase cu blugii și hanoracul, își prinsese părul răvășit într-o coadă lejeră, însă obrajii îi erau tot roșii, atinși de săruturi și stânjeneală. Susannah știa că și chipul ei era fierbinte.

Fără vreun cuvânt, Daisy trase scaunul de vizavi și se așeză. O clipă, Susannah nu putu s-o privească, dar când își ridică ochii, chipul lui Daisy se schimonosi de un plâns brusc și neașteptat. Susannah nu-și amintea ultima dată când o văzuse plângând. Oare o văzuse de fapt vreodată?

– Susannah, îmi pare foarte, foarte rău. Abia vorbea printre lacrimi.

– Daisy, ce-a fost în capul tău?

– Nu... nu am gândit... nu am gândit deloc. Pur și simplu voiam să fim singuri, așa... așa... așa de mult. Să fim doar noi. Susannah, nu am plănuit asta... Nu am făcut-o... sincer. Pur și simplu mi-a trecut prin cap că putem veni aici... știi... în timp ce tu și tata sunteți la serviciu... și că putem... știi... să fim împreună. Pur și simplu... s-a întâmplat. Sincer... Respira agitat și necontrolat. Era complet răvășită.

– Pur și simplu s-a întâmplat în patul meu?

– Nu puteam... nici unul nu puteam... nu unde eu și Rose.. sau Fin...

– Deci știai că nu era bine să o faceți acolo, însă camera mea, camera *tatălui* tău ți se părea potrivită?

Daisy plecă fruntea.

– Nu.

– Exact, Daisy. Nimic din toate astea n-a fost bine. Ai intrat în casa mea fără să ceri voie. Presupun că ai chiulit de la școală. Ca să nu mai zic că m-ai speriat de moarte. Am crezut... nici nu mai știu ce am crezut... nu îmi vine să *cred* că ai făcut așa ceva, fată prostuță și neglijentă.

Daisy își plecă din nou fruntea în fața acelor cuvinte, ca și când ar fi fost lovituri pe care stătea să le primească. Părea o fetiță de zece ani care stătea spăsită în uniforma de școală, cu părul ciufulit. Își șterse cu mâneca nasul și ochii.

Lacrimile ei o înmuiară pe Susannah. Nu o văzuse niciodată atât de vulnerabilă. S-ar fi așteptat la furie, sfidare sau tupeu. Însă nu la asta. Nu-i venea să creadă ce făcea, dar împinse ușor scaunul și se duse la Daisy. Rămase o clipă în picioare, apoi își puse un braț pe după umărul ei. Îndată ce făcu asta, fata se repezi s-o îmbrățișeze și începu din nou să bocească. Singurul lucru pe care-l putea face Susannah era să o mângâie pe cap și s-o lase să plângă.

Hohoti vreme de patru sau cinci minute, în timp ce Susannah îi murmură ușor la ureche, ca și când ar fi fost un copilaș. Treptat, respirația îi reveni la normal, iar umerii încetară să-i mai tremure. Susannah se depărtă cu blândețe de ea și se duse să pună ibricul pe foc. Luă cele două căni cu Penguin Classics de sub dulap și puse câte un plic de ceai în fiecare, apoi adăugă o linguriță de zahăr. Așeză pe masă o cutie de șervețele pe care o luase de pe pervaz, iar Daisy luă unul și își șterse zgomotos nasul.

Nici una nu scoase o vorbă până nu fu gata ceaiul. Se părea că amândouă ascultau atent sunetele pe care le scotea ibricul care fierbea.

– Hai cu mine. Susannah o conduse pe Daisy în salon, aducând și cele două căni. Se așeză direct pe podea, în timp ce Daisy alunecă lângă ea, aproape, însă fără să o atingă, apoi își luă cana și o duse la piept.

– Deci îmi spui ce s-a întâmplat? Furia ei dispăruse. Sincer, nu se aștepta ca Daisy să accepte, însă fata începu să vorbească, oprindu-se doar cât să soarbă din când în când din ceai și să-și tragă nasul.

– Susannah, chiar îl iubesc pe Seth. Știu că probabil nu crezi asta, probabil crezi că suntem prea tineri ca să știm măcar ce înseamnă.

Chipul lui Rob apăru în mintea lui Susannah. Zâmbetul timid. Prima dată când îi spusese acele cuvinte. Daisy se înșela.

– Nu cred asta, Daisy.

Daisy își drese ușor glasul.

„Cât de bătrână și prăfuită par probabil în ochii ei", își spuse Susannah.

– Toți ceilalți cred. Ai auzit cum vorbește tata de el. Mama nici nu-l lasă să intre în casă și se înfurie de-a binelea când ies cu el. Nu i-a dat nici o șansă.

– Și nici noi nu i-am dat, nu?

Daisy zâmbi vag.

– Nu, nu prea.

– Nu ne-ai încurajat nici tu prea mult. L-ai cam ținut ascuns. Nu știam că relația voastră e atât de serioasă.

– Nu a fost. Adică în după-amiaza asta... a fost prima dată. Sincer.

– Ați... adică ați fost...? Susannah rămase ușor surprinsă de întrebarea aceea atât de maternă ce-i stătea pe buze.

– Precauți?

Susannah dădu afirmativ din cap.

– Da, am fost. Am avut... chestii... știi tu. Își dădu seama că părea infantilă și se strădui să spună cuvântul. Prezervative. Avea el câteva.

– Deci el plănuise asta, chiar dacă tu nu ai făcut-o.

Poate că Daisy nu privise lucrurile așa. Iar asta o făcu să tacă o clipă.

– Cred că mă iubește, Susannah. El așa spune.

– A mai avut și alte prietene?

– Cred că da, câteva. Însă mi-a zis că și pentru el a fost prima oară.

– Și îl crezi?

– Da. Daisy dădu încet din cap și chiar zâmbi. Cred că da.

Și-o aminti pe Amelia în autobuz cu toți acei ani în urmă, vorbind despre prima ei experiență cu Tristan, băiatul de pe Coasta Amalfitană. Își dădu seama uimită că încă își amintea numele lui. Și că fusese perfect. Apoi îi veni în minte prima ei experiență și îndepărtă imediat gândul. Fusese departe de a fi perfect. Oare fusese perfect pentru Seth și Daisy? Acum amintirea lor avea să fie legată pentru totdeauna de acel moment. De momentul în care fuseseră prinși. Cu acea scenă atât de înfiorătoare. Seth îmbrăcându-se cu spatele la pat.

La asta se referise Douglas. Ea nu era mama lui Daisy. Da, era furioasă din cauza patului, din cauză că-i fusese înșelată încrederea, însă nu putea simți acea indignare pe care era sigură că ar fi trebuit să o simtă mamele. Își dădu seama că acel lucru nu o copleșise. Și nici nu o rănise și nu o băgase în încurcătură făcând-o să nu știe cum să reacționeze. Își dădu seama că avea mintea foarte limpede.

– Ai vorbit cu mama sau cu tatăl tău despre asta?

– În nici un caz. Daisy scutură agitată din cap. Nu pot. Și te rog să nu o faci nici tu. Trebuie să-mi promiți că n-o să-i spui, Susannah. Te rog. Te rog.

– Pentru că?

– Pentru că... tata e tata. N-aș putea să discut cu el despre asemenea lucruri. Și o să se înfurie dacă-i spui.

Nici Susannah nu putuse vorbi vreodată cu tatăl ei. Iar dacă el aflase câte ceva despre acel subiect, știa de la mama ei, nu direct de la ea.

– Și mama ta?

– Nu. Mama încă se poartă cu mine de parcă aș avea zece ani. Nu vrea să priceapă că și eu cresc... probabil asta o face pe ea să se simtă mai bătrână. Iar asta e cea mai mare teamă a ei. Dacă se poartă cu mine ca și când aș fi un copil, nu e nevoită să-și înfrunte propria înaintare în vârstă. Nu e vorba de băieți sau de sex. Nu vrea să mă lase nici măcar să iau lecții de condus. Nu vrea să vorbească nici de universitate.

Biata fată. Ceea ce spunea ea chiar avea logică. Sylvie făcea parte dintre femeile pentru care îmbătrânirea era o agonie – îți dădeai seama doar privind-o. Avea părul prea lung și hainele prea tinerești. Era prea slabă și mereu se ducea la yoga sau la Pilates. Căutarea tinereții. Din când în când, Susannah simțise un fior de plăcere știind că lucrul care o enerva cel mai mult pe Sylvie în privința ei era și singurul pe care nu putea să-l schimbe: Susannah era cu zece ani mai tânără. Însă nu se gândise niciodată ce impact ar fi putut avea toate astea asupra fiicei ei celei mai mari.

Niciodată, în cei șapte ani de când se cunoșteau, Daisy nu-i vorbise așa. Era în același timp ciudat și o mare ușurare să stea acolo pe covor și să discute astfel. Pentru prima dată își găsea un loc în viața fetei. Nu trebuia să judece. Nu trebuia să impună reguli. Trebuia doar să asculte și să o trateze ca pe o adolescentă de șaisprezece spre șaptesprezece ani. Cineva trebuia să o facă.

În sfârșit veni weekendul, iar Susannah se duse la părinții ei. Mama îi trimisese o invitație la prânz. De dimineață se oprise în drum să o viziteze pe mama Ameliei, la o cafea. Nu se putea obișnui cu faptul că tatăl Ameliei nu mai era acolo. Finalizaseră divorțul cu zece ani în urmă. Mama ei reamenajase o mare parte din casă într-un stil mai feminin, în culori pastel, cu modele florale și dantelate. Nu prea se potrivea cu arhitectura casei, însă cu personalitatea ei, da. Doamna Lloyd, încă frumoasă, încă elegantă, începuse să plângă îndată ce o văzuse, însă avea șervețele mototolite în amândoi pumnii, iar ochii ei roșii îi spuneau lui Susannah că plânsese mult și nu doar din cauza prezenței ei. Știa că trecuse și Amelia pe acolo cu vreo două zile în urmă și o informase că avea cancer.

Rămăsese jumătate de oră în bucătăria care în ultima vreme se transformase într-o expoziție Cath Kidston, băuse ceai de mușețel și o asigurase că totul avea să fie bine, promițându-i să o țină sub observație pe Amelia și să o sune dacă i se părea că Amelia avea nevoie de ea.

– Pentru că n-o să recunoască singură. O cunoști mai bine ca oricine și știi că am dreptate.

Și mama ei știa ce se întâmplase cu Amelia. Susannah îi spusese la telefon în săptămâna în care aflaseră împreună diagnosticul, punând-o să jure că nu se dădea de gol în fața nimănui, însă știind că avea să umple biserica St. Gabriel cu rugăciuni în timp ce ștergea praful. Iar asta n-avea ce rău să facă. O îmbrățișase și mai strâns când sosise.

Douglas nu venise nici atunci cu ea. Era cu copiii. Bineînțeles. Duminica la prânz. Se duseseră în port să curețe barca pentru iarnă înainte să fie dusă la adăpost, iar Susannah ar fi vrut din tot sufletul să-i însoțească. Nu ținuse neapărat să-și viziteze mama, însă nu avusese un motiv suficient de puternic să refuze. Și se gândise că-i va prinde bine să-l vadă pe Al. Ținând cont de vremea splendidă, putea spera ca măcar drumul cu mașina să-i facă bine.

Alastair se oferise să strângă el masa, împreună cu ea, ceea ce însemna că deja avea un plan. Nu se oferea niciodată să spele vase. În bucătărie, în timp ce ea umplea chiuveta cu apă fierbinte și săpun, făcură conversație despre serviciu, vreme și politică. Aproape terminaseră – iar ea aproape scăpase – când el deschise subiectul Douglas.

– Deci... nu e aici... *nici acum!*

– Nu. Copiii. Își păstră un ton vesel.

– Încep să cred că e doar partenerul tău de viață închipuit. Ea îl lovi cu colțul prosopului. Deși presupun că dacă ți-ai inventa unul ar fi mai tânăr. Și mai arătos. Și fără copii...

– Ah. Acum ești pur și simplu răutăcios.

– Haide, Susannah, nu vine niciodată pe-aici. Ce înseamnă asta? Ne urăște? Pentru că dacă ne urăște aș vrea să spun că nu mă cunoaște suficient de bine cât să mă urască. Să decidă asta după vreo câteva prânzuri de duminică, da? Ea dădu să spună ceva despre copii, însă Alastair nu avea chef să o audă și o întrerupse brutal: Astea sunt prostii. Pentru numele lui Dumnezeu, ar putea veni cu plozii. Nu mușcăm. Mama ar fi încântată. Ai mei ar fi încântați. Copiii aceia sunt un fel de scut uman pentru el. În plus, nu cred că este doar vorba de noi. Aș putea accepta faptul că nu vrea să fie cu noi. Ea încercă să protesteze, însă el o fixă cu o privire dură și cinică. Dar de ce nu vrea să fie cu *tine*? Ceilalți nu și-or fi dând seama, însă pe mine nu mă păcălești. Suze, nu este normal. Ori sunteți o familie, ori nu.

Susannah se rezemă de blatul din bucătărie.

– Ești un băgăreț cu gura mare, știi asta?

– Știu. Iar tu ești sora mea. Știi asta? Veni și se rezemă lângă ea, atât de aproape încât șoldurile li se atinseră.

– Știu. Își rezemă capul de umărul lui.

– Nu-mi place, atâta tot, Susannah. Nu am intenția să mă bag, dar vreau să știi că încerc să am grijă de tine.

– Știu și sunt fericită pentru asta. Iar când o să am nevoie să vorbesc îți promit că vei fi prima persoană pe care o sun. Azi nu vreau să vorbesc despre asta. În capul meu se învălmășesc mult prea multe lucruri. Despre care nu vreau să discut acum. Nu voia să-i spună despre Amelia, sau cel puțin nu în acel moment. E în regulă?

El își lăsă capul pe creștetul ei.

– E în regulă.

Ca de obicei, Al se prindea din prima. Era o trăsătură minunată, care în acea zi o incomoda totuși.

Pe seară avea să-i revadă pe copii. Nu se întorceau la Sylvie decât luni, după școală. Voia să o vadă pe Daisy, să se asigure că se simțea bine. Cu o săptămână în urmă o dusese la medicul ei ca să-i prescrie pilule anticoncepționale. Nici Douglas, nici Sylvie nu erau la curent. Daisy o rugase să nu le spună și ea se învoise – Daisy avusese dreptate să presupună că Douglas ar fi fost furios. Chiar ar fi fost furios. La șaisprezece ani nu avea nevoie de permisiunea părinților. Nici nu avea nevoie ca Susannah să o însoțească, însă o întrebase dacă ar fi vrut, iar Susannah, emoționată, simțind o nevoie surprinzătoare de a o proteja, acceptase imediat. Daisy fusese extrem de agitată în sala de așteptare cenușie. Susannah nu intrase cu ea, rămăsese afară. După aceea ieșiseră la pizza – nu făcuseră niciodată asta – și pălăvrăgiseră cu mai mare ușurință decât li se mai întâmplase vreodată.

La înghețată, Daisy îi mulțumise.

– Ești tare, Susannah, ai fost grozavă în povestea asta. Încă îmi pare atât de rău... pentru ce s-a întâmplat. Nu-mi vine să cred că am fost atât de neghioabă. Dar sunt atât de... atât de recunoscătoare pentru tot ce ai făcut pentru mine de atunci. Nu meritam. Ai fi putut să te porți cu totul altfel și sunt atât de fericită că n-ai făcut-o. Și mă simt ușurată că pot vorbi cu cineva despre astfel de lucruri. I-am povestit lui Seth și crede că ești minunată.

Discursul o emoționase pe Susannah – probabil fusese cel mai lung pe care îl auzise vreodată de la Daisy, deși probabil că nu era confidenta cea mai potrivită.

Cu puțin timp înainte își spusese, în timp ce stătea la masa din imitație de mahon, că i se părea uimitor cât de mult *nu* i se simțea lipsa lui Douglas la acele întruniri de familie. Era mai mult absent decât prezent. Chiar și Chloe, o novice și o străină, se integrase mai bine. Se întrebă dacă nu cumva, inconștient, vina îi aparținea ei. Oare se răzbuna pentru că el îi ținuse la distanță pe copii, procedând la fel cu propria ei familie? Cine anume nu dăruise suficient timp sau efort acelei relații? El, ea sau amândoi? Nu știa răspunsul.

Prânzul fu... plăcut. De obicei era plăcut. Constatarea o surprindea de fiecare dată, ceea ce spunea mai multe despre ea însăși decât despre calitatea mesei. Copiii alergau țipând și sărind, iar mama ei ținuse prea mult legumele pe foc până când se transformaseră într-o pastă cenușie, așa cum făcea întotdeauna, însă radia atât de mult de plăcerea de a-i avea pe toți sub același acoperiș, încât îi era ușor să o ierte (trebuia doar să-și facă în minte o notă să-și ia cantitatea de vitamina C pe ziua respectivă din altă parte).

În fața casei părintești, într-o după-amiază cețoasă de duminică, Susannah își strânse haina și ridică gulerul ca să-și protejeze ceafa de vântul rece. Vremea se răcea. Alastair și echipa lui plecaseră cu vreo jumătate de oră în urmă ca să-i îmbăieze și să-i culce pe copii. Alex și Chloe rămâneau peste noapte ca să se întâlnească apoi cu niște prieteni din partea locului pe care nu-i mai văzuseră de la nuntă. Acel prânz fusese prima dată când se reuniseră cu toții (sau aproape toți) de la nuntă încoace. Se uitaseră la o mie de fotografii și urmăriseră în premieră filmarea de la petrecere. Primise un link către un site web de la fotograful nunții, pentru că așa era modern, însă nu avusese chef să apese pe butonul slide-show să le vadă pe toate. Erau fermecătoare – mult mai frumoase decât ți-ai fi închipuit dacă ai fi văzut cât de agitat și nerăbdător fusese fotograful în ziua nunții. Unele erau adevărate opere de artă – Chloe fotografiată în dormitor, prin voal, nepurtând mare lucru pe dedesubt în afară de lenjerie, iar altele erau imagini amuzante cu pantofii nuntașilor aranjați de-a lungul buchetelor pe scările din casa mamei.

Filmarea fusese făcută de un prieten de-al lui Chloe, ca să economisească bani, așa că era mai puțin artistică, însă infinit mai informativă, surprinzând expresiile oamenilor de-a lungul zilei. La un moment dat, Susannah se vedea în fundal, urmărindu-i pe tinerii căsătoriți în timpul primului lor dans pe o melodie de Louis Armstrong. Părea tristă și distrată. Îl văzu pe Alastair privind-o, iar ea scoase limba la el. Însă nimeni nu părea să fi observat. Se părea că mama ei era interesată în primul rând de felul în care arătaseră florile.

Acum, prânzul se terminase, iar ea mergea să o vadă pe Lois. Nu spusese nimănui. Rămăsese o vreme cu tatăl ei în seră și vorbiseră despre David Cameron. Apoi își sărută părinții și plecă, dar în loc să iasă pe autostradă și să o ia spre casă, după un kilometru se opri și parcă în fața casei lui Lois și Frank.

Sunase în timpul săptămânii. Găsise numărul lor și îl formase în pauza de prânz de la birou, simțind cum inima îi bătea cu putere. Lois păruse caldă și prietenoasă, la fel cum fusese și la nuntă. Chiar dacă telefonul o uimise, nu o arătase. Susannah se simțise mai mirată decât păruse Lois, cu toate că ea fusese cea care sunase. Făcuseră conversație și schimbaseră amabilități un minut, două, apoi Susannah spusese că în acel weekend venea să ia prânzul la ai ei și că i-ar fi plăcut să se oprească la un ceai dacă și Lois era de acord. Nici nu avusese de gând să spună asta până nu-i auzise vocea. Lois răspunsese că ar fi fost încântată. În ultima vreme nu prea aveau musafiri și știa că și lui Frank i-ar fi plăcut să o vadă.

În final, adăugase, aproape ca un gând întârziat, că Rob nu avea să fie acolo. Poate se gândise că de fapt Susannah dorea să-l vadă pe fiul ei. Şi poate că aşa şi era. Însă Susannah răspunsese că venea să-i vadă pe ei, după care închisese, încă destul de surprinsă de ceea ce făcuse şi de motiv.

Îşi spuse că proceda corect. Că trecuse prea mult timp. Îi cunoştea bine, fuseseră foarte apropiaţi. Era frumos din partea ei – cam târziu, însă frumos – să meargă să-l viziteze pe Frank, acum bolnav şi, probabil, obligat să stea aproape tot timpul în casă. Era cel mai decent lucru pe care-l putea face.

Ameliei nu-i spusese însă nimic, iar lucrul acesta era semnificativ. Vorbiseră destul în acea săptămână – Amelia stabilise datele pentru chimioterapie, iar Susannah îi promisese că va merge cu ea. Nu-şi efectuase tot concediul în acel an şi avea încă destule zile libere de luat. Însă nu-i menţionase nici măcar o dată că va lua ceaiul cu Lois. Amelia nu ar fi crezut explicaţia pe care ea însăşi se străduia din greu să o creadă.

Dumnezeule, casa aceea era plină de amintiri. Parcă pe stradă şi străbătu aleea pe jos. Uşa din faţă nu era albastră? Mereu îi plăcuse acel loc. Încă de prima dată când fusese invitată înăuntru. Când intra pe poartă, pătrundea în altă lume, una caldă, primitoare, care o întâmpina cu braţele deschise.

Frank era italian – al patrulea fiu al unor imigranţi din Napoli, care veniseră în Anglia în anii '20 şi se stabiliseră într-o comunitate italiană din Londra. El se mutase din capitală în anii '60, după ce o cunoscuse pe Lois, care crescuse la câţiva kilometri distanţă de satul lor. Şi locuiau în acea casă de când Rob avea şaisprezece ani – de peste două decenii. Frank (Francesco – însă el glumea că nimeni nu-l strigase astfel vreodată, cu excepţia bunicii) nu vorbea deloc ca un italian, însă toate celelalte trăsături îl dădeau de gol. Era un povestitor minunat. Bunicii lui îşi pierduseră familia în timpul erupţiei Vezuviului din 1906 (cine naiba ştia că avusese loc o erupţie?) şi cei mai mulţi dintre verişorii lui ajunseseră

în New York, în Mica Italie. Părinţii lui nu doriseră să
plece atât de departe de patria lor – probabil sperând că
într-o zi aveau să se întoarcă, dar nu o făcuseră.

Casa era mobilată cu piese de lemn ornamentate,
închise la culoare, cam prea mari pentru acele încă-
peri, şi plină de tablouri în ulei reprezentând Coasta
Amalfitană. O imagine învechită a Fecioarei Maria era
atârnată într-un colţ, iar deasupra ei erau agăţate mă-
tăniile lui Frank. Pe pereţi se aflau fotografii mari în
rame aurii – Lois şi Frank tineri, în ziua nunţii, Rob
bebeluş întins dezbrăcat pe o blăniţă de oaie şi băieţel
în pantaloni scurţi cu bretele. Nu se schimbaseră prea
multe de când intrase ultima dată acolo. Rob urâse
mereu acele fotografii.

Se aşeză la aceeaşi masă rotundă din bucătărie la care
stătuse de atâtea sute de ori înainte. Ea şi Rob mâncase-
ră acolo, ţinându-se de mână pe furiş, prefăcându-se că
ascultă şi tânjind să fie singuri. Acolo îşi făcuseră teme-
le, noapte de noapte, învăţând pentru examenele de ni-
vel A, alimentaţi de cantităţi uriaşe de cannoli delicioşi
pe care-i pregătea Frank după o veche reţetă învăţată de
la părinţii lui. Şi-l amintea rulând coca subţire în jurul
unor beţe de lemn speciale, moştenire de familie, apoi
înşirându-le câte zece pe un grilaj de sârmă şi lăsându-le
într-o cratiţă mare cu untură încinsă – Frank insista să
fie întotdeauna untură. Îşi amintea sfârâitul şi mirosul
lor în timp ce se prăjeau în grăsime. Şi încă simţea gus-
tul umpluturii pe care o turna în tuburile răcite cu o
pungă mare şi albă – o cremă groasă cu scorţişoară, fulgi
de ciocolată şi ricotta. Le umplea în timp ce stătea în
picioare lângă masă, apoi le dădea lui Rob şi Susannah,
ca să le mănânce cât coaja era încă crocantă.

El gătea aproape întotdeauna. Susannah îşi aminti
cum încerca să şi-l imagineze şi pe tatăl ei stând lân-
gă oale şi tigăi la aragaz, gustând sosul cu o lingură de
lemn ca să vadă dacă să mai adauge rozmarin sau busu-
ioc. Mama ei ar fi făcut atac de cord dacă l-ar fi văzut
numai deschizând frigiderul, darămite luând ingredien-
tele şi combinându-le. I se permitea cel mult să spele

vasele, iar asta doar în zilele festive şi de sărbători. Oare pe masă erau aceleaşi milieuri pe care le avusese Lois dintotdeauna? Susannah mângâie emoţionată lucrătura croşetată delicat.

Lois nu era italiancă, dar se obişnuise cu statutul de soţie a lui Frank. Odată îi spusese lui Susannah că viaţa ei fusese searbădă înainte să-l cunoască. Că în ziua în care se întâlniseră prima dată ştiuse că totul avea să fie mai amuzant alături de el. La acea vreme Susannah simţise exact acelaşi lucru pentru Rob şi o iubise şi mai mult pe Lois pentru că aveau acel lucru în comun.

Îşi aminti hohotele de râs. Nu era ca şi când părinţii ei n-ar fi fost fericiţi. Mereu fuseseră, şi cu siguranţă încă erau. Însă familia Rossi era ca o îngheţată densă de ciocolată amăruie, în comparaţie cu îngheţata Lyons de vanilie a familiei ei.

Înainte să intre din nou pe acea uşă uitase câtă plăcere îi făcuse apartenenţa la acea familie, dincolo de iubirea pentru Rob. În acea zi, cu toate că nu părea să se fi schimbat mare lucru, nu mai erau cannoli. Era un platou cu prăjiturele şi biscuiţi, însă cumpărate de la magazin.

Frank o şocă. Nu aflase prea multe despre boala care-l lovise, doar că era îngrozitoare, aşa că nu ştiuse la ce să se aştepte când îl vedea. Probabil nici nu l-ar fi recunoscut dacă ar fi trecut pe lângă el pe stradă. Părea atât de îmbătrânit! Fusese un bărbat bine făcut, cu umerii laţi şi musculos, însă acum era ca o umbră, iar muşchii îi dispăruseră aproape în întregime. Nu era în scaun cu rotile, după cum se temuse ea, dar abia se ridică din fotoliu s-o îmbrăţişeze; prin uşa deschisă de la camera de zi, unde cândva se aflaseră o masă din lemn de nuc şi un bufet, văzu un pat de o persoană acoperit cu un cearşaf albastru. Se gândi că scările erau prea mult pentru el. Nu tremura prea rău, mai degrabă zvâcnea din când în când, mai ales cu braţul şi piciorul stâng. Când îi rosti numele, vocea lui era joasă şi nedesluşită, ca şi când ar fi fost beat. Îi venea să plângă. Probabil că Rob suferea enorm. Mereu fuseseră atât de apropiați, de asemănători.

Lois puse ibricul pe foc și începu să vorbească. Spre deosebire de soțul ei, părea neschimbată. Poate se rotunjise puțin, însă era la fel de energică, primitoare și caldă cum și-o amintea Susannah. Pe zidul dintre cele două ferestre ale bucătăriei era o poză cu Rob în uniformă de paradă, încadrat de părinții săi, amândoi strălucind de mândrie.

Lois făcu un semn cu capul către fotografie.

– Băiatul meu. Uniforma îi vine de minune, nu-i așa?

Susannah dădu afirmativ din cap și zâmbi. Mereu îi venise de minune. Se gândi că acesta era modul gazdei de a o face să se simtă mai liniștită.

Lois avea o mulțime de întrebări. Era căsătorită? Avea copii? Lucra? Unde locuia? Susannah se relaxă și se lăsă bombardată, întrebându-se de ce se simțea ușor stânjenită să declare că nu era nici măritată, nici mamă. Lois zâmbi – cumva în expresia ei se citea o urmă de compasiune? – și flutură din mână, spunând că acum căsnicia era o instituție de modă veche, iar copiii vitregi erau o mare responsabilitate și bucurie. Poate că nu credea în propriile vorbe, însă era frumos din partea ei să încerce. Frank rămase tăcut. La un moment dat Susannah crezu că ațipise, însă chiar atunci deschise ochii și îi zâmbi.

Avea și ea întrebările ei.

– Și Rob? E căsătorit?

– Nu. Lois scutură din cap. La fel ca tine. Nu este însurat. Așa că visul meu de a avea nepoți s-a dus pe apa sâmbetei.

– Probabil din cauza vieții pe care și-a ales-o?

Lois ridică din umeri. Nu acela era motivul. Cei mai mulți bărbați din serviciul militar cunoscuseră fete și aveau familii stabile.

– Nu a găsit altă fată pe care să o iubească la fel de mult pe cât te-a iubit pe tine. Aceea era cea mai lungă propoziție pe care o rostise Frank de când sosise. Iar în timp ce spunea asta părea că redevenise el însuși.

– Frank! îl mustră Lois cu blândeţe, punându-şi mâna peste a lui pe masă şi strângându-i degetele.

– Acum sunt prea bătrân şi prea bolnav ca să mai am ceva de pierdut. Ştii şi tu că aşa este. A fost dragostea vieţii lui.

Lois o privi apologetic pe Susannah.

– Îmi pare rău, draga mea.

– Nu am ştiut niciodată ce s-a întâmplat cu voi când aţi fost foarte tineri. Ştiu că eraţi doar nişte puşti şi ştiu că nu durează întotdeauna. Însă pentru Lois şi pentru mine a durat, iar când am început, aveam aceeaşi vârstă ca voi şi puteam să pun pariu că şi pentru voi va fi la fel. Chiar eram sigur.

– Opreşte-te, Frank. Te rog. O faci să se simtă stânjenită. Lui Lois îi venea să intre în pământ de ruşine.

– E în regulă. Serios, spuse Susannah. Deci nu le povestise ce se întâmplase de fapt. Nu ar fi putut.

– Nu, nu este. Lois era agitată. Au trecut atâţia ani. În sfârşit ai venit pe la noi, iar acum probabil nu vei mai veni vreodată dacă el o să se poarte la fel. Şi, draga mea, mi-a părut atât de bine să te revăd! Sincer. Vocea îi tremura. Se aplecă spre ea şi îi luă ambele mâini în ale sale. Mereu ai fost o fată minunată. Susannah dădu din cap, neştiind ce să spună.

La uşă, Lois o îmbrăţişă.

– Iartă-l pe Frank. Pentru că ţi-a vorbit aşa. E din cauză că e bolnav. Doctorul îi spune lipsă de inhibiţii. Eu îl numesc coşmar. Nu ştii niciodată ce poate spune.

– Asta probabil îţi face viaţa grea, râse Susannah.

– Nici n-ai idee, draga mea. Bineînţeles că nu avea. Ce lucru stupid spusese. Ca şi când asta ar fi fost cel mai rău.

– Probabil că ţi-e foarte greu.

– Ceea ce e teribil e să văd cât de mult suferă. Îţi aminteşti cum era? Mereu puternic şi...

– Ştiu. Susannah nu avea habar ce altceva ar fi putut spune.

Lois păru să-şi vină în fire.

– Însă e aici. Și câtă vreme e aici, iar eu pot să am grijă de el, o să fim bine. Și eu o să fiu bine.

– E norocos să te aibă.

– Susannah, eu sunt cea norocoasă. L-am avut pe el. Dumnezeule! Asta era. O declarație simplă.

Lois o privi în ochi.

– Ești fericită, draga mea?

Era o întrebare ciudată și neașteptată, însă Lois fusese întotdeauna neobișnuit de directă cu ea.

Susannah dădu afirmativ din cap și încercă să spună ceva, dar cuvintele i se opriră brusc în gât. Dădu din nou din cap, și mai hotărât, înspăimântată că ar fi putut începe să plângă.

– Sper să fie așa. Trebuie să fii fericită. Lois o sărută pentru o ultimă oară pe obraz și îi făcu semn cu mâna de rămas-bun, invitând-o să revină oricând dorea.

1989

Plănuiseră o vacanță pentru a sărbători finalul examenelor de nivel A și faptul că împlineau optsprezece ani. Susannah devenise oficial adult mai devreme, în februarie, însă Rob și Amelia aveau ziua de naștere vara. Lucraseră cu toții ca să câștige bani, mai puțin Rob, care fusese plecat. Și cu toții aveau senzația iminentă că totul se schimba... Se hotărâseră să cheltuiască o parte din economii pe câteva zile de vacanță la sfârșitul lui august. Fie să se veselească, fie să-și plângă de milă, departe de părinți, casă și reguli.

În cinstea aniversării ei, în acea iarnă, părinții îi duseseră pe ea și pe frații ei, împreună cu Rob și Amelia, să ia cina la un restaurant mexican din Covent Garden. Ea nu dorise o petrecere, ci numai să iasă cu persoanele pe care le iubea cel mai mult. Era un semn de maturitate să-l aibă pe Rob acolo, împreună cu părinții ei. I se păruse foarte ciudat să-și comande prima băutură alcoolică în fața părinților, cu toate că ei o lăsau să mai bea câte un pahar de vin la cină încă de când avea şaisprezece ani. Tatăl ei, care era mândru şi emoţionat, făcuse mare caz într-un fel foarte stânjenitor, spunându-i tare ospătarului că aceea era prima ei băutură ca persoană adultă. Alastair, tatăl ei şi Rob băuseră bere, iar Clive se plânsese de bucata de lămâie verde care rămăsese înţepenită în gâtul sticlei, însă Amelia insistase ca mama şi Susannah să comande ceva mai exotic decât vin sau bere, din meniul de cocktailuri; aşa că îşi comandase o Margarita şi o băuse pe toată, simţindu-se obligată să-şi termine primul cocktail cu toate că ura sarea de pe gura paharului şi nu-i plăcuse nici gustul puternic şi aspru de tequila şi Cointreau din băutură.

Părinţii ei îl duseseră pe Alex acasă după cină. Ceilalţi patru – Alastair şi Amelia, Susannah şi Rob – mai rămăseseră să mai bea ceva şi să vină cu următorul tren. Alastair, care venise acasă de la Exeter să petreacă weekendul, păruse absurd de încântat să fie cu Amelia, deşi Susannah era foarte sigură că nu avea nici o şansă. Amelia îi mărturisise odată că nu s-ar fi putut îndrăgosti niciodată de el.

Cu indignare prefăcută, Susannah întrebase de ce nu.

– Niciodată nu mi-au plăcut cei care se arată foarte interesaţi de mine, răspunsese Amelia râzând. Unde mai e distracţia?

Se duseseră la barul Punch & Judy pentru încă vreo două băuturi, apoi merseseră pe jos până la fluviu, cu toate că era atât de frig, încât expirau aburi şi simţeau cum le îngheaţă picioarele. În acele momente se gândise că – îngheţată sau nu – dacă asta era beţia, atunci beţia era bună. Se simţea uşor ameţită uşor visătoare şi, într-o oarecare măsură, mai fericită.

Atunci, la râu, Rob îi oferise în dar un colier. Un medalion de aur în stil art déco, gravat cu un model floral, având în interior o fotografie micuţă, nu mai mare de doi centimetri şi jumătate în diametru, reprezentându-i pe ei doi. Degetele lui amorţite şi îngheţate îi pipăiseră pielea pe sub păr, când i-l prinsese la gât.

Iar Amelia îl sărutase pe Alastair în lumina lunii, cu toate că nu se putuse îndrăgosti vreodată de el. Într-o vreme când săruturile nu însemnau mare lucru.

Nu puteau pleca prea multă vreme – doar câteva zile, nici măcar o săptămână întreagă – decât după ce primeau rezultatele, la jumătatea lui august, iar soarta lor era decisă. Și Doamne ferește ca vreunul dintre ei să sfârșească la sistemul de repartizare automat, însă nu se știa niciodată, așa că trebuiau să stea acasă până atunci. Începuseră ca un grup de patru: Susannah, Amelia, Rob și Matt – un tip de la școală, care începuse să iasă destul de mult cu ei în ultimul an. Apoi Alastair, venit acasă de la Exeter să petreacă vara, își băgase nasul în ședința lor de planificare desfășurată în bucătăria familiei Hammond și se invitase.

Fusese o vară ciudată, dulce-amară. Marea ușurare pe care o simțiseră cu toții când terminaseră cu examenele și se eliberaseră de grija colegiului era umbrită de teama de necunoscut și de melancolia că acea etapă a vieții lor se sfârșea. Vremea era urâtă, ca de obicei. Aveau cu toții slujbe plictisitoare ca să câștige bani pentru universitate – toți, mai puțin Rob, care plecase pentru șase săptămâni ce păreau fără sfârșit la un instructaj al Royal Air Force ca să își ia licența de pilot înainte să înceapă la Cranwell, în septembrie. Lui Susannah îi era un dor cumplit. În același timp, se simțea și puțin înstrăinată de el. Se vedea că lui îi plăcea foarte mult ce făcea și nu părea că suferea în aceeași măsură din cauza despărțirii, lucru care o irita.

Fetele luau autobuzul spre oraș în fiecare dimineață. Susannah lucra la Marks & Spencer, aprovizionând rafturile și sertarele din raionul de alimente. Amelia – care, care obicei, era cea mai la modă, și oricum nu avea nevoie neapărat să muncească – se angajase la un Top Shop din apropiere (unde începuse după două săptămâni de soare în Corfu cu părinții ei). Alastair lucra în schimbul de zi la barul din sat și în unele seri spăla vasele la restaurantul francez de pe bulevard. Matt împacheta cutii într-o fabrică.

Închiriară două rulote destul de ieftine undeva lân-
gă Minehead, în Somerset, și plecară într-o dimineață
de luni în două mașini – tatăl lui Frank i-o împrumu-
tase lui Rob pe a lui, iar Amelia o luase pe a mamei
ei. La răsăritul soarelui parcurseseră deja jumătate din
autostrada M4, iar când ajunseră la destinație era aproa-
pe zăpușeală. Amelia și Susannah urmau să împartă
o rulotă cu două paturi, iar băieții stăteau în rulota ve-
cină, cu o canapea extensibilă în sufragerie pentru Alas-
tair. Cel puțin asta le spuseseră părinților. Susannah nu
era prea sigură de ce avea să se întâmple.

Cu o zi înainte să plece, când erau în autobuz în
drum spre casă, Amelia o întrebase, ușor neîncrezătoare
că nu se întâmplase încă, dacă avea de gând să se cul-
ce cu Rob („în sfârșit", după cum se exprimase ea) în
acea vacanță. Susannah nu era sigură. Totul avea să se
schimbe. Bineînțeles că își dorea asta. Se întrebă de ce ei
i se părea un pas mult mai mare decât li se părea altora.
Cât despre Rob, el nu spusese nimic în privința asta,
nici înainte să plece, nici când vorbiseră la telefon.

Era minunat să fie atât de liberi și cu toții erau ame-
țiți de acea bucurie nouă. Alastair deja era plecat de
un an de acasă, însă ceilalți simțeau pentru prima dată
adevăratul gust al independenței și se bucurau de un
răgaz binemeritat după o vară de muncă. Rob, proaspăt
revenit de la cursurile de pilotaj, era de-a dreptul triun-
fător că zburase prima dată singur. Păruse încântat să o
vadă, însă nu apucaseră deloc să fie singuri – se întorse-
se destul de târziu, în noaptea de dinaintea plecării. Pe-
trecură restul după-amiezii explorând orășelul și portul
și cumpărând mâncare și băutură de la un Spar de lângă
faleză. Rulotele aveau și copertine și grătare cu cărbuni,
iar în prima noapte băură bere și pregătiră cârnați pe
care îi mâncară cu fasole, așezați pe șezlonguri, râzând și
glumind. Alastair începuse să-l strige pe Rob „Biggles"
și fredona melodia din *Explozia digurilor* de câte ori tâ-
nărul pilot trecea pe lângă el. Amelia flirta ca de obicei,
când cu Matt, când cu Alastair, fără discriminare, iar
Susannah pur și simplu era fericită – fericită să fie acolo

cu Rob, cu fratele ei şi cu cea mai bună prietenă. Îl plăcea şi pe Matt, cu toate că nu-l cunoştea prea bine. Îşi depusese şi el candidatura la Bristol, la Istorie. Susannah se înscrisese la Drept, aşa că anul următor aveau să fie colegi – era plăcut să ştie că avea un prieten acolo.

Mai târziu, Susannah şi Rob plecară să se plimbe pe faleză, lăsându-i pe ceilalţi să joace pocher în rulotă. Tânărul îi cuprinse umărul cu braţul şi o trase lângă el, stârnindu-i o senzaţie familiară.

– Îmi pare bine să te văd. Mi-a fost dor de tine.

– Şi mie.

– Da?

– Sigur că da. De ce mă întrebi asta?

– Pentru că mi se părea că eşti foarte fericit, atâta tot. Eu mă simţeam groaznic, iar tu nu păreai deloc aşa.

– Susie, nu fi prostuţă. M-am gândit tot timpul la tine.

– Perfect. Îi strânse perniţele inexistente de la şolduri. Asta vreau să aud. Că te prăpădeşti de dor.

– Mă prăpădesc de dor! Nu-ţi forţa norocul... Cu o mişcare agilă, Rob îşi trecu glezna pe după picioarele ei şi îi puse piedică, încetinindu-i căderea cu braţele lui puternice şi protejând-o. Se urcă deasupra ei pe iarbă şi îi prinse braţele deasupra capului cu o mână, gâdilând-o cu cealaltă la subraţ şi pe burtă, până când ea îl imploră să înceteze; apoi o sărută, întâi cu blândeţe, dar curând gura lui o apăsa cu putere pe a ei. Peste câteva clipe erau deja unul în braţele altuia, cu picioarele înlănţuite, fără să le mai pese de nimic altceva decât de ei doi. La un moment dat, un bărbat de vârstă mijlocie cu un buldog trecu pe lângă ei la doar câţiva metri distanţă. Câinele se apropie de ei şi le mirosi picioarele, iar ei se ridicară în capul oaselor, cu răsuflarea tăiată şi uşor stânjeniţi, în vreme ce bărbatul trase câinele de lesă şi se îndepărtă.

– Ăsta e ghinionul nostru, râse Rob cu amărăciune când fu sigur că bărbatul nu putea să-i audă. Mereu suntem întrerupţi.

Susannah se lipi de el.

– Dar aici? Rulota... am putea... acolo... Se simțea prea timidă să spună direct ce voia.

El o privi atent, ca să-i citească intențiile pe chip.

– Vrei...?

– Dar tu?

– Aș minți să spun că nu m-am gândit la asta. Tot timpul cât am fost departe de tine.

– În afară de momentele în care zburai, bineînțeles.

– Bineînțeles. Ar fi fost prea periculos. Însă la sol... tot timpul. De fapt am avut și niște vise frumoase pe tema asta. Dar tu alegi. Trebuie să fie bine pentru tine.

Susannah îl luă de mână și dădu hotărâtă din cap.

– Vreau.

Rob îi duse mâna la buze și o sărută cu blândețe.

– Ești sigură?

– Da! Aproape că striga. Oprește-te!

Se întoarseră mână în mână, mergând încet și fără să vorbească prea mult. Brusc devenise incredibil de agitată. Mai făcuseră și înainte tot felul de lucruri. Însă asta era altceva. Era ceva uriaș. El nu o văzuse niciodată goală. Știa că punea prea multă presiune pe ea însăși și se temea că dacă făcea același lucru cu el ar fi putut strica totul. Se gândea la prima experiență „perfectă" a Ameliei cu băiatul pe care îl cunoscuse în vacanță. Asta dorea și ea. Dacă Amelia avusese parte de așa ceva cu un tip pe care nici măcar nu-l știa bine, pentru ea și Rob urma să fie cu siguranța „perfect". Nu era chiar patul mare și alb de care vorbise Rob, însă era un pat dublu (sau aproape), într-o cameră cu o ușă care se încuia. Nu avea cine să-i prindă sau să-i arate cu degetul. Ce-i putea împiedica? Simțea că venise timpul.

Când ajunseră, cărbunii de la grătar erau aproape stinși. Ceilalți dispăruseră, lăsând în urmă o mulțime de sticle goale de bere. Rob deschise ușa de la rulota fetelor și i-o ținu, în timp ce ea urcă scările înăuntru.

Amelia era deja în pat. Ușa de la camera ei, aflată la doar doi metri de ușa de la camera lui Susannah, în partea din spate a rulotei, era închisă. La început, Susannah se simți ușurată. Nu avea chef să-i explice nimic în noaptea aceea sau să fie văzută intrând în cameră cu Rob. Însă foarte curând își dădu seama că Amelia nu dormea și nu era singură. Rob dădu să vorbească, dar Susannah auzi ceva și duse un deget la buze făcându-i semn să tacă. La început auzi doar gemetele joase și ritmice ale Ameliei și rămase nemișcată. După aceea răzbătu până la ei o voce masculină – întâi un geamăt, apoi un „da" șoptit, apoi altul, apoi un sunet mai gutural. Pereții subțiri ai rulotei fremătau. Cu o senzație de greață, recunoscu vocea lui Alastair. Fratele ei făcea dragoste cu cea mai bună prietenă a ei, la un metru de locul în care se afla ea.

Nu știu cum să iasă mai repede din rulotă, iar Rob o urmă. Se trânti pe un scaun de pe terasă fără să spună nimic, iar el trase o cutie frigorifică și se așeză lângă ea.

– Ce naiba are în cap?

– Nu știam că e ceva între ei. Atât de mult am fost plecat la cursul ăla? Rob încerca să glumească.

Însă Susannah nu putea.

– Nu e nimic între ei. Nimic. Sau cel puțin nimic din ce știu eu. Pentru prima dată, Susannah se întrebă dacă nu cumva Amelia se întâlnise cu Al pe ascuns, pe la spatele ei. Scutură din cap. N-ar fi putut. Fuseseră împreună în fiecare zi. Și-ar fi dat seama.

– Deci se mișcă repede.

Ea pufni. Era stânjenitor, nici măcar nu știa de ce. Ea și Rob erau împreună de atâta timp și nu făcuseră dragoste. Amelia și Alastair nici măcar nu aveau o relație și deja erau în pat. Își încleștă pumnii și îi lovi de genunchi.

– De ce ești atât de supărată?

– Sunt furioasă. Amelia știe că el simte ceva pentru ea. Dintotdeauna. N-ar trebui să facă asta.

– Și de unde știi că ea nu simte ceva pentru el?

– Pentru că știu. Vorbim despre Amelia, ea nu înțelege nimic. Dacă ar fi simțit, crede-mă că aș fi știut. Nu îl place; nu în felul acela.

– Însă asta e problema lui Al. Are aproape douăzeci de ani, nu? O cunoaște și probabil știe în ce se bagă, nu-i așa?

– Dar nu e drept.

– Susie, asta nu are legătură cu noi.

– Ba are foarte mare legătură cu noi.

– Nu prea văd cum.

– El e fratele meu, iar ea e prietena mea. Și chestia asta nu va merge.

– De unde știi?

– Pur și simplu știu. Și totul o să fie ciudat.

– Ești sigură?

– Așa va fi. Era atât de furioasă, încât începuse să plângă. Și noi doi? Acum nu mai putem s-o facem. Ea a stricat totul.

– Nu-mi dau seama cum.

– Pentru că a transformat rulota noastră într-un bordel, de asta. Chiar e ca un nenorocit de bordel. A devenit un coteț ieftin din cauza ei.

Rob începu să râdă, fapt care o înfurie și mai mult.

– Ce e așa de amuzant?

– Mie asta mi se pare un fel de scuză...

Îl lovi cu putere în piept. O dată, de două ori, apoi urmă o serie de palme, până când el îi prinse mâinile și i le îndepărtă.

– Hei! Oprește-te.

Brațele i se înmuiară, iar ea se lipi de el.

– Nu înțelegi ce spun? Chiar nu înțelegi?

– Ba înțeleg. Cred că exagerezi un pic, dar înțeleg. Este fratele tău, îl protejezi, ești furioasă pe Amelia deoarece l-ar putea răni prin acțiunile ei și în plus a transformat rulota în... cum ai zis? Bordel? se hlizi Rob.

Ea ridică privirea spre el, pe jumătate râzând și pe jumătate plângând.

– Nu râde de mine.

– Te iubesc, prostuțo.

Rămaseră tăcuți vreme de câteva minute.

– O omor.

– Omoar-o de dimineață, da? Până atunci, ce-ai zice să mergem la mine? Îi făcu poznaș cu ochiul arătând cu degetul mare în spatele lui.

– Nu am periuță de dinți. E acolo... Făcu semn în spatele ei.

– Te las să o folosești pe a mea.

– Dormim și atât?

– Dormim și atât. Nu-ți face griji. O să iau bromură. O sărută pe frunte.

– Ce e aia?

– Bromură. Un medicament. Li se punea soldaților în ceai în al Doilea Război Mondial, căci se spune că diminuează libidoul. Asta i-a împiedicat să o ia razna din cauza dorințelor sexuale când trebuiau să se concentreze asupra bătăliilor.

– Poți să-mi dai și mie?

Nu fusese chiar noaptea pe care și-o doriseră, dar în felul ei fusese minunată. Dormiseră unul lângă altul în același pat pentru prima dată, doar în chiloți, cu trupurile lipite unul de celălalt. Când se culcaseră, Rob o atinsese cu o adorație care o făcuse să se simtă incredibil. Știa că ea nu mai avea chef, iar atingerea lui era aproape nevinovată, dar gesturile și privirea lui ațintită asupra ei în semiîntuneric îi exprimau pe deplin sentimentele. Ținându-și capul rezemat pe pieptul lui, Susannah îi simțea fiecare răsuflare. O cuprinsese cu brațul pe după talie, mângâindu-i cu blândețe spatele. Era extraordinar să adoarmă împreună. I se părea un lucru foarte intim. Iar de dimineață, în timp ce stătea întinsă lângă el și îl privea dormind, cu pleoapele mișcându-se ușor în vis, nu fusese deloc sigură că se putea mulțumi cu atât.

Încă era furioasă pe Amelia. Amelia știa și ea asta, când ieși cu sfială din rulotă la câteva ore după ce Matt, Rob și Susannah se treziseră deja, cu Alastair în spatele ei, nici unul în stare să dea ochii cu Susannah. Amelia, cu un prosop pe umăr și trusa de baie în mână, anunță la modul general că mergea la duș, în clădirea aflată la câțiva metri în spatele lor.

Susannah o urmă.

– Ce naiba a fost în capul tău?

– Ştiam eu că o să faci asta, spuse Amelia, dându-şi ochii peste cap.

– Să fac ce?

– Să mă judeci.

– Asta crezi tu că fac?

– Şi nu o faci?

– Cred că noaptea trecută ai comis o mare greşeală.

– De ce?

– Pentru că nu-l iubeşti. De câte ori mi-ai spus asta? Că nu eşti îndrăgostită de el. Că nu te interesează tipii care se ţin după tine. Iar el e prototipul băiatului care se ţine după tine. Se ţine după tine încă de când eraţi copii. Cum ai putut să-i faci aşa ceva?

– De fapt ne-am făcut asta unul altuia. Şi a fost frumos. Amelia abia se stăpânea să nu râdă.

Susannah o lovi cu putere în braţ, dar începuse şi ea să râdă.

– Încă sunt furioasă pe tine. Doar pentru că râd nu înseamnă că nu sunt.

– Să nu fii. Suze, nu e treaba ta. Te iubesc, însă nu ai dreptul să-ţi bagi nasul. Nu toată lumea vrea să procedeze ca tine şi Rob. Nu suntem toţi atât de serioşi.

– Asta spune şi Al?

– Ai observat probabil că nu am vorbit prea mult.

– Exact la asta mă refer, zise Susannah strâmbând dezgustată din nas. Nu ştii ce gândeşte. Acum stă acolo gândindu-se că tocmai a început o relaţie cu fata pe care o iubeşte de un milion de ani. Iar tu stai aici gândindu-te că ai parte de un flirt minunat de vacanţă.

– Nu ştii ce gândeşte el.

– Şi nici tu! Vocea lui Susannah urcase cu o octavă.

Ajunseră la duşuri, trecând după gardul maroniu care despărţea secţiunile pentru bărbaţi şi femei, iar Amelia deschise robinetul. Ţinu o mână sub jet până se încălzi, apoi îşi scoase tricoul şi pantalonii scurţi şi le atârnă în cuier. Pe dedesubt era goală. Susannah o mai văzuse goală de nenumărate ori înainte, însă niciodată după ce îşi petrecuse noaptea zgâlţâindu-l pe fratele ei, aşa că se întoarse cu spatele, simţind o stânjeneală bizară. Amelia lăsă prosopul pe umerii ei şi se vârî sub şuvoiul de apă, trecându-şi degetele prin părul ud.

– Nu-mi vine să cred. Tu chiar nu ai ruşine, nu?

Amelia îşi săpunea părul.

– Ascultă, Suze. Ne-am distrat. Atâta tot. Nu e prost. Nu ne-am făcut declaraţii. Nici n-o vom face. El se va întoarce la Exeter. Eu mă duc la universitate. Este o distracţie. Nu toate lucrurile trebuie să însemne ceva. Nu suntem toţi ca tine. Îţi promit, chiar îţi promit că n-o să-l rănesc. Da? Însă n-o să mă opresc doar pentru că aşa vrei tu.

Şi nici nu o făcu. Rob şi Susannah petrecură următoarele trei nopţi în rulota băieţilor cu Matt, în timp ce Alastair şi Amelia „se zgâlţâiau", după cum spunea Matt, în cea a fetelor. În tabără se instală un armistiţiu instabil, menţinut doar de asigurările lui Alastair şi de calmul lui Rob, dar vacanţa lui Susannah fusese distrusă.

prezent

Susannah zâmbi când trecură pe lângă drumul ce ducea spre Minehead. Soarele de început de toamnă strălucea puternic după câteva zile de ploaie cenuşie, iar culoarea frunzişului era splendidă. În noaptea aceea avea să doarmă la Babington House, într-o cameră de lux de două persoane amenajată în fostele grajduri, nu într-o rulotă în care se simţea un miros uşor de mucegai, în aşternuturi de bumbac, nu într-un sac de dormit din nailon. Acea singură noapte la hotel costa mai mult – chiar mult mai mult, bănuia ea – decât costase închirierea ambelor rulote pe o săptămână. Se întrebă cu tristeţe dacă avea să se distreze măcar pe jumătate la fel de mult, însă deja ştia răspunsul.

Rezervase camera pentru ea şi Douglas – fusese un cadou de ziua lui oferit cu întârziere. Era renumit pentru nazurile pe care le făcea la cumpărături, iar acea idee i se păruse mai bună. Mai fuseseră acolo cu vreo două veri în urmă, la nunta unui asociat de la firma lui Doug, și de mult își doriseră să revină. Fusese unul dintre lucrurile pe care nu reușiseră să le facă. De pe o listă lungă de alte obiective.

În acea seară urmau să ia cina în salonul stilat. Înainte încercase să-l ademenească cu un tratament la faimoasa Cowshed spa, însă Douglas nu era genul de om atras de asemenea lucruri. Își umpluse o pungă de hârtie cu un schimb de haine și obiectele de toaletă și îi spusese să se ducă singură, pentru că el avea să fie ocupat aproape toată după-amiaza. Ea își stăpâni iritarea. Pentru numele lui Dumnezeu, un weekend fără muncă nu i se păruse o pretenție prea mare. Apoi se gândi că poate pur și simplu se eschiva.

Îl lăsă în camera frumoasă și aerisită și coborî îmbrăcată într-un halat alb voluminos. Își amintea vag că existase o vreme în care un pat de hotel în miezul zilei era o tentație irezistibilă pentru amândoi și că s-ar fi tăvălit în el ore întregi, satisfăcându-se reciproc înainte de cină și probabil și după aceea. Douglas nu păruse prea tentat. Și atunci se gândi la Rob. La ceea ce îi promisese să-i facă într-un pat dublu într-o bună zi. O zi care nu venise niciodată.

Așa că masajul părea o alternativă perfectă. În timp ce tânăra maseuză îi descâlcea cu mișcări experte nodurile din mușchii gâtului și ai umerilor, încercă să nu se gândească la nimic, dar îi era imposibil. Se gândi la Rob și la vacanța din urmă cu toți acei ani. Se gândi la Douglas, care era sus, apoi la Amelia, la biata ei prietenă, care se îmbarcase într-o călătorie îngrozitoare ce le ostenise deja pe amândouă cu toate că abia începuseră. Se gândi la cât aveau să coste camera, cina și masajul și dacă ea și Douglas aveau să facă sau nu sex în acea seară. Ar fi fost cazul, nu? De obicei, când te cazezi la un hotel de la țară cam asta ai în minte. Ar fi fost o problemă dacă nu făceau dragoste, nu-i așa? Asta ar fi spus Amelia.

La cină, Douglas, care nu părea mai relaxat după o după-amiază petrecută cu documentele lui juridice decât ea după masaj, comandă pui cu un miros puternic de usturoi. Era ca un semn. Apoi un platou de brânzeturi și un pahar de vin roșu. Ceea ce părea mai degrabă o invitație pentru indigestie și eventual migrenă decât un preludiu amoros. Pe de altă parte, era conștientă că dădea prea multă importanță acestor detalii. Că punea prea multă presiune pe ea însăși și probabil și pe el. Însă nu se putea destinde. Compara tot ce spunea și făcea el cu tot ceea ce și-ar fi dorit ea să-l vadă făcând și spunând și de fiecare dată îi găsi nod în papură.

Conversația nu decurse prea fluent. Era ca și când s-ar fi aflat într-un labirint și toate pistele pe care le urmau se înfundau în zidul gros al neînțelegerii. Copiii, boala Ameliei, chiar și vacanța de vară. Erau ca pe o margine de prăpastie, iar ea schimba mereu subiectul în timpul conversației, încercând să evite o criză. Totul părea forțat și incoerent. Încercă să flirteze, însă el păru să nu bage de seamă, făcând-o să pară ridicolă chiar și în propriii ei ochi. Spre deosebire de ei, cuplul de la masa de alături petrecuse cu siguranță după-amiaza în pat. Stăteau periculos de aproape unul de celălalt, mână în mână. Tipul îi dădea să mănânce din furculița lui, și ea îl privea ca și când ar fi preferat să-l mănânce pe el. El își tot apleca fruntea să-i șoptească la ureche, iar Susannah putea bănui ce-i spunea. Și Douglas îi observase, însă le aruncă o privire în care se citea dezgust, nu invidia tristă care o măcina pe Susannah.

Nu fuseseră întotdeauna așa, nu? Știa foarte bine că nu. Dar întrebarea era dacă mai puteau ajunge din nou acolo... Orice ar fi însemnat „acolo".

Sus, în cameră, menajera le făcuse patul. Susannah avea o presimțire rea în privința acelei seri. Sexul nu începea când te băgai în pat. Sau cel puțin nu o partidă bună de sex. Ar fi trebuit să înceapă la cină. Poate că dacă aveau să facă o baie în cada mare și frumoasă... poate... poate...

Însă Douglas se spălase pe dinți și se băga în pat.
Când i se alătură, ea mai făcu o ultimă încercare de
intimitate. Se sprijini într-un cot și îl sărută, cu toate că
mirosea a usturoi, dar nasul ei se lovi de al lui într-un
fel ciudat, ca și când nu s-ar fi știut nici măcar de opt
minute, darămite de opt ani, și ochelarii lui Douglas se
aburiră. Îi scoase și îi lăsă pe noptieră, apoi se întoar-
se spre ea și îi întoarse sărutul, cu o mână pe sânul ei.
Ea încercă să simtă dorința, însă, înainte să aibă vreo
șansă, mâna lui era deja pe sub cămașa ei de noapte,
mult prea repede, iar pipăielile lui o găsiră uscată și ne-
primitoare. El scoase un sunet înăbușit – dezamăgire
sau enervare? – după care o sărută superficial.

– Cred că sunt obosită. Îi oferise o scuză; era, într-ade-
văr, prea obosită ca să-i spună ce simțea de fapt.

– Da. Și eu. Obosit și prea plin. Părea mulțumit.
O cină minunată. Poate de dimineață...

Întinsă lângă el, la câțiva centimetri și totuși la o mie
de kilometri distanță, cu brațele pe lângă corp și cămașa
trasă la loc, Susannah ascultă cum respirația lui devenea
mai lentă și mai profundă. O cuprinse o tristețe imensă
și simți cum o lacrimă îi curse din colțul ochiului, cobo-
rându-i în ureche.

De dimineață, când Susannah deschise ochii, mai
odihnită după somn decât își închipuise că va fi, spațiul
pe care îl ocupase Doug era gol, iar dinspre duș se auzea
sunetul apei.

1990

Irakul invadă Kuwaitul în august 1990. Când se
dădu vestea invaziei, Susannah era plecată într-o
vacanță ieftină cu Amelia în Mykonos. Citi știrea
pe prima pagină a unei ediții vechi de două zile din
Daily Mail, într-o cafenea din port. Nu făcu imediat
legătura cu Rob. Acesta era plecat la unul dintre cursu-
rile de instruire care se succedau încontinuu, după

ce absolvise Cranwell. În schimb, el simți imediat că
războiul îl privea și pe el.

În acel an se dusese la ceremonia lui de absolvire,
împreună cu Frank și Lois. Luase trenul spre casă de
la universitate în noaptea precedentă, cu bagajul plin
de rufe murdare, și dormise la părinții ei. Apoi, cei trei
plecaseră cu mașina lui Frank. Nu existau părinți mai
mândri. Știau incredibil de multe despre Cranwell –
cunoștințele lor despre cursul pe care îl urma Rob și
despre tradițiile și ritualurile instituției erau aproape en-
ciclopedice. „Susannah, există un covor pe care cadeții
nu au voie să calce înainte de absolvire!"

Ceremonia de absolvire fusese urmată de o cină și un
bal. Frank și Lois o lăsaseră acolo și se duseseră să stea
la o pensiune, urmând să o ia a doua zi de dimineață.
Susannah își închiriase o rochie de seară pentru bal – un
corsaj negru și strâmt, fără bretele, cu o fustă scurtă și
voluminoasă din satin alb. Se simțea ciudat în ea. Cina
fusese destul de civilizată, însă balul nici pe departe. Visu-
rile de Cenușăreasă pe care le avusese Susannah fuseseră
spulberate rapid de tinerii ofițeri beți și de prietenele lor
și mai bete. Muzica era prea tare. Rob părea diferit.

Înainte să vină, se întrebase dacă aceea avea să fie
noaptea mult așteptată. Însă își dădu seama repede că
nu era cazul. Nu ar fi fost bine. El băuse. Avea un aer de
fanfaron pe care nu-și amintea să-l fi văzut la el și de care
nu prea îi păsa. Se întrebă de ce se mai obosise să vină
și își dori să nu fi promis că rămâne. În timp ce îl urmă-
rea golind două halbe una după alta se întrebă dacă nu
cumva vremea lor trecuse. Dacă nu cumva se îndreptau
în două direcții diferite.

Petrecu noaptea în patul lui strâmt, de o persoană.
El dormi sforăind pe podea, prea beat ca să încerce alt-
ceva decât o scuză bolborosită și un sărut de mântuială.
În dimineața următoare, când Frank veni să o ia, Lois
o ciupi de obraz și îi făcu ștrengărește cu ochiul. „V-ați
distrat bine, copii, nu-i așa?" Chiar nu se distrase.

Când îi povesti Ameliei, prietena ei izbucni în râs.

– Eşti un monument de moralitate, Suze, să ştii. Evident că s-a îmbătat. Tocmai a încheiat... cum era...? Patru luni, poate chiar mai mult, de iad curat. Chiar *nu* ai văzut *Ofiţer şi gentleman*?

– Din câte am văzut, acolo nu era nici un gentleman. Şi asta îl include şi pe el.

– Ah, lasă-mă. Ai spus că te-a lăsat să dormi în pat şi el s-a cuibărit pe podea...

Îl revăzu abia de Paşte, când veniră amândoi acasă câteva zile. Înainte de asta nu se prea sincronizaseră. Când era ea liberă el era plecat, iar în ocaziile rare când era prezent, ea părea să fie altundeva. Asta îi enerva pe amândoi, însă ea avu senzaţia că el suferea mai rău, ceea ce o făcu să se simtă prost. Apoi, acasă, unde începuse totul, lucrurile redeveniră minunate. El îşi ceru scuze pentru ceea ce numea „dezastrul de la Cranwell". Spuse că fusese obosit, triumfător şi prea sensibil la presiunea celorlalţi. Ea îşi ceru scuze la rândul ei. Recunoscu că fusese o mironosiţă. Nu apreciase cu adevărat cât de greu fusese pentru el.

Petrecură câteva zile splendide împreună, ca în vremurile bune. Fanfaronada lui dispăruse, iar când ea se întoarse la colegiu şi el plecă la cursul următor, îndoielile ei dispăruseră deja, rămânându-i convingerea că puteau reuşi. Că aveau să reuşească.

Atunci când ea şi Amelia se întoarseră din Mykonos în acel septembrie, cu urme de dungi de la Sun-In şi foarte bronzate, maşinăria militară de relaţii publice era în plin avânt, însă lui Susannah îi era greu să creadă că asta avea s-o afecteze cumva şi pe ea în mod direct. Nu putea crede că Marea Britanie avea să intre în război şi în nici un caz nu putea – sau nu voia – să creadă că, dacă se întâmpla asta, Rob trebuia să se înroleze. Se întoarse la universitate în octombrie şi îşi reluă activităţile.

Când Rob o anunţă că pleca în Golf, i se păru ceva ireal. Oamenii nu „plecau la război"; asta se întâmpla în filme şi în cărţi. Susannah era prea tânără şi nu-şi amintea

decât vag de Insulele Falkland – prințul Andrew în eli-
copterul său și mulțimile fluturând steaguri în portul
Portsmouth, unde soseau navele –, așa că nu putea înțe-
lege. Nu putea concepe că Rob era trimis, cu ranița în
spinare, să lupte într-un război.

Pentru Amelia era incredibil de romantic și palpitant.
Pentru colegii ei, informația aproape că trecu neobserva-
tă, nefiind altceva decât un subiect de dezbatere despre
intervenția Occidentului pentru protejarea rezervelor
de petrol sub pretextul apărării libertății, o problemă
politică pentru cei suficient de implicați ideologic sau
afectați încât să fie dispuși să discute despre asta la o
halbă de bere.

Pentru Susannah era înspăimântător.

Ani mai târziu, în timp ce zbura prin Atlanta, nodul
aerian al companiei United Airlines, chiar după ce eve-
nimentele de la 11 septembrie duseseră la declanșarea
celui de-al Doilea Război din Golf, fusese emoționată
până la lacrimi să-i vadă pe soldații în haine de camuflaj
schimbând avionul în drum spre front sau spre casă;
copiii se holbau, iar bătrânii dădeau din cap cu respect.
Sentimentul acela nu dispăruse niciodată.

Rob risca să fie ucis. Acela fusese gândul său de la
început. Și nu o părăsise timp de săptămâni întregi,
o neliniște simplă, care o însoțea în timpul rutinei zil-
nice, fie că stătea în sala de curs, se plimba cu bicicleta
prin oraș, urmărea un film la cinematograf sau era la
duș. Putea fi ucis. Poate că deja era mort.

Își făcea griji că irosise timpul lor împreună. Vacanța
de la Minehead, balul de la Cranwell, faptul că nu îl
văzuse deloc toată vara, în afară de câteva zile prețioase
de Paște. Acum totul i se părea inutil și prostesc.

O dată la câteva zile primea de la el aerograme al-
bastre subțiri. La început fu fericită să le primească.
Constituiau dovada palpabilă că încă era viu – știa
că era o prostie, căci aveau nevoie de cel puțin o săptă-
mână să ajungă, ceea ce însemna că putea primi o scri-
soare de la cineva care să fie deja mort de șase zile. Era
posibil să ți se dea vestea și tot să primești o scrisoare

de la un mort. Iar ea nici măcar nu ar fi fost informată direct. Frank și Lois ar fi fost cei care ar fi primit telefonul sau o bătaie în ușă. Și ar fi traversat islazul, după ce își vor fi recăpătat puterea de a gândi coerent, ca să le spună și părinților ei. Tatăl ei s-ar fi urcat în mașină și s-ar fi dus la Bristol după ea, ar fi scos-o dintr-o sală de curs sau ar fi trezit-o din somn în camera ei. În vis vedea cum gura lui forma acele cuvinte.

Curând însă, tonul scrisorilor se schimbă. La fel și lungimea lor.

În primele, scrisul de mână urât al lui Rob acoperea fiecare centimetru de spațiu alb cu informații despre camarazii lui, despre mâncare, despre cât de cald era. Despre cât de mult o iubea, cum stătea noaptea întins în patul lui de campanie și o visa.

Scrisorile creau o punte de legătură între ei, îi ajutau să-și împărtășească din nou gândurile și visurile.

Îți mulțumesc pentru scrisori. Lucrul ciudat este că ești atât de departe și nu pot să te văd sau să te ating, dar când le citesc mă simt foarte aproape de tine. Pare ciudat să spun că mă pot simți singur aici când de fapt nu prea ai cum să fii singur și mereu se întâmplă câte ceva. Însă mă simt singur. Îți aud vocea în minte când le citesc. Râsul tău. Și asta mă ajută.

Scrisorile erau tot ce avea. Telefonul era imposibil. La început îi suna des pe Frank și Lois – era mai probabil ca ei să-i fi auzit vocea și să fi aflat vești de la el.

Într-o seară sună mai târziu decât de obicei. Fusese la bibliotecă să lucreze la un eseu și, în timp ce se întorcea în cameră, simțise o nevoie bruscă să se asigure că el era bine. Era o oră cam nepotrivită, dar știa că Lois nu avea să se supere. Nu răspunseră imediat; chiar când se pregătea să lase receptorul jos, auzi vocea lui Lois, care părea ciudată. Și simți un fior de spaimă în stomac.

– Credem că trece prin momente grele. În seara asta când a sunat, plângea... Lois plângea și ea. Nu putea vorbi.

Susannah îl auzi pe Frank spunându-i să se ducă să stea jos și să-și bea ceaiul, apoi din difuzor răzbătu vocea lui groasă.

– Susannah? Sunt Frank. Îmi pare rău. Este puțin supărată.

– Ce s-a întâmplat?

– Nu știm. Nu putea spune.

– El e bine?

– Da, e bine. Cred că Lois avea dreptate, pur și simplu a avut o zi proastă, draga mea.

După acea zi, scrisorile lui se schimbaseră, lucru pentru care nu oferise nici o explicație. Pur și simplu scria mai puțin și mai rar. Iar umorul dispăruse complet. Personalitatea lui transpărea din ce în ce mai puțin din paginile tot mai albe. Susannah simțea o transformare implacabilă, o îndepărtare constantă. Neputința și frustrarea o măcinau, astfel încât ajunse să se teamă de aerogramele pe care le primea în cutia poștală.

Odinioară le citea imediat, rezemându-se de zid, disperată să afle ce se întâmpla cu el din singura sursă posibilă. Însă acum le băga în geantă și uneori treceau ore întregi sau chiar o zi până să le parcurgă.

În loc să doarmă își derula tot felul de scenarii în minte: Rob ucis sau rănit sau pur și simplu devenit de nerecunoscut în urma traumelor emoționale. Iar când reușea să doarmă, somnul ei era neregulat și întrerupt de vise urâte. Odată, un avion care zbura foarte aproape de sol trecea pe lângă sălile de curs, și ea se trezea brusc, șocată și speriată.

Iar chipul lui Rob o privea tăcut de pe noptieră.

1991

Cardul lui Susannah ieși din bancomat, urmat de patru bancnote de cinci lire. Mereu se simțea ușurată, mai ales spre sfârșitul semestrului, când vedea că mașinăria îi scotea încă bani. Bursa îi acoperea doar școlarizarea și cazarea la cămin, iar restul banilor veneau de la tatăl ei şi se terminau rapid. Nu putea să-i ceară mai mulți. Îl întreținea şi pe Alastair. Se înscrisese pentru o slujbă de vacanță la WHSmith, iar atunci avea să poată pune nişte bani deoparte, însă acum nu câştiga nimic. Vârî banii în portofel şi se dădu la o parte, ca să-l lase pe următorul din rând să ajungă la bancomat pentru momentul adevărului. Douăzeci de lire. Trebuia să tragă de ei până duminică. Era vineri seară. Avea tichete de masă la cantină, aşa că de fapt erau bani de bere, însă mai avea nevoie şi de şampon, pe care nu îl putea folosi fără balsam, iar câțiva colegi de-ai ei spuneau ceva de mers la film sâmbătă după-amiază. Deja îşi cumpărase un bilet de cinci lire pentru seara următoare.

Avea nevoie să se înveselească. În acea dimineață mai primise o scrisoare de la Rob. I se părea ciudat să-i vadă scrisul de mână pe un plic din cutia ei poştală. I se părea ciudat cum până de curând asta o umplea de bucurie, îndemnând-o să citească epistola pe loc. Dacă în urmă cu vreo câteva luni i-ar fi spus cineva cât de repede avea să se deschidă şi să se adâncească prăpastia dintre ei, n-ar fi crezut. Ar fi spus că aşa ceva nu avea cum să se întâmple.

Însă se întâmplase. Ceva. Nu-şi dădea seama exact ce. Era ceva subtil şi secret, dar avusese loc. Nu era singura într-o asemenea situație. Când sosise în primul semestru la universitate, cunoscuse o fată care stătea pe acelaşi palier, Maria, logodită cu un polițist din Croydon, cu care avea o relație de la şaisprezece ani. Avea pe degetul de la mâna stângă un inel cu un diamant micuț, pe care i-l arătase cu timiditate. Urmau să se căsătorească în anul în care absolvea ea. El urma să o viziteze în fiecare weekend, iar ea să meargă acasă de sărbători... Aveau totul planificat. Susannah îşi amintea cât de cumplită fusese prima lui vizită. Stătuse la bar şi păruse un extraterestru. Ea mersese acasă în weekendul următor ca să se despartă de el.

Acolo totul era diferit. Diferit şi fantastic şi o risipă de timp.

La început, bineînțeles, fusese înspăimântată. Cu toții erau, deși unii ascundeau asta mai bine ca alții. Părinții ei o aduseseră la Bristol cu două geamantane, o cutie mare de carton de la Waitrose, o plantă yucca și o pilotă. Tatăl ei o înnebunise de-a dreptul, insistând să așeze el ghiveciul și să-i lipească afișele cu fotografiile lui Robert Doisneau. O tot îmbrățișase, murmurând că nu-i venea să creadă că fetița lui pleca de acasă. O duseseră la un Berni Inn să ia prânzul, apoi plecaseră, iar ea nici nu-și dădea seama dacă era ușurată sau nefericită să vadă mașina dispărând după colț. Niciodată nu mai plecase într-un loc unde nu cunoștea pe nimeni. Acolo mai veniseră câțiva foști colegi – Matt, desigur, și câteva fete pe care le știa din vedere –, însă habar n-avea unde erau camerele lor, iar locul acela părea imens, mult mai mare decât îi făcuse impresia la prima vizită. Găsise cabina telefonică cea mai apropiată de camera ei – de fapt mai degrabă un dulap, la capătul coridorului, lângă scări – și încercase să o sune pe Amelia la numărul pe care îl lăsase acasă cu o zi în urmă, însă persoana de la celălalt capăt al firului îi spusese că habar n-avea cine era Amelia și încă nu avea numărul camerei ei. Nu-i rămăsese altceva de făcut decât să se întoarcă în camera ei, să mute toate afișele în locurile în care își dorise ea să le aibă și să-și aranjeze fotografiile. Avea o poză cu ea și Rob, făcută în acea vară, chiar înainte de plecarea lui. Tânărul pilot era în spatele ei, cuprinzându-i talia cu brațele. Ea ținea capul pe spate, rezemat de umărul lui. Pe aceea o păstra lângă pat. În acea primă noapte, când își pusese pijamaua și se spălase pe dinți în chiuveta din cameră (întrebându-se cum o să poată merge la duș în cabinele mixte), îi venise să plângă și, simțindu-se ridicol de singură, își trecuse cu tandrețe un deget peste imaginea feței lui.

Primele două zile rămăseseră în ceață pentru ea, căci însemnaseră explorarea locului și organizarea. Se înscrisese în echipa de hochei pe iarbă, participase la primele ei seminarii, privindu-și noii colegi, și la primele ei cursuri, ținute într-o sală imensă cu ecou; noaptea

stătea întinsă în pat, ascultând muzică, auzind strigătele
și râsetele din celelalte camere. Privindu-l pe Rob.

Matt o găsise a doua zi. Îi bătuse la ușă, iar ea fusese
extrem de recunoscătoare când deschisese și îl văzuse.
Îl îmbrățișase cu căldură. El o târâse la bar, nevenindu-i
să creadă că încă nu fusese acolo. El părea să-i cunoas-
că deja pe toți clienții, iar barmanul de vârstă mijlocie
îl întâmpinase ca și cum ar fi fost fiul lui abia regăsit.
Ea comandase un Diet Coke, însă fusese refuzată cu un
zâmbet, iar în față i se adusese o halbă de bere, ca un fel
de provocare.

Și așa începu totul să meargă. Prietenii cei foarte noi
ai lui Matt o primiră cu aceeași căldură pe care probabil
i-o arătaseră și lui. Fetele își mărturiseau pasiunile, iar
băieții vorbeau despre echipele pe care le aleseseră. Toți
păreau să urle și să râdă, iar curând Susannah făcea ace-
lași lucru. Se aflau cu toții în acea barcă nouă și ciudată,
iar lucrul cel mai evident pe care trebuiau să-l facă era
să bea și să fumeze. Susannah nu fusese niciodată mare
băutoare la liceu. Luase parte la petreceri mai ciudate,
unde cineva aducea bere sau spărgea dulapul părinților
absenți și fura votcă. I se păruseră grozave, deși, foarte
obiectiv, își dădea seama că nu era deloc grozav să vo-
miți în răsadurile de flori sau să dai mahmur testul de
trigonometrie într-o luni dimineața. În ocaziile rare în
care băuse mai mult de un pahar, nu-i plăcuse senzația
că nu mai are control asupra propriei persoane, însă
acolo, în acea arenă nouă, senzația aceea o ajuta. Chiar
își pierduse controlul, și, la urma urmei, de ce să nu se
lase dusă de val?

În seara aceea însă, după mai bine de un an de la
primul semestru amețitor la universitate, Susannah era
beată. Nu atât de beată încât să nu știe ce făcea, dar
suficient de beată cât să creadă că ceea ce făcea era bine.
Nu atât de beată încât să poată spune ulterior că nu
fusese vina ei. Spiritul ei era cât se poate de prezent.

Mulţimea se risipise, aşa cum se întâmpla de obicei; unii plecaseră la club, iar alţii acasă, către vreo temă urgentă care îi aştepta în cameră. Cu un sfert de oră în urmă fuseseră probabil vreo douăzeci de persoane, râzând şi pălăvrăgind. Iar acum rămăseseră doar ei doi.

Doar ea şi Matt, în camera lui Matt. Nu mai intrase acolo până atunci. Camera ei devenise unul dintre locurile în care se aduna lumea, iar Matt era o prezenţă constantă, însă aceea era prima dată când ea venise în camera lui. Era mai aproape. El sugerase asta. Nu era dezordonată, aşa cum sunt de obicei camerele băieţilor, îşi spuse ea într-o doară, gândindu-se la tipii de pe palierul ei, care trăiau ca în cocină, înotând în rufe murdare până rămâneau fără nimic de îmbrăcat şi bând ceai negru din căni nespălate. Nu se zăreau nici prea multe obiecte personale – era firesc pentru un tip; fetele aveau nevoie de un camion întreg ca să-şi transporte lucrurile la începutul fiecărui semestru, însă băieţii păreau să se descurce cu trenul şi un rucsac mai mare. Văzuse doar câteva fotografii înfipte pe panoul de plută şi o pilotă care acoperea patul. Obiectele lui de toaletă erau aşezate poate un pic prea ordonat pe raftul strâmt de deasupra chiuvetei din colţ, iar pe perete era un singur poster cu U2. Câteva haine murdare erau aruncate pe jos, însă nu multe, iar Matt le luă imediat şi le aruncă în şifonier. Avea un ibric şi o cutie cu pliculeţe de ceai English Breakfast. Cei mai mulţi băieţi pe care îi ştia ea aveau tot felul de lentile.

Matt fusese un prieten bun. Îl ştia de acasă şi asta îi apropiase şi mai mult. Era prieten cu Rob şi cu Alastair. Când erau într-un grup mai mare avea mereu grijă de ea şi nu o lăsa să se întoarcă singură acasă. Într-o scrisoare către Rob îi povestise despre el şi despre cât de minunat era. Se gândi că era norocoasă să-l aibă. Era şi frumuşel; multe fete flirtau cu el, însă lui nu prea părea să-i pese. Nu avusese prietenă nici la colegiu. Într-o vreme i se păruse că o plăcea pe Amelia, dar episodul Minehead îl lecuise probabil.

După aceea nu mai știu cum începuse totul: ce anume schimbase atmosfera. Se întorsese acolo cu el pentru că se simțise brusc obosită. Pentru că nu voia să fie singură. Pentru că Matt era prietenul lor, al ei și al lui Rob, și credea că și el îi ducea dorul la fel ca ea. Și pentru că în aburii beției se simțea foarte atașată de el. Nu-i trecuse niciodată prin cap că putea fi vorba de altceva.

Se trezi însă că el o săruta, iar ei îi plăcea și își dorea să-l sărute la rândul ei. Era excitată. Avea în fața ochilor un Matt complet diferit. Își trecuse mâinile prin părul ei și îi ținea capul nemișcat. Îi lăsă un potop de săruturi mici și tandre pe obraji, pe pleoape, pe frunte, pe buze. Apoi ceva începu să se înfiripe serios între ei, iar el o sărută puternic, flămând. La început, brațele lui îi cuprinseseră spatele, trăgând-o aproape de el, însă când ea începu să-i răspundă la săruturi și să se lipească de el, mâinile lui se opriră pe sânii ei, desfăcând cu nerăbdare nasturii jachetei.

Apoi ea îi înlătură mâinile, dar nu pentru că și-ar fi dorit să-l oprească, ci pentru că putea să desfacă mai repede singură acei nasturi. El îi descheie sutienul și i-l trase de pe umeri, încet, privind-o atent.

Erau lipiți unul de celălalt, iar ea își ținea mâinile pe lângă corp. Degetele lui îi mângâiau amețitor umerii și clavicula. Își îndepărtă gura de a ei ca să-i prindă sfârcul, iar ea se arcui pe spate, cu pumnii încleștați.

Tot timpul în care săruta, lingea și sugea, el îi murmură numele.

– Oh, Dumnezeule, șopti el. Susannah, nu-mi vine să cred că ești aici.

După aceea ea se întrebase de ce cuvintele lui nu rupseseră vraja. Pentru că ea fusese mult prea dusă. Nimeni nu o mai atinsese așa de luni de zile. Fusese atât de îngrijorată și de singură... atât de foarte singură.

Și atunci se simța atât de bine. Nici nu-și dădu seama când rămăseseră goi, însă brusc se trezi fără blugi și fără chiloți. La fel era și el. Nu mai exista cale de întoarcere.

Degetele lui îi explorau umezeala caldă, iar ea îl pipăi, îl simți tare în mâinile ei.

– Susannah... pot să... putem să...?

Probabil ea aprobase din cap. Sau poate vorbise. Îl zări în lumina lunii care intra pe fereastră scoţând ceva din sertarul noptierei. Auzi un foşnet de ruptură şi îl văzu punându-şi prezervativul; apoi, cu mâinile sub fundul ei, o ridică spre el şi o pătrunse mai repede şi mai uşor decât s-ar fi aşteptat ea.

Îi trecu brusc prin minte gândul că pentru el nu era prima dată; precis mai făcuse asta, deşi nu-l văzuse să fi avut vreo prietenă. Oare el ştia că pentru ea fusese prima dată? Probabil că nu. Toţi presupuneau că ea şi Rob se culcaseră unul cu celălalt. Simţi cum tristeţea o străpunge până în adâncul stomacului. „Ar fi trebuit să fie Rob.“ Aşteptă, cu mâinile deasupra umerilor lui, pregătită să îndure durerea care era sigură că avea să urmeze. Însă nu o duru.

Matt se ridică în coate şi începu să se împingă în ea, fără să-şi desprindă privirea de pe chipul ei. Ea închise ochii, ca să alunge gândul care îi explodase în creier. „Ar fi trebuit să fie Rob.“

În cea mai mare parte, senzaţiile delicioase din urmă cu câteva minute se evaporaseră odată cu primul gând la Rob. Acum era detaşată de ceea ce se întâmpla. Şi-ar fi dorit ca el să se oprească.

Oricum, totul se termină repede. El ejaculă în aproximativ trei minute. Îşi ridică fruntea, iar venele din gât i se încordară vizibil. Cu un geamăt de satisfacţie, se prăbuşi peste ea, aproape lăsând-o fără suflare. Îi săruta gâtul, încă murmurându-i numele. Dacă ar fi durat mai mult, probabil l-ar fi oprit. Se simţi cuprinsă de un adevărat val de repulsie – nu faţă de Matt, ci faţă de ea însăşi. Însă era prea târziu. Se terminase deja.

După alte câteva minute, se rostogoli lângă ea, iar ea se întoarse cu spatele, ca să nu-l lase să-i vadă chipul. El se lipi de spatele ei, cu răsuflarea încă accelerată, şi îşi o cuprinse posesiv cu braţul. Susannah rămase întinsă acolo până când i se păru că el adormise, apoi se desprinse din strânsoarea lui şi se ridică în capul oaselor, ţinându-se de genunchi şi privindu-l.

Mama Ameliei obişnuia să le spună – mult mai des decât şi-ar fi dorit vreuna dintre ele să audă şi, de obicei, în momente complet nepotrivite – că virginitatea era un „dar preţios" care nu trebuia oferit prea uşor. Ele chicoteau şi se prefăceau că îşi astupă urechile, încercând să schimbe subiectul. Acum simţea că avusese dreptate. Cu siguranţă, doamna Lloyd n-ar fi fost de acord cu aşa ceva. Ea îl oferise, şi nu doar prea uşor, ci la beţie.

Se gândi la Lois şi la propria ei mamă. Apoi se gândi la Rob. Vina o lovi cu putere, iar o lacrimă i se prelinse din ochi pe obraz. Îi era teamă că dacă începea să plângă nu se va mai putea opri sau controla şi că plânsul ei l-ar fi putut trezi pe Matt. Trebuia să plece de acolo.

Se părea că Matt dormea dus. Se târî pe podea cât putu de încet, atentă să nu-l trezească, îşi luă hainele şi se îmbrăcă rapid, apoi se strecură pe uşă şi bâjbâi până în camera ei, sperând cu disperare să nu dea nas în nas cu nimeni. Când ajunse la ea pe palier, simţi că îi venea să vomite. Ajunse la toaletă chiar la timp, prăbuşindu-se pe podea lângă vas. Avea o durere de cap ucigătoare, care îi secera tâmplele.

Era cea mai rea mahmureală a vieţii ei. Capul îi pulsa, stomacul o durea de la vomă, îşi simţea gâtul umflat, iar inima îi bătea să-i spargă pieptul.

Târziu, mult mai târziu a doua zi, când, întoarsă în camera ei, zăcea nemişcată şi tăcută în patul îngust, aşteptând să treacă timpul şi să nu se mai simtă atât de oribil, Matt bătu la uşă. Rămase pe coridor timp de cinci sau zece minute, bătând încet şi rostindu-i numele, însă ea nu-i răspunse. În cele din urmă plecă.

Nu-i venea să creadă că făcuse aşa ceva. Totul ieşise pe dos. Singura ei linişte era că Matt măcar folosise prezervativul. Cel puţin nu avea cum să rămână însărcinată... cel puţin nu fusese chiar atât de proastă.

Pe la şase în după-amiaza următoare, se târî din pat până la birou şi îi scrise lui Rob. Era singurul lucru care îi trecea prin minte; nevoia să-şi ceară iertare de la el.

Dragă Rob,

Am făcut ceva îngrozitor şi mi-e greu să-ţi mărturisesc, dar ar fi mult mai rău dacă n-aş face-o. Aş fi preferat să îţi spun faţă în faţă, însă cine ştie când ne vom vedea din nou, aşa că îmi pun gândurile în scrisoarea asta – cea mai grea scrisoare pe care am scris-o în viaţa mea.

Azi-noapte m-am culcat cu Matt. Eram beată şi tristă şi mă simţeam singură şi pur şi simplu s-a întâmplat. Ştiu că sună jalnic şi că aşa şi este. N-am nici o scuză.

Mă urăsc pentru asta. M-am gândit doar la tine şi în momentul în care s-a terminat mi s-a făcut greaţă. Aş face orice să dau timpul înapoi, însă nu pot.

Totuşi nu pot să nu fiu sinceră cu tine, Rob. Mereu ne-am spus unul altuia adevărul, aşa că trebuia să-ţi spun şi eu adevărul despre acest lucru îngrozitor.

Te rog să mă ierţi. Te rog, spune-mi că mă ierţi. N-aş putea îndura să n-o faci.

Tu eşti cel pe care îl iubesc. Tu eşti cel cu care vreau să fiu. Este îngrozitor că nu pot fi cu tine. Te doresc în fiecare zi. Te rog să mă crezi.

Susie

Plânsese tot timpul în care scrisese. Apoi îşi îmbrăcă blugii şi hanoracul, îşi luă prosopul şi trusa de baie şi se duse la cutia poştală să lase scrisoarea înainte să se răzgândească, încă mergând tiptil. După aceea se duse direct la duş şi îşi frecă pielea energic, sub jetul cel mai fierbinte pe care îl putu suporta. Când se întoarse în camera ei şi încercă să mănânce o felie de pâine prăjită, începu să-şi dorească să nu fi trimis scrisoarea, însă, bineînţeles, era deja prea târziu.

Arabia Saudită

Scrisoarea ajunse în şase zile. Corespondenţa se împărţea dimineaţa, la popotă. Ţi se striga numele, apoi ţi se arunca plicul sau pachetul sau coletul. Rob îşi auzea des numele – părinţii îi scriau tot timpul. Mama lui îi trimitea scrisori foarte lungi, împreună cu povestiri şi desene decupate din ziare şi şosete şi gumă de mestecat Juicy Fruit. Tatăl lui adăuga câteva rânduri la sfârşit, semnând mereu cu *io ti amo, figlio.*

Scria şi Susannah. Nu la fel de des ca mama lui, însă primea ceva de la ea o dată pe săptămână, chiar dacă uneori era doar o carte poştală cu un mesaj succint. Când îi recunoştea scrisul pe plic zâmbea în sinea lui şi vâra scrisoarea în buzunar ca să o citească după ce rămânea singur. Singurătatea era unul dintre lucrurile cel mai greu de obţinut acolo. Mereu era cineva în preajmă şi mereu era zgomot.

Dimineaţa încă era răcoare, cu toate că soarele strălucea – la prânz era deja cald. Privind chiorâş în lumina soarelui, Rob zări o cutie pe care să se aşeze şi scoase scrisoarea.

După ce o citi rămase acolo o vreme, privind lung dincolo de gardul de sârmă ghimpată, către deşertul care se întindea la orizont. Apoi împături hârtia şi o băgă din nou în buzunar.

1993

Aproape din primul moment în care îl cunoscuse pe Sean, într-o vinărie din Battersea, chiar înainte de Crăciunul anului 1993, Susannah îşi spusese că, în sfârşit, ceva mergea bine. Era ca şi când în ultimii ani o luase pe drumul greşit, iar atunci ajunsese pe cel corect. Era momentul potrivit. Locul potrivit. Tipul potrivit. Toţi rămăseseră încântaţi. Părinţii ei îl plăcuseră. Deja era prieten cu Alastair, aşa că trecuse acel test chiar înainte să ştie că îl dădea. Şi Amelia îl plăcea, chiar dacă nu era genul ei, aşa că era în regulă. Era simplu, direct şi uşor.

Sean se deosebea de Rob în multe privinţe. Avea părul blond-deschis şi ochi albaştri-verzui. Nu era nici pe departe la fel de înalt ca Rob, doar cu câţiva centimetri mai înalt decât Susannah. Era slab, aproape ca un băţ.

Și era amuzant. Și Rob putea fi amuzant, dar în general fusese un tip serios și profund. Încă din prima clipă și mult timp după aceea Sean i se păruse pur și simplu... vesel.

Asta, împreună cu ochii lui albaștri strălucitori, funcționaseră perfect pentru ea în acea primă noapte. El era cel dintâi tip cu care se putea gândi după foarte multă vreme că ar fi putut avea o relație.

În ultimele optsprezece luni nu ieșise cu nimeni, doar în grupuri mari, ceea ce, conform Ameliei, nu conta. După absolvire, Susannah alesese Chester pentru studiile postuniversitare de drept. Mulți prieteni de-ai ei merseseră la Guildford, aproape de Londra, iar mama ei ar fi vrut ca și ea să se ducă tot acolo – ar fi fost la mai puțin de o oră distanță de casă – însă ea preferase să plece undeva departe. Nu mai fusese niciodată la Chester, dar ajunsese să iubească acel oraș și fusese un an frumos, care trecuse pe nesimțite. Împărțise o casă surprinzător de drăguță cu încă trei studenți pe care-i știa de la Bristol – doi băieți, Conrad și Ben, și o fată pe care nu o cunoscuse niciodată prea bine, însă pe care o plăcuse întotdeauna, Robyn. Lui Robyn îi plăcea sportul – poate principalul motiv pentru care nu fuseseră prea apropiate. Alerga pe distanțe lungi și se antrena aproape zilnic. Conrad și Ben erau veseli și amuzanți, dar studenți serioși. Fusese un an rapid, cu iahnie de fasole pe pâine prăjită, nopți liniștite la bar și multă muncă. Găsise tot felul de slujbe în magazinele și restaurantele din Chester în vacanțele de Crăciun și Paște, căci nu dorise să meargă acasă. Găsea tot felul de motive.

Amelia se întorcea după al treilea an în Franța și își termina școala la Manchester, până unde era o distanță relativ mică și pe care și-o puteau permite – în anul acela se văzuseră mai mult decât în ultimii doi la un loc. Iar în vara aceea, când terminaseră amândouă, iar Amelia absolvise cu un 2.I[1], făcuseră în sfârșit călătoria

---

[1] În sistemul britanic de învățământ, clasarea, la terminarea studiilor universitare, în plutonul imediat următor primilor 15% (*upper second-class honours*) (n.red.)

InterRail cu trenul despre care vorbiseră atât de des
când fuseseră adolescente, traversând Franța, unde flu-
ența cu care vorbea Amelia limba le făcuse viața ușoară,
apoi mergând prin Elveția, Italia și Spania. Excursia fu-
sese așa cum și-o imaginase Susannah. Când ajunseră
acasă se simțea ca și când se întorseseră în punctul de
dinainte de Minehead și Cranwell. Se simțeau apropia-
te din nou, iar Susannah știa că nu dorise să se întoarcă
vreodată la acele zile uitate. Amelia era cea mai bună
prietenă a ei și o iubea. Se înțelegea mai bine pe ea în-
săși când își vedea reflexia în ochii Ameliei. Plănuiră
altă excursie, undeva mai departe, poate Thailanda sau
India, însă viața adevărată o atrăgea pe Susannah cu mai
multă forță decât pe Amelia, care ar fi continuat fericită
să călătorească. După atâția ani de studiu, ambiția o fă-
cuse să-și depună candidatura la cele mai bune firme.

Susannah se angajă la o firmă mare de avocatură din
City – una dintre primele trei opțiuni ale ei – iar Ame-
lia găsi o slujbă suficient de interesantă la o agenție de
traduceri, cu un grup de colegi tineri și deschiși la min-
te, care încă nu îmbrățișaseră viața de adult. Închiriară
împreună o locuință – un apartament mic la parter, cu
două dormitoare și o baie – iar la început Susannah plă-
ti două treimi din chirie pentru a reflecta diferența de
salariu dintre ele, primind în contrapartidă dormitorul
mai mare și patul dublu.

Amelia încercase din răsputeri să-l obțină, pretinzând
că patul dublu i-ar fi fost mai de folos, dar Susannah nu
cedase. Îi spunea râzând că presimțea că în curând no-
rocul ei avea să se schimbe. După câteva luni, problema
fu rezolvată de tatăl Ameliei, care, îngrozit după vizita
în apartamentul acela mic, insistase să plătească avansul
și jumătate de ipotecă pentru un loc mai mare și mai
frumos, foarte aproape de Clapham Common.

Când venise prima dată la Londra, Susannah nu avu-
sese habar cât de necruțător se folosea acea firmă de
mica armată de funcționari angajați, în acel septembrie
și în celelalte luni de septembrie care aveau să urmeze.
În noiembrie deja ajunsese să lucreze paisprezece ore

pe zi. Uneori lucra până spre dimineață, venind acasă cu taxiul doar ca să facă un duș și să plece iarăși.

Bosumflată, uneori glumind doar pe jumătate, Amelia spunea că se simțea ca o soție neglijată. Programul ei era destul de lejer, între 9.30 și 17:30, cu o pauză de prânz de 90 de minute. În acele dimineți, când o auzea pe Susannah intrând tiptil la duș în timp ce își scotea hainele din ziua precedentă, Amelia se ridica și îi făcea un ceai și un sendviș cu ochiuri, apoi stătea cu ea, cu halatul strâns și cana în mână, în vreme ce Susannah mânca și bolborosea ceva neconvingător despre serviciu. Într-o seară, Susannah ajunse acasă pe la șapte și aduse flori ca un soț rătăcitor.

Însă ea își iubea munca și mediul în care lucra. Îi plăcea faptul că putea să-și exerseze intelectul și să folosească toate informațiile pe care le căpătase la universitate și la facultatea de drept. Vedea o cale foarte concretă în față. Avea să muncească din greu și să avanseze. Asociat, partener... Și îi plăcea să-și câștige singură banii. Nu era o sumă uriașă, dar comparativ cu perioada studenției se simțea bogată. Putea să-și plătească mâncarea, chiria și asigurările pentru pensie și încă îi rămâneau bani – mai mulți decât avusese vreodată – la sfârșitul lunii. I se părea distractiv să cheltuiască. Era prima dată când se simțea adult. Își tunsese părul, până atunci lung până la umeri, într-un bob cu breton gros și își făcuse șuvițe subtile, coafându-l foarte neted și drept. Începu să-și cumpere haine din locuri precum Jigsaw și Hobbs, apoi (în termenii Ameliei, era, din perspectiva modei, echivalentul trecerii de la droguri slabe la cocaină – chiar inevitabil) își achiziționase un taior cu pantaloni de gabardină de la Joseph, știind, cu un fior de încântare aproape rușinos, că nu putea să-i spună mamei ei cât costase, chiar și cu patruzeci la sută reducere la sfârșit de sezon.

Purta acel costum și în vinărie în seara în care îl cunoscuse pe Sean. Și avea și o coafură nouă și o încredere nouă.

Alastair lucra cu un tip pe nume Hugh, care împărțea apartamentul cu Sean, cei doi fiind prieteni din copilărie. Deci avea origini sigure, fusese confirmat. Susannah era la bar cu Amelia și alte două fete de la firmă, care locuiau în apropiere. Amelia invitase trei colegi de la agenție – și, desigur, pe Jonathan, care deja era omniprezent. În seara aceea se strânseseră mulți și toți erau într-o stare de spirit sărbătorească – toate birourile se închideau a doua zi sau peste două zile și, sincer, ar fi putut să se închidă chiar cu o zi în urmă, căci toată treaba era făcută, chiar și la firma aglomerată la care lucra Susannah. Venea Crăciunul și vinul curgea în valuri, împreună cu snackurile de la bar.

Susannah era încântată să vadă că Alastair și Amelia reveniseră la relația veselă pe care o avuseseră în adolescență. Poate că Al avusese dreptate când îi spusese că dintre ei trei ea avea cea mai mare problemă. Se salutară cu o îmbrățișare. Alastair se îndrăgostise lulea de o secretară de la biroul lui, Kathryn, care, spunea el, urma să apară mai târziu. Toată lumea își găsea un partener, iar el n-avea de gând să rămână mai prejos.

Susannah îl mai întâlnise pe Hugh de câteva ori la petrecerile din apartamentul lui Alastair și la turneele de softball din Clapham Common în vara precedentă – și îl plăcea, dar nu se gândise la el ca la un posibil partener și era destul de sigură că și pentru el era la fel. Semăna mult cu fratele ei, iar ea îl considera o companie plăcută și sigură. Tocmai discutau despre stagiatura ei, când Sean intră în bar și veni direct la ei, slăbindu-și cu un deget cravata colorată și desfăcându-și nasturele de sus.

– Eu sunt Sean Dexter, spuse el imediat, întinzând mâna protocolar și fixând-o cu o privire care ar fi fost stânjenitoare dacă n-ar fi fost atât de plăcut să te afli în raza ei.

Ea îi strânse mâna, iar el i-o ținu într-a lui cu câteva secunde mai mult decât era cazul.

– Susannah. Susannah Hammond.

– E sora lui Alastair, se amestecă Hugh, deși nici unul dintre ei nu-i mai dădea atenție.

Atracția dintre ei fusese instantanee și foarte sexuală, după cum îi povestise Susannah Ameliei a doua zi, cu toate că, în cazul ei, efectul fusese amplificat de câteva pahare de vin. Ochii lui aveau o lucire atrăgătoare pe care ea o găsea aproape irezistibilă. Știu aproape imediat că avea să se culce cu el. Iar asta chiar nu i se întâmplase niciodată. În noaptea aceea nu știa – nu ar fi putut ști – că urma să se și mărite cu el.

Bineînțeles, nu se întâmplase în acea primă noapte. Atunci nu se întâmplase nimic. Nu era stilul ei – Matt și evenimentele din acea seară blestemată de la universitate o făcuseră să aibă mare grijă la deciziile pe care le lua sub influența alcoolului. Și se părea că nu era nici stilul lui. O sărutase ușor pe obraz, zâmbindu-i aproape cu regret când ea plecase cu Amelia și celelalte fete. Își scrisese numerele de telefon pe cartea de vizită, iar el o fluturase spre ea când o văzuse urcând în taxi, ca un fel de promisiune că avea să o folosească.

O sunase chiar a doua zi la serviciu și o vreme flirtaseră la telefon. În acea noapte el zbura la Chicago cu verii lui, ca să petreacă Crăciunul cu familia, care locuia acolo. Urma să se întoarcă abia pe 2 ianuarie, spusese el, însă i-ar fi făcut mare plăcere să o vadă pe 3, dacă era liberă. O amuzase faptul că adăugase „dacă era liberă". Cererea lui avusese un ton foarte sincer și, bineînțeles, ea acceptase.

Două zile mai târziu, în Ajunul Crăciunului, Alastair le luă pe ea și pe Amelia de la apartament să le ducă acasă de sărbători. El era singurul care avea mașină dintre ei, un Renault Clio nou. Era foarte frig și umed, iar când îl văzură alergară spre el, după ce încuiară de două ori ușa, nerăbdătoare să ajungă la căldură.

– Susannah este îndrăgostită, îl anunță Amelia după ce îl sărută cu zgomot pe obraji și puse valizele în portbagaj.

Când urcară în mașină, Susannah o înghionti în joacă.

– Aleluia. Alastair luă un moment ambele mâini de pe volan și le ridică spre cer. Oare e posibil? Oare chiar e posibil? S-a terminat cu seceta?

– Tăceți amândoi. Îmi plăcea mai mult când nu vorbeați unul cu altul. Susannah încercă să pară dură, însă nu reuși. Știa că Amelia avea să facă asta. Vorbiți de parcă aș fi o călugăriță.

– Păi chiar asta e impresia pe care ai lăsat-o în ultimii ani, dacă nu cumva ai avut o viață dublă secretă de care n-a știut nimeni, lucru de care sincer mă îndoiesc, râse Alastair. Cine e bietul tip care nici nu bănuiește?

– De parcă ți-aș spune.

– Îl cheamă Sean. Era la bar în seara aceea, mai știi? Cel blond, care zâmbea cu gura până la urechi... interveni Amelia.

– Colegul de apartament al lui Hugh?! exclamă Alastair.

– Cu gura până la urechi? bombăni Susannah. Este puțin cam nepoliticos, nu crezi?

– Știi ce vreau să spun – ție îți plac tipii bine făcuți și serioși. Eu așa cred, Al. Am dreptate, Susannah?

Aceasta dădu din cap.

– Nu vreau să vorbesc despre asta. Nu este nimic altceva de spus.

– Nu e adevărat! strigă Amelia pe un ton acuzator. Este plecat de Crăciun, însă au stabilit să se întâlnească în ziua în care se întoarce el... nici nu mai contează oboseala provocată de schimbarea fusurilor orare. Nu mai aveau răbdare să aștepte nici un minut...

– Taci din gură, sau nu mai ies cu el.

– Îți faci singură un rău...

– Măcar nu vă mai dau motiv să mă bateți la cap.

– Știi că tot o să găsim ceva.

– Sunteți niște ticăloși.

– Dar tu, Meels? întrebă Alastair. Ea stătea pe mijlocul banchetei din spate, aplecată înainte, cu genunchii

ridicați și sprijinindu-și fața în mâini. Pe cine ai mai agă-
țat în ultima vreme? Jonathan e încă în peisaj?
– Da, exact. Ia-te de ea. E o țintă mult mai ușoară
decât mine. Dar tu? Am putea vorbi despre Jonathan și
Kathryn tot drumul spre casă...

Alastair și Amelia își continuară veseli conversația,
râzând și glumind, iar Susannah se rezemă pe scaunul
din față cu ochii închiși, lăsându-se asaltată de vocile
lor. Era fericită. Se simțea atât de... firesc. Aproape la
fel ca ei. Da, exista un tip în viața ei și, cu toate că era
absurd să vorbească despre dragoste sau despre viitor,
i se părea că poate de data asta avea să se înfiripe ceva.
La urma urmei, era și timpul.

Spre încântarea generală, rămase în aceleași toane
bune și de Crăciun. Sean se ținu de cuvânt și veni să o ia
de la serviciu pe 3 ianuarie, apoi o duse să ia cina la Joe
Allen's, unde mâncară friptură cu cartofi prăjiți, băură
vin roșu și vorbiră ore întregi, atingându-și genunchii pe
sub masă „intenționat întâmplător", cum ar fi zis mama
ei. Își dădu seama că nu știa nimic despre el, doar câteva
lucruri pe care i le spusese Alastair după ce încetase să
o mai tachineze, iar Sean părea destul de dornic să o
pună în temă. Era o companie minunată – știa să poves-
tească, își presăra istorisirile cu glume – și nu o deranjă
deloc faptul că acea conversație fu mai mult despre el.
Râse din toată inima și se simți mult mai în largul ei de-
cât își imaginase. Era unul dintre cei patru copii ai unui
tată englez, cardiolog la Birmingham City Hospital, și
ai unei mame irlandeze, fostă asistentă de pediatrie.
Împliniseră patru decenii de căsnicie și încă se iubeau
(spusese asta aruncându-i o privire plină de subînțeles).
Crescuse într-un cartier elegant din Birmingham ca
unic băiat alături de cele trei surori – se părea că tatăl
său încă îl striga Regele Soare – și studiase economia la
universitatea St. Andrews. Două dintre surorile lui erau
măritate, iar el avea doi nepoți pe care îi adora – însă
majoritatea rudelor lui locuiau încă în Midlands și nu
apuca să le vadă pe cât de des și-ar fi dorit. După cum

povestea el, Birmingham părea să se afle pe la Cercul
Polar. Una dintre surorile lui, Becky, îşi dădea doctora-
tul în literatura lui James Joyce la Goldsmiths College
din Londra. Avea douăzeci şi nouă de ani, era cu şase
ani mai mare decât Susannah şi avea o carieră şi o viaţă
bine organizate în capitală. Îi spuse că era un broker
priceput. Îi mergea bine. Făcuse destul de mulţi bani
cât să-şi cumpere prima casă la douăzeci şi trei de ani, cu
toate că încă o împărţea cu prietenii lui.

În ziua de 7, după telefoane zilnice şi un buchet
de doisprezece trandafiri roşii care le entuziasmase pe
recepţionerele de la firma ei, o duse la teatru la *Miss
Saigon*. O săptămână mai târziu, o duse în pat.

I se păruse momentul potrivit, însă Amelia râse-
se după aceea, spunându-i că dacă ea ar fi făcut asta,
Susannah ar fi considerat-o o târfă. Sean o cucerise
complet – aceasta era expresia potrivită, oricât de bana-
lă ar fi fost. O dusese la cină la Claridge's, apoi scosese
o cheie şi o lăsase pe masă, spunând că în acea noapte
camera era a ei, iar el avea să urce doar dacă îl invita ea.
Şi că niciodată nu făcuse ceva atât de deplasat pentru
nimeni şi cu nimeni. Că dorea să fie cu ea, iar dacă şi
ea dorea să fie cu el, atunci prima lor noapte trebuia să
se petreacă într-un loc minunat, departe de colegii de
apartament şi ceasuri deşteptătoare şi alte lucruri mă-
runte, că dacă ea nu era încă pregătită, avea de gând să
o aştepte până era. Că putea s-o aştepte chiar şi multă
vreme, întrucât deja avea senzaţia că era o persoană care
merita aşteptarea.

Era un discurs perfect. Lui Susannah i se păruse
aproape imposibil de romantic. Gestul o emoţionase şi
o tulburase. I se părea ceva care ar fi trebuit să i se în-
tâmple altcuiva, chiar şi Ameliei. Însă nu ei. Aşa că dă-
duse timid din cap şi traversaseră mână în mână holul
pardosit cu marmură până la lifturi, apoi spre camera
splendidă de la etajul al treilea, cu vedere spre Mayfair.

Pe atunci nu ştia, nici n-ar fi avut cum, că sexul la ho-
tel era aproape întotdeauna mult peste medie. Era din
cauza anonimatului şi a împrejurimilor necunoscute

și a așternuturilor răcoroase și curate de pe patul pe
care nu erai obligat să-l faci. Iar dacă Sean știa deja
asta și folosise acest lucru în avantajul lui, cine-l putea
condamna? Ea era deja aproape amețită doar de ro-
mantismul ofertei, iar restul fu la fel de neașteptat și
de minunat. Acelea erau cuvintele care-i trecură prin
minte în dimineața următoare, în timp ce stătea întin-
să într-un nor parfumat de spumă într-o cadă imensă,
suflând ușor în bule și urmărindu-le căzând precum ful-
gii de zăpadă peste tot în jurul ei și ascultând cum un
chelner aducea micul dejun în dormitor. Își aminti de
experiența „perfectă" a Ameliei din urmă cu mulți ani și
se întrebă dacă era posibilă o comparație. Chiar fusese
frumos. De fapt, minunat.

Susannah se îndrăgostise lulea. Simțea că Sean i se
potrivea din toate punctele de vedere. Credea în valori-
le lor comune și în viziunea lor comună despre viitor.
Dorea să-și făurească o viață împreună cu el. Fusese cu-
cerită în acea primă noapte și rămăsese pe valul acelor
sentimente noi vreme de săptămâni întregi. Ea nu făcu-
se nimic greșit, care să poată strica totul. Era proaspăt
și nou și simplu.

Patru luni mai târziu erau logodiți. Bineînțeles, Sean
o făcuse așa cum se cuvine. Venise cu mașina la părinții
ei într-o seară, când ea era la Porchester Spa cu Amelia,
deci nu avea cum să-i stea în cale, și îi ceruse solemn per-
misiunea tatălui ei, care i-o dăduse bucuros, căci Sean le
lăsase amândurora o impresie bună în timpul vizitelor
din ultimele luni. Chiar mersese și la biserică. O ceruse
oferindu-i inel – un smarald oval strălucitor încercuit de
un rând de diamante micuțe, de la Garrard – stând în
genunchi. Iar ea izbucnise pe loc în plâns.

După opt luni de la prima lor întâlnire, într-o înso-
rită după-amiază de august din 1994, se căsătoreau la
mult iubita biserică a mamei lui Susannah, St. Gabriel.

Planificarea nunții fusese mai distractivă decât s-ar
fi așteptat ea, cu toate că patru luni se dovediseră un
termen mult prea scurt. Susannah cumpărase un dosar

mare cu arc, unde ținea note și înregistrări meticuloase
cu tot ce se întâmpla. Părinții lui Sean – pe care îi plă-
cuse foarte mult încă de când îi cunoscuse prima dată,
la o săptămână după logodna lor, când ea și Sean pleca-
seră cu trenul la Birmingham să petreacă weekendul –
se oferiseră să acopere jumătate din costurile nunții, iar
după aceea tatăl ei fusese mai relaxat. Susannah se în-
trebase dacă tensiunea de la început se datorase temerii
că ea și Sean nu se cunoșteau suficient de bine, așa că
fusese ușurată să descopere că neliniștea lui avea o cau-
ză mult mai prozaică și mai practică. Rosemary fusese
tot timpul lângă ea, înclinată spre accese de plâns care
veneau și treceau rapid și puteau fi provocate de orice,
de la eșantioanele de material până la broșurile despre
torturi. Chiar dacă avea bănuiala că se mărita prea de-
vreme, nu și-o exprimase niciodată. Mama lui Sean o
ținuse strâns de mână pe drumul dintre gară și casă și
spusese că ea și tatăl lui Sean știuseră, „pur și simplu
știuseră", la doar câteva săptămâni după ce se cunoscu-
seră, că se potriveau și că era evident, din tot ce-i poves-
tise Sean la telefon despre Susannah, că și el era sigur.
Vocea ei încă păstra un ușor accent irlandez și făcea ca
totul să sune minunat, mai ales asta.

Susannah purtase o ținută de la un magazin scump
din Bath, o rochie lungă și dreaptă acoperită cu dan-
telă Chantilly, cu un voal lung de culoarea piersicii.
Amelia și Kathryn fuseseră domnișoara și doamna ei
de onoare – Kathryn era deja măritată cu Alastair, lo-
godna și nunta-fulger avuseseră loc după o excursie în
mai la Marrakech –, îmbrăcate în rochii „nu foarte hi-
doase" (după cum se exprimase Amelia) din organdi de
culoarea piersicii. Ea avea un buchet de trandafiri albi
și portocalii, legat cu panglică de satin. Sean și cavalerii
săi de onoare, Hugh, Alastair, Alex și alți câțiva, purtau
costume tradiționale cu vestă brodată, care se potriveau
cu rochia miresei, croite la Favourbrook, croitoria ex-
clusivistă de pe Jermyn Street. Tatăl ei purta un costum
bleumarin. Toți bărbații purtau la rever un boboc de
trandafir portocaliu.

Aleseseră ca imnuri *Jerusalem* și *Love Divine, All Loves Excelling*. Sean dorise *Immortal, Invisible, God Only Wise*, însă mama lui Susannah spusese că organistul nu prea știa să-l interpreteze.

Dăduseră o petrecere la un hotel micuț din apropiere, unde discursul de cavaler de onoare al lui Hugh amintise de seara în care se cunoscuseră cei doi și de faptul că știuse imediat că prietenul lui deja nu mai era burlac când îl văzuse vorbind cu Susannah. Sean dădea din cap în timp ce își asculta prietenul și o prinsese de mână. Tatăl lui Susannah aproape că plângea și se oprise o clipă ca să-și recapete stăpânirea de sine, apoi vorbise despre visurile pe care le avea pentru singura lui fiică, de care era foarte mândru. DJ-ul pusese *I'll Be There* a lui Mariah Carey pentru primul lor dans ca soț și soție, apoi tăiaseră un tort de fructe cu trei etaje decorat cu trandafiri de zahăr – ghici ce culoare? Alex se îmbătase din cantitatea de alcool ce-i fusese alocată, pe care o suplimentase bând pe furiș din paharele altor persoane și vomând nu chiar atât de pe furiș într-o urnă care flanca ușa principală a hotelului.

– Ți-a trecut vreodată prin cap că poate e prea perfect? întrebă Amelia pe când stăteau amândouă afară pe o bancă de lemn la un pahar de șampanie, în vreme ce înăuntru petrecerea era încă în toi.

– Ce vrei să spui?

– Nu știu, răspunse Amelia ridicând din umeri. Nimic. Nu mă lua în seamă. M-am îmbătat.

– Vrei să spui *ceva*, Meels. Mereu e așa.

Însă refuză să-și dezvolte ideea, continuând cu un monolog despre pălăriile invitatelor. Susannah o lăsă în pace. Poate chiar era doar beată.

Când o îmbrățișă, chiar înainte ca mirii să plece de la petrecere, o privi fix.

– Să fii fericită, Susannah.

– O să fiu, răspunse ea foarte încrezătoare.

Petrecuseră luna de miere în Seychelles, unde făcuseră dragoste în fiecare noapte și aproape în fiecare dimineață, într-o cameră pe piloni pe cea mai turcoaz apă din câte văzuse ea vreodată, învățaseră să facă scufundări, care lui Sean îi plăceau la nebunie, în timp ce Susannah abia le tolera – dar acceptase pentru că îl iubea pe Sean și dorea să fie cu el în fiecare minut. După două săptămâni se întorseseră, găsind acasă un morman de cutii de la John Lewis pline cu vase Le Creuset, pahare de cristal Waterford și lenjerii de pat de pe lista lor de nuntă. Le duseseră pe toate în noua lor casă cu trei dormitoare și terasă din Battersea, pe care o achiziționaseră chiar înainte de nuntă.

Își reluaseră munca – Susannah era în ultimul an de stagiatură – și petreceau weekendurile zugrăvind și decorând casa în nuanțe moderne, plasând fotografii înrămate în argintiu cu ei doi aproape pe toată suprafața disponibilă de la parter, sau dând petreceri cu trei feluri de mâncare pentru prietenii lor, cărora le arătau albumele de la nuntă și cu care vorbeau despre acea zi minunată, privindu-se cu ochi încețoșați unul pe celălalt.

În acel an merseseră la încă șapte nunți – filmul acelei veri, *Patru nunți și o înmormântare*, i se părea mai degrabă un documentar decât o operă de ficțiune – inclusiv la cea a Ameliei, care se căsătorise cu Jonathan la St. Gabriel, în septembrie.

I se părea că totul mergea bine. Sau poate că fusese doar schița altcuiva pentru cum ar fi trebuit să arate viața ei.

1997

Sfârșitul, atunci când se produse, veni din partea lui, nu a ei.

Mereu crezuse că ea nu l-ar fi părăsit niciodată. Însă nu neapărat pentru că încă îl iubea sau pentru că făcuse jurămintele pentru toată viața. Pur și simplu ar fi rămas.

Lucrurile se schimbaseră. Când își ținuse discursul, Sean spusese că ea era cea care se schimbase, dar în opinia lui Susannah nu era vorba doar de ea. Era vorba de tot.

Era ca și când ar fi trecut prin toate etapele relației perfecte. Perioada de curtare, logodna, nunta, luna de miere, prima lor casă împreună. Procedaseră ca la carte. Apoi totul se oprise, circul plecase din oraș și rămăseseră doar ei doi.

Motivul nu putea fi acela că se pripiseră cu nunta și nu se cunoșteau unul pe celălalt suficient de bine cât să se adapteze la viața de cuplu căsătorit. Nu aveau probleme mărunte. Nu exista dependență de jocuri de noroc. Nimic foarte evident.

Doar conștientizarea lentă și dureroasă că între ei nu fusese mare lucru. Tot ceea ce păruse atât de minunat pe hârtie devenise brusc lipsit de substanță în realitate. O viziune comună asupra viitorului nu însemna mare lucru când stăteau față în față la micul dejun într-o dimineață de duminică și nu știau ce să-și spună, preferând să citească *The Sunday Times* de la cap la coadă până venea timpul să se întâlnească cu prietenii lor să ia prânzul la pub, unde să proiecteze imaginea de cuplu fericit.

Înainte de sfârșitul anului, sexul de hotel de la Claridge's devenise deja sexul de sâmbătă noaptea cu luminile stinse. Susannah se întrebă dacă nu cumva ea nu era prea bună la asta, însă Sean nu dorea să discute deloc despre acel subiect, prefăcându-se că nu-i înțelegea întrebările.

Peste ani, după ce văzu *The Truman Show*, Susannah se gândi că și viața ei fusese exact așa.

Poate chiar ar fi crezut că era normal dacă n-ar fi avut exemplul Ameliei și al lui Jonathan. Ei nu erau ca ceilalți. Nu le păsa ce gândea restul lumii. Se certau și se ciondăneau pentru lucruri foarte mărunte la cină, apoi îi vedeai afară în curte după douăzeci de minute, sărutându-se ca doi adolescenți. Susannah îi invidia și cu bune și cu rele.

Însă curând aveau să vină și relele ei. Sean o părăsi după treizeci de luni, la patru luni după ce Susannah pierduse prima sarcină și cu șase luni înainte de a treia aniversare a nunții lor.

Cu uimire, își dădu seama că nu era atât de șocată pe cât crezuse că va fi.

O părăsise pentru o femeie pe nume Miriam. Cel puțin fusese suficient de onest cât să mărturisească imediat, nu să pretindă că fusese vina ei. Sau, și mai rău, că avea nevoie de spațiu – clasicul discurs „e vina mea, nu a ta" care, din câte știa Susannah, nu era niciodată adevărat. Pentru Sean era altcineva. Și păruse sincer nefericit să descopere că nu numai că nu-și iubea soția – sau cel puțin, în cuvintele lui, „nu așa cum ar fi trebuit" – ci, mai mult, că de fapt iubea pe altcineva și credea că aceea era aleasa. La urma urmei, spusese el, totul se petrecuse foarte repede între ei și fusese vina lui, își asuma întreaga responsabilitate. Se gândise că fusese momentul potrivit. Dar se înșelase, era conștient de asta; prin urmare, era Susannah de acord să divorțeze? Putea rămâne în casă. Sau cel puțin până o vindeau.

Nu avusese cum să fie prea furioasă pe el când își dăduse seama că exprima întocmai lucrurile pe care le gândea și ea. Avuseseră timp. Într-un fel, era o ușurare să-l audă.

Se simțise întru câtva umilită. Să le spună celorlalți era mai dureros decât să afle ea însăși. Ea și Sean se descurcaseră de minune în rolurile lor. Părinții ei rămăseseră șocați. Aceea fusese încercarea cea mai grea – să meargă acasă să le dea de știre.

Mama ei deschisese ușa încă purtând șorțul de bucătărie. Mirosul de miel fript ajunsese până pe hol, iar Susannah vedea masa întinsă cu vasele de porțelan și paharele de duminică. În momentul în care își anunțase vizita, nu menționase că Sean nu va fi cu ea. Nu dorise să abordeze subiectul la telefon. Rosemary privise peste umărul ei, spre mașină, căutându-l pe Sean. Pe chipul ei se citise dezamăgirea când își dăduse seama că Susannah era singură. Nu părea să fi observat cearcănele și ochii umezi pe care îi avea fiica ei după atâta plâns și atâtea nopți nedormite.

Însă tatăl ei observase. Tatăl ei îi remarca întotdeauna fiecare detaliu al feței.

– S-a întâmplat ceva. Vocea lui era calmă şi blândă.

Ea dădu afirmativ din cap, recunoscătoare pentru puterea lui de percepţie.

Se aşeză pe marginea unui fotoliu, în faţa canapelei pe care stăteau ei, privindu-şi mâinile în timp ce vorbea. Îşi auzi propria voce rostind propoziţii scurte, controlate cu greu. Auzi cum mama ei îşi înăbuşi un plânset, iar când ridică privirea văzu că tatăl ei îi prinsese mâna şi i-o ţinea strâns într-ale lui. Atunci mama ei se ridică şi veni să o îmbrăţişeze. Tatăl rămase în picioare în spatele scaunului, încercând să le cuprindă pe amândouă în braţe. După aceea, Rosemary se aşeză din nou pe canapea şi scoase o batistă din mâneca puloverului, apoi începu să vorbească pentru ea însăşi şi pentru ei doi, pufnind şi ştergându-şi ochii. Despre Sean, despre felul în care nu bănuise nimic şi despre cât de groaznic se simţea probabil Susannah, apoi, în sfârşit, despre cum o să fie în stare să le spună prietenelor ei de la St. Gabriel.

În cele din urmă îşi ceru iertare şi se duse în grădină, lăsându-i pe Susannah şi pe tatăl ei singuri în sufragerie. Ea veni şi se aşeză lângă el. El îi cuprinse umerii cu braţul, iar Susannah se lăsă în voia acelei îmbrăţişări familiare. Tatăl ei îi mângâie blând părul.

– Sper că nu fumează şi acum.

– Nu, răspunse tatăl ei zâmbind. Slavă Domnului, ţigările au dispărut. Dar şi-a păstrat obiceiul de a ieşi în grădină. Asta o linişteşte.

– Îmi pare rău, tată. Îmi pare atât de rău. Acum că mama ei îşi terminase porţia de plâns, lacrimile apărură din nou în ochii lui Susannah. Se simţea îngrozitor de vinovată pentru nuntă. Se simţea o ratată.

Clive îi întoarse faţa spre el şi îi prinse amândoi umerii.

– Să nu îndrăzneşti să spui aşa ceva, Susannah. Nu are de ce să-ţi pară rău...

– Dar nunta... şi totul. V-am dezamăgit.

Ochii tatălui ei se umplură de lacrimi. Singura dată când îl văzuse plângând fusese la nașterea lui Alex. Aproape că nu putea îndura imaginea.

– Nu ai dezamăgit pe nimeni. Tu ai fost dezamăgită. În felul cel mai dureros. Biata mea fetiță scumpă. Să nu-ți pară rău. Însă trebuie să-mi promiți că nu vei lăsa asta să-ți schimbe felul de a fi. Pentru că tu, draga mea, ești minunată. Dacă el nu și-a dat seama ce a avut, atunci e un prost. Dar îți spun sigur că în curând cineva își va da seama. Cineva care te va merita.

O strânse la piept și o ținu așa o bucată de vreme, iar ea încercă să creadă cuvintele lui. Până când se întoarse Alex de la antrenamentul de fotbal.

Amelia nu păruse deloc surprinsă.

Sean și Miriam erau deja căsătoriți de zece ani. Se părea că el nu se mai grăbise atât de mult cu a doua căsnicie. Aveau doi copii, un băiețel și o fetiță, și locuiau în Connecticut. Miriam era americancă și foarte hotărâtă să fie politicoasă. Asta însemna în primul rând expedierea unei cărți poștale de Crăciun, cu o fotografie dulce ca zaharina a copiilor – amândoi cu ochii albaștri și părul blond-deschis al lui Sean – lipită de prima pagină, în care să-i ureze lui Susannah „Sărbători fericite și un An Nou liniștit". În fiecare an se holba la copiii fostului ei soț și avea senzația că Sean îi râdea în nas, deși, în realitate, nu făcea asta. Nu era suficient de interesat de persoana ei cât să râdă și nici nu știa că ar fi existat vreun motiv de râs.

Amelia chicotea de câte ori vedea cartea poștală, iar asta o ajuta enorm.

prezent

Octombrie

Douglas fusese la Chichester tot weekendul, ca să-și ducă barca în docul uscat. Fin plecase cu el fără prea mare tragere de inimă. Băiatului îi plăcea destul de mult să navigheze şi chiar se pricepea, în ciuda înălţimii şi greutăţii lui reduse şi a atenţiei sale şi mai reduse, dar nu-l interesa şi munca grea pe care o presupunea întreţinerea unei ambarcaţiuni. Rosie plecase cu mama ei în vizită la nişte veri în Suffolk. Sylvie bolborosise o explicaţie în ultimul moment, ca de obicei, astfel că Susannah şi Daisy petrecuseră duminica împreună. De dimineaţă ea citise ziarul cap-coadă, în timp ce Daisy susţinuse că îşi făcea temele în cameră, cu Green Day la maximum. După-amiază, la sugestia ei, Susannah o dusese la Jigsaw şi o lăsase să-şi aleagă un costum nou. Ea stătuse pe unul dintre fotoliile de catifea în stil baroc, plângându-se că era prea întuneric ca să vadă ceva, în timp ce Daisy defilase prin faţa ei cu mai multe opţiuni. Arăta ca un adult, foarte slabă în blugii strâmţi pe picior. Părul ei lung se potrivea cu hainele boeme care păreau să fie la modă în acea toamnă, iar lui Susannah i se părea că arăta ca un model. Daisy se distrase, aruncând o privire seducătoare de după perdea, apoi plimbându-se pe covor în faţa cabinelor de probă. Susannah simţi ceva foarte aproape de dragostea maternă când le văzu pe celelalte femei privind-o cu invidie. Daisy arăta bine în orice. Până la urmă alese două curele, o bluză cu imprimeu şi un pulover lung şi gros. Se îmbrăţişă de plăcere în timp ce Susannah plăti, încercând să nu pară şocată, apoi o îmbrăţişă pe Susannah afară în stradă, chicotind de bucurie.

Susannah decise să se lase în voia ei şi se îndreptară braţ la braţ spre L.K. Bennett ca să cumpere o pereche de cizme maro şi lucioase, până la glezne, care să se asorteze cu hainele.

– E atât de distractiv, spuse Daisy, cu un chip fericit de copil pe trupul de tânără femeie, iar Susannah dădu aprobator din cap.

Mai târziu, la o cafea şi o prăjitură, o întrebă cum îi mergea cu Seth şi fu emoţionată de răspunsurile lui Daisy. În mod evident, era foarte îndrăgostită de băiat. Ochii îi străluceau, iar gropiţa pe care o avusese dintotdeauna în obrazul stâng se adânci când zâmbi cu gândul la el. Era contagios şi o făcea pe Susannah să simtă că avea o sută de ani.

În seara aceea încercă să abordeze subiectul cu Douglas. Acesta se certase cu Sylvie când îl lăsase pe Fin – Susannah nu ştia din ce cauză – şi era arţăgos şi rece. Ea îi pregăti o baie caldă şi îi turnă nişte whisky, apoi se aşeză pe marginea căzii şi îl frecă pe spate, în vreme ce în încăpere se ridica aburul, iar el sorbea din băutură.

– N-ai mai făcut asta de secole.

– Îţi place?

– Foarte mult. Mulţumesc. Îşi puse mâna peste mâna ei.

Ea îl sărută blând pe creştet.

– Azi m-am distrat foarte bine cu Daisy.

– Da? Lăsă capul pe spate, cu ochii închişi.

– Am fost în Hampstead. La cumpărături. Şi la o cafea. Chestii de fete.

– Drăguţ. Părea indiferent. Chiar dezinteresat.

Însă ea era prea încântată ca să renunţe.

– I-am cumpărat nişte haine, iar ea a fost foarte fericită, Doug. Şi arată minunat în ele. Ar fi trebuit să o vezi. Chiar e frumoasă. Arăta ca Sylvie. Susannah se întrebă dacă asta îl tulburase vreodată pe Douglas. Era clar o ruptură între el şi fiica lui cea mare. Probabil erau doar problemele obişnuite ale adolescenţei, însă uneori îşi punea întrebări. I-ar fi plăcut să o cunoască pe Sylvie. Nu voia să fie prietena ei, dar din când în când ar fi fost bine să poată vorbi cu ea despre copii. Douglas nu părea să aibă chef de vorbă în seara aceea. Şi am vorbit, insistă ea.

– Da?

– Da. Am vorbit.

– Despre ce?

– Despre viaţă, despre univers, despre toate. Câte un pic din fiecare. Am vorbit despre Seth. El se zbârli la auzul acelui nume. Chiar îl iubeşte, stărui Susannah.

– E prea tânără ca să ştie ce spune.

– Nu e. N-o să spun prostii, că vor rămâne împreună sau chestii de-astea. Însă cred că e serioasă în privința lui. Douglas, e prima ei dragoste. Douglas pufni ironic. Haide, zâmbi ea încercând să-l înveselească. Nu ești prea bătrân să-ți amintești cât de puternice sunt acele sentimente, nu?

El se aplecă, aruncându-și pe față apă din cadă.

– Hormoni și revoltă.

– E mai mult decât atât, Douglas.

– Și nu cred că ajută dacă-i iei în serios balivernele.

Din nou simți cum se întorcea împotriva ei.

– Nu am spus asta.

– Dar ascultând-o ai încurajat-o, nu-i așa? Nu era deloc de acord. Se încruntă, fără să știe prea bine ce să spună. Cumva încerci să-mi atribui rolul negativ? se răsti el. Asta faci?

– Absolut deloc. Exagerezi.

– Însă te duci la cumpărături cu ea și îi iei naiba știe ce, iar ea îți face confesiuni, apoi când o să vrea să stea afară sau să meargă la vreo petrecere Dumnezeu știe pe unde și Dumnezeu știe cu cine, o să vină la tine... iar eu o să fiu un monstru dacă refuz. Și o să refuz, pentru că sunt tatăl ei și știu ce e mai bine pentru ea. Douglas se ridică nervos, aruncând un val de apă pe gresia de pe jos. Luă prosopul de pe bară și se frecă cu putere. Penisul lui sălta într-un fel ridicol.

Ea își îndepărtă privirea, simțind cum se înfurie. În ultima vreme se înfuria imediat.

– De unde le scoți? Pur și simplu îți povestesc despre fiica ta. Pur și simplu îți spun că am petrecut o zi frumoasă, că e fericită și că eu cred că îi e bine. Ar trebui să fii încântat, fraiere. Însă te înfurii pe mine. De ce naiba?

– Nu-mi place ca tu să fii prietena ei. Îmi subminează autoritatea, Susannah. Și îți dai și tu seama de asta. Noi nu ar trebui să fim prietenii ei.

– Atunci ce-ar trebui să fiu eu, Douglas?

Întrebarea rămase în aer, răspunsul retoric plutind în atmosfera aburită, iar Susannah ieși fără să mai scoată o vorbă și se duse în dormitorul mai răcoros și mai senin.

În dimineața de vineri a primei ședințe de chimioterapie a Ameliei, Susannah rămase în mașină în fața casei, fără să poată parca, și claxonă până când Amelia ieși grăbită, îmbrăcându-și haina și scotocind după cheie în geanta voluminoasă.

– Așa. Nu-ți pierde cumpătul.

– Nu vreau să întârzii. Am de condus Expresul Chimioterapeutic și o să ajungem la timp chit că asta mă va ucide.

– Sau mă va ucide pe mine.

Pentru o clipă, Susannah crezu că prietena ei vorbea serios, dar, când o privi, Amelia zâmbea.

– Umor negru. Cred c-am să mă bazez mult pe asta în următoarele câteva luni, așa că ar fi o idee să te obișnuiești și tu.

– Bine, bine. N-ai să-ți pierzi cumpătul și nici părul cât timp ai să poți.

– Ha, ha. Așa-i mai bine. Touché, râse ea. Că veni vorba, ieri-seară m-am uitat pe Google la peruci. Chiar c-o să avem nevoie de simțul umorului în privința asta. Primești ce plătești, așa e în lumea perucilor. Și plătești de te usucă... dacă nu vrei să arăți ca o regină în mizerie. Trebuie să fie din păr natural, așa cred.

– Da' din ce altceva?

– Păr artificial, prostuțo.

– Ca păpușile?

– Chiar așa. Am găsit locul ăsta din Shoreditch, care trebuie să fie cu adevărat bun, trebuie să ne ducem. Vii, nu?

– Doar dacă îmi iau și mie una... Întotdeauna m-am închipuit cu o tunsoare scurtă, ca a Juliei Roberts în *Frumușica*.

– De parcă ai avea nevoie de așa ceva. Dacă mi-ai fi prietenă adevărată, ți-ai tăia coama asta și ai da-o să mi se facă o perucă din ea.

– Nici gând. Întotdeauna am crezut că mă avantajează părul lung, aşa că nu-ţi face speranţe că am să mă rad în cap pentru tine. Fac orice pentru tine, dar asta nu. În plus, ştiu foarte bine că nu am forma potrivită a capului pentru aşa ceva.

– Dar eu?

– Cred că tu ai un cap frumos, Meels. Ai să fii superbă fără păr. E valabil pentru tot corpul, nu? Gândeşte-te cât ai să economiseşti dacă nu te mai epilezi...

– O, Doamne! Amelia se strâmbă. Nu m-am gândit la asta. Asta da motiv de optimism, nu? Începu să chicotească. Oricum, am renunţat să mă epilez de când m-a părăsit Jonathan. A fost un fel de eliberare să-mi las blăniţa să crească iarna.

– Asta miroase a defetism, nu? Parcă nu aşa am vorbit – să-ţi găseşti pe altcineva?

– Eu nu sunt ca tine, Susannah. Tu stai mereu cu un bărbat pentru că ţi-e groază să rămâi singură.

– Vai de mine! Se gândea la Douglas şi la ce ticălos fusese în noaptea de dinainte.

– Îmi pare rău. Am fost cam dură. Dar ştii ce vreau să spun. O să mă epilez când va sosi timpul, crede-mă.

Susannah chiar o credea.

La sugestia Ameliei şi spre uşurarea ei, Susannah zăbovi în magazinul de cadouri şi intră în cafenea, de unde cumpără ziare şi cafea cât timp Amelia se duse sus, la oncologie, să-şi efectueze tratamentul. Când îşi făcu apariţia Susannah, înarmată cu două cappuccino mari şi o grămadă de ziare şi reviste, Amelia stătea, în hainele de oraş, pe un scaun cu spătar înalt. Avea capul dat pe spate şi ochii închişi. Un tub subţire îi intra în braţ, prins de jur împrejur cu leucoplast de o canulă care fusese inserată într-o venă şi conectată la un aparat de perfuzie aflat în spatele scaunului, într-un suport metalic. O draperie o despărţea de ceilalţi pacienţi din salon. Avea pe cap chestia aceea ciudată care semăna un pic cu o cască demodată de uscat părul.

– Doamne, ce păcat că n-am la mine aparatul foto!

– Ce tupeu!

– Te doare?

Amelia deschise ochii şi zâmbi fără vlagă.

– Ce anume? Perfuzia, sau chestia asta de pe cap?

– Ambele, dacă-ntrebi... da pentru ce e chestia asta?

– Ei zic că încetineşte căderea părului. Susannah dădu din cap aprobator. Dar nu, nu doare. N-aş fi făcut-o aşa, ca să mă distrez, însă te asigur că nu doare. Doar că-mi dă o senzaţie ciudată. Şi de frig – mi-e un pic cam rece. Pe de altă parte, cred că asta-i partea cea mai uşoară. Cum o să mă simt după aceea, când o să-şi facă efectul, atunci o să fie cu adevărat greu. Să fiu sinceră, mă sperie un pic gândul la ce mă aşteaptă.

Susannah vrusese să se mute la ea, da Amelia îi spusese că mama ei avea să vină să stea cu ea câteva zile, ca să vadă cât de groaznic era. Urma să-i ia de la şcoală pe Victoria şi Sam, să le dea ceaiul şi să-i ajute la lecţii. Amelia o iubea pe maică-sa, dar, fiind şi ea femeie în toată firea, prezenţa acesteia o enerva din ce în ce mai mult – probabil că nu o încânta ideea că avea nevoie de ajutor. Susannah nu-şi putea închipui ce simţea doamna Lloyd, ştiind că singurul ei copil avea să treacă printr-un asemenea calvar. Se bucura că Amelia o lăsase să vină la ea. Una peste alta, nu trebuise s-o sune – îşi jurase că o va face dacă Amelia nu putea sau nu voia. Amelia încă se prefăcea că e tare, dar nu era nici o îndoială că îşi înţelegea situaţia. Reacţia lui Jonathan şi a mamei sale o obligase, după cum credea Susannah, să se împace în mare măsură cu acest gând.

Fusese alături de ea când Amelia le spusese copiilor. Ascultase în sfârşit de glasul raţiunii – se lăsase convinsă că şi copiii trebuiau să ştie *înainte* ca efectele secundare ale tratamentului să îi ia pe neaşteptate. În săptămâna precedentă, după serviciu, Susannah trecuse într-o seară pe acolo, iar Amelia îi chemase pe toţi în sufragerie şi le spusese despre ce era vorba cu mai puţine menajamente decât ar fi făcut-o Susannah dacă era în locul ei. Toţi izbucniseră imediat în lacrimi, cu mult înainte să ajungă la partea despre șansele de vindecare când boala era depistată din timp. Elizabeth fugise din încăpere, ca o adolescentă ce era, să plângă în camera ei, unde n-o vedea nimeni, pe muzica formației Snow Patrol, iar Susannah și Amelia luaseră pe genunchi câte un copilaș hohotind de plâns, uitându-se fix una la alta peste umerii mici care se zguduiau. Când și ochii lui Susannah se umpluseră de lacrimi, Amelia o mustrase cu degetul ridicat pe după talia Victoriei.

– Ei bine, mi-am făcut plinul de cafea și de reviste de doi bani. Cât mai durează?

– Încă puțin, în jur de o oră, zise asistenta.

– Pe urmă putem pleca. Mi s-a dat o rețetă pentru un medicament contra grețurilor – îl putem lua de la farmacia de jos înainte să ieșim din spital.

– Și pe urmă?

– Pe urmă mergem acasă și vedem ce se-ntâmplă. Poate că nimic de data asta. Domnul Swift spune că o să mă simt din ce în ce mai obosită în urma tratamentului, dar de data asta aș putea să mă simt bine. N-am să mă trezesc mâine cheală, nimic de genul ăsta. Totul va fi treptat. Așa cum îți zic, vom vedea ce se-ntâmplă. N-am planuri mărețe, cum ar fi să urc pe Everest sau ceva asemănător... Pur și simplu cred că ne vom întoarce data viitoare și vom lua totul de la capăt.

Susannah dădu din cap fără să spună nimic. I se părea un viitor deopotrivă trist, cât și inexorabil.

– Poate n-ar fi trebuit să spun „noi". Nu trebuie să vii cu mine de fiecare dată. Serios.

– Și cine să vină cu tine?

– Mama. Jonathan. Și pot să vin și singură, știi doar.

– Așa ceva nu se va întâmpla. Susannah scutură din cap. Ar fi groaznic.

– Dar tu ai serviciu.

– E vorba doar de două ore la fiecare două săptămâni. Se descurcă și fără mine. Oricât m-aș fi lăudat, nu sunt indispensabilă.

Amelia ridică o mână, cea care nu era conectată la perfuzor, şi o strânse pe a lui Susannah în poala ei.

– Pentru mine eşti. Îţi mulţumesc, Susannah. Din suflet.

Susannah îi strânse şi ea mâna. Era un gest neobişnuit de sentimental pentru Amelia, aşa că o nedumeri puţin.

– N-ai pentru ce.

– Şi prietenii ar trebui să-şi facă jurăminte. Te-ai gândit vreodată la asta? Când te căsătoreşti, juri toate chestiile alea – şi la bine şi la rău... până ce moartea ne va despărţi... Dar şi prietenii fac asta unul pentru altul, nu? Şi la bine şi la rău.

– Eşti drogată? Eşti sigură că îţi bagă în vene ce trebuie?

– Mă gândeam şi eu. Făcu o pauză. Eşti cea mai bună prietenă pe care am avut-o vreodată. Ochii Ameliei se umplură brusc de lacrimi.

Susannah nu putea să suporte. Era cel mai greu moment de până atunci.

– Gata, ajunge. Te rog, Meels. Nu plânge. Îi puse prietenei sale un braţ în jurul umerilor. Ai să fii bine. Ai zis-o şi tu. Şi domnul Swift. Foarte bine. Dar eu n-o să mai vin cu tine dacă mai spui aşa ceva.

Amelia îi lăsă mâna, îşi trase nasul cu zgomot şi îşi şterse repede cu degetele lacrimile care ameninţau să i se scurgă pe obraji.

– Îmi pare rău. A fost o scăpare de moment. N-o să se mai întâmple. E din cauza injecţiilor. Ţi-am zis vreodată că urăsc injecţiile?

– Ştiu că asta simţi. Dorind să-i abată atenţia de la atmosfera de spital, Susannah deschise ultimul număr al revistei *OK* la paginile în care era vorba de nunta fastuoasă a unui star din seriale. Uită-te la asta: dovada de necontestat că banii nu-ţi aduc bun-gust, chiar dacă îţi poţi cumpăra o rochie de mireasă de 5 000 de lire. Ptiu, ce balcoane!

Amelia aruncă o privire distrată la pagina cu pricina.

– De fapt, am nişte bârfe din viaţa adevărată. Le-am păstrat pentru acum. M-am gândit că aşa o să treacă timpul mai repede. Pe deasupra, nu sunt chestii de spus la telefon – trebuia să văd cum faci ochii mari când îţi povestesc...

– Ce? Ai cedat şi l-ai lăsat pe Jonathan să se întoarcă acasă? O străbătu un fior de bucurie. Spera să fie aşa. Închise revista şi aşteptă.

– Rob Rossi. Amelia se uita în gol când rosti acest nume.

– Ce-i cu el? Susannah simţi că-i sare inima din piept şi îşi auzi vocea mai stridentă ca de obicei. Suna spartă, chiar şi în urechile ei.

– S-a însurat de curând.

Inima încetă să-i mai bată. Pentru o clipă, Susannah avu impresia că i se oprise şi respiraţia.

– Poftim?

– S-a însurat. Acum vreo două săptămâni. Amelia o fixa cu privirea.

– Cu cine? Nu era în stare să rostească mai mult de două cuvinte.

– N-o ştim, nu e de pe-aici. Mama zice că e şi ea din RAF. Probabil că aşa s-au întâlnit. Se pare că e mult mai tânără decât el. Asta-i tot ce ştiu, nu prea mult.

– Cine ţi-a zis?

– Mama. Fireşte. Ştii ce mult îi place să-şi bage nasul în toate. A auzit de la altcineva din sat. Au făcut nunta în străinătate, în Cipru sau pe acolo, aşa cred. Sau în Las Vegas? Nu-mi amintesc. Undeva în străinătate. Din câte am auzit, Lois şi Frank nu s-au dus. Nu că lui Frank i-ar fi fost uşor să meargă, bolnav cum e. Se pare că s-au căsătorit fără mare tam-tam – nu ştiu dacă a fost aşa, pe negândite, sau au vrut să nu ştie nimeni. I-aş fi strâns de gât dacă mi-ar fi făcut mie aşa ceva... Oricum, au venit împreună, după eveniment, şi le-au spus părinţilor lui. Unii l-au văzut pe Rob în sat, au întrebat-o pe Lois care-i treaba, iar ea le-a povestit la măcelărie. Era şi o prietenă a mamei la coadă, în spatele ei, a ascultat totul şi i-a spus mamei. Care mi-a zis mie. Aseară, de cum a sosit.

Ca de obicei, mi-a înşirat o litanie cu tot ce s-a petrecut în sat, naşteri, înmormântări, nunţi, cine îşi mai face corp de casă cu două etaje sau o seră – genul ăsta de noutăţi. Informaţii esenţiale! Strecurate între o tânguire şi un scrâşnet din dinţi... ştii cum e.

Amelia făcu un gest spre perfuzor.

Susannah ştia că trebuie să spună ceva, dar nu putea.

Însurat. Se căsătorise *de curând*.

Se însurase după ce o văzuse pe ea. Oare în acel moment luase deja hotărârea, era logodit? Când se combinaseră? Cu patru luni în urmă? Atunci era cu acea persoană, femeia mult mai tânără ca el? Ştiuse oare, când îi zâmbise şi îi rostise numele – Susie – că avea să se căsătorească în scurt timp?

– Ei? Amelia o scruta plină de interes.

– Ei, ce?

– Păi, cum te simţi? Se simţea de parcă o bătuse cineva. Era ca un pumn puternic primit pe neaşteptate în stomac. Ceva nu era deloc bine. Nu merita o asemenea lovitură. Nu-i răspunse Ameliei, care sugeră: Cred că ceva de genul „călcată de tramvai", dacă ai fi în stare să rosteşti acum câteva cuvinte...

Susannah îşi mişcă buzele, făcând un efort de voinţă. Simţi cum i se înroşesc obrajii.

– Nu! Iei totul prea în tragic. Sunt uimită, asta-i tot. Am văzut-o pe Lois luna trecută şi nu mi-a zis nimic de nuntă...

– Te-ai văzut cu Lois? Amelia nu părea s-o creadă. Nu mi-ai spus nimic!

– Ei bine, da, m-am văzut cu Lois – ce mare scofală! Şi *nu* ţi-am spus. Nu face mutra asta. Eram acasă, luam prânzul cu părinţii, o văzusem la nuntă, mă simţisem prost pentru că nu-i adresasem nici un mesaj despre Frank. Doar m-am dus la ceai. Vorbea prea apăsat, o ştia.

Amelia dădu din cap.

– Te-ai dus la ceai. Bine. Nimic ieşit din comun în asta. Te-ai dus să iei ceaiul cu părinţii fostului tău iubit, aşa deodată, după ce nu-l mai văzuseşi de secole. Un comportament foarte normal.

– Tu-l faci să pară ciudat. Dar nu a fost.

– Bine. Amelia rosti cuvântul despărţit în două silabe lungi, a căror semnificaţie i se părea cât se poate de clară.

Susannah nu o băgă în seamă.

– Dar ea n-a zis nimic, asta-i tot. Se gândi la Frank, la izbucnirea lui, şi la Lois, făcându-i semn să tacă.

Nu-i spusese Ameliei cât de mult visase la Rob cu ochii deschişi în aceste ultime luni. Nu doar că îşi amintise de trecut, de lucrurile pe care le făcuseră împreună, de cum era el atunci. Visase la el cum era acum. Cum ar fi putut ei să fie împreună. În metrou. La serviciu. Sub duş. Noaptea, când stătea în pat lângă Doug. Visa la el cu ochii deschişi, ca eroinele Barbarei Cartland, cu inima bătându-i nebuneşte în piept, de parcă ar fi fost un fel de armăsar. Se închipuia cu el în diverse posturi. Nu putea să-i spună Ameliei – ar fi murit de ruşine. Ar fi părut o proastă. Aceste vise, care erau pentru ea o comoară şi o încântare, i s-ar fi părut ridicole Ameliei. Ar fi zis că refuza să vadă realitatea. Ar fi zis că îşi evita adevăratele probleme. Ar fi obligat-o să le înfrunte. Asta făcuse întotdeauna.

Dar ea nu voia.

Nu-i venea să creadă că el era însurat. O durea inima. „Călcată de tramvai" era o imagine mai realistă decât bănuia Amelia.

După aceea îşi conduse prietena acasă, unde le aştepta mama ei, şi o ajută să facă ochiuri şi cartofi prăjiţi pentru copii. Vedea că Amelia era obosită şi încercă s-o convingă să se ducă la culcare, dar ea ţinea morţiş să menţină un climat normal în casă. Stătu în colţul bucătăriei sorbind dintr-o cană cu ceai de plante care mirosea ca urina de pisică, în timp ce Susannah servi masa, apoi amândouă îl ajutară pe Sam la teme – sau cel puţin încercară. La un moment dat ajunseră într-o fundătură cu matematica, aşa că trebuiră s-o cheme pe Victoria să-i explice băiatului nişte chestiuni pe care ele le uitaseră.

– Eram deştepte odată, nu-i aşa, Suze?

Sam îşi dădu ochii peste cap cu indulgenţă.

– Erai şi tânără, mamă. Nimic nu e etern.

Amelia râse şi îi trase o pălmuţă în joacă.

– Obrăznicătură ce eşti!

Susannah rămase până când Sam se duse la culcare. Îi împături uniforma şi i-o aşeză pe scaun în camera lui, luându-i şosetele murdare să le arunce în coşul cu rufe de spălat.

– Du-te acasă, Suze, spuse Amelia în cele din urmă, uitându-se la ea de pe palier. Sper că nu vrei să mă bagi şi pe mine în pat, nu?

– Mă gândeam să fac asta.

– Nu-ţi mai face probleme. Vic şi Libby nu se culcă decât peste câteva ore. Şi e şi mama aici, dacă am nevoie de ceva. Dar n-o să am.

– Eşti sigură?

– Îţi sunt recunoscătoare c-ai venit la mine şi mai ales că ai gătit. Dar sunt sigură. O să mă ghemuiesc în pat şi o să mă uit la prostiile de la televizor. Îţi promit. Mama o să aibă grijă să mă odihnesc cum trebuie...

Acasă erau semne clare că se întorsese Doug – pantofii şi sacoul – dar nici urmă de el. Fără îndoială că era la ultimul etaj. Şi copiii erau acolo – hainele şi rucsacurile lor erau puse pe scaunul de lângă uşă. Acesta avea să fie un weekend întreg, de vineri seară până luni dimineaţă. Uneori, tatăl lor îi ducea la Sylvie duminică seara, dar de data aceasta fosta lui soţie era la un centru yoga din Cotswolds, aşa că stăteau tot weekendul. Doug avea o conferinţă – îi amintise cu câteva zile în urmă – aşa că Susannah urma să-i ducă la şcoală luni dimineaţă. N-avea nimic împotriva unui centru yoga, se gândi cu dispreţ. De fapt – îşi luă seama instantaneu – *detesta* un asemenea loc.

Lucrurile lui Daisy nu erau împrăştiate peste tot; Susannah îşi aminti că dormea la prietena ei Natalie.

Aveau bilete la un concert, iar mama fetei se oferise s-o găzduiască peste noapte. Fin dormea cu mâna pe piept și cu perna pe față, ca de obicei. Susannah i-o scoase. Știa că nu mai avea vârsta la care să se poată sufoca, dar, oricum, nu-i plăcea chestia asta.

Se ducea la ultimul etaj după Doug, când auzi ceva. Era aproape sigură că fusese plânsetul lui Rosie. Bătu încet, dar nu-i răspunse nimeni, așa că întredeschise ușa și își vârî nasul înăuntru. Rosie era trântită pe pat, complet îmbrăcată, uitându-se în tavan și scoțând suspine zgomotoase, înecate în mucozități. Nici n-o văzu pe Susannah intrând. Era albă ca varul, observă Susannah, cu ochii duși în fundul capului și cu cearcăne negre. Întrebându-se dacă nu era cumva bolnavă și gândindu-se o clipă ce tipic era pentru Sylvie să o întindă două zile la dracu'n praznic știind că-i lasă în grijă un copil bolnav în weekend, se duse la fată și îi puse palma pe frunte, sub bretonul des, să vadă dacă nu avea febră. Pielea lui Rosie era rece și umedă, nu caldă.

– Ce s-a întâmplat, iubito?

Rosie nu răspunse, băgându-și capul în pernă.

Susannah se așeză pe pat, simțind picioarele fetiței sub plapumă. Lungită acolo, părea mai mică și mai firavă decât atunci când se tolănea pe canapeaua din living, unde se obișnuise Susannah s-o vadă în ultima vreme.

– Nu vrei să-mi spui? O săgeată același junghi cunoscut în coșul pieptului. Trebuia să știe. Durerea era întotdeauna urmată de o senzație de agasare îndreptată spre Doug. El încurajase acest gen de relații frustrante și superficiale. Iar acum Rosie plângea în pat și nici mama, nici tatăl ei nu erau acolo s-o ajute – doar această femeie distantă și stângace care o cunoscuse prea puțin în toți acei ani.

– Nu vrei să-l chem pe tata?

Rosie scutură din cap cu putere.

Susannah o mângâie cu blândețe pe copila care suspina ascunsă în așternut.

– Bine. Eu am să plec, Rosie. Am să plec, dar o să fiu pe aproape. Dacă vrei să vorbești cu mine, vino tu. Bine?

Se ridică, simțindu-se ciudat de stânjenită și nelalocul ei din cauza lacrimilor fetei, și făcu doi pași spre ușă.

– Susannah? Rosie se ridicase în capul oaselor și își întindea mâinile spre ea.

– Ah, iubito... Lui Susannah îi venea și ei să plângă, dar se duse din nou la pat și se așeză, mai să cadă pe spate când Rosie se aruncă la pieptul ei. O luă în brațe și îi netezi părul, gândindu-se la Amelia care plânsese în scaunul de spital și la Daisy, care stătuse în urmă cu puțin timp cu ochii roșii la masa din bucătărie, și se simți brusc foare obosită.

Rosie își spunea povestea dezlânat, așa că, la început, Susannah nu înțelese mare lucru. Trebuia să se concentreze mai mult, dar era epuizată după ziua petrecută cu Amelia. Asculta, punea întrebări și începea să pună cap la cap faptele istorisite. Și, pe măsură ce pricepea, se enerva din ce în ce mai mult. Rosie era intimidată la școală. Dar nu fizic. Nimeni nu dădea în ea. (Susannah nu-și putu stăpâni gândul că asta ar fi fost mai ușor de rezolvat.) Ca de obicei, era un mic grup de fete răutăcioase care o șicanau în fiecare zi, făcând-o să se simtă stingheră în clasă. Era grasă, ziceau ele. Umflata de Rosie. Grasă și urâtă și proastă. Nu fusese invitată la nici o zi de naștere tot trimestrul, iar anul precedent, doar la una. Dar toate fetele din clasă fuseseră invitate la acea aniversare, așa că nu conta. Faptul că suferea și nu știa ce făcuse ca să-și merite soarta îi rupea inima lui Susannah, care nu auzise o vorbă despre asta până în acel moment.

– Mamei i-ai spus? Rosie dădu din cap că da, suspină și își trase nasul. Și ea ce-a zis?

– A... a spus... a spus că trebuie să lupt... în propriile mele bătălii. Ce nu te omoară te face mai puternic, așa mi-a zis.

Iisuse! Ce proastă era Sylvie!

– I-a telefonat dirigintei tale? Sau s-a dus s-o vadă?

– A zis că... n-ar face decât să înrăutățească lucrurile...

Susannah își stăpâni furia și o strânse în brațe, mângâind-o pe păr și șoptindu-i că toate au să se rezolve.

În cele din urmă, Rosie se întinse din nou în pat, mai calmă, iar Susannah o acoperi cu plapuma, ștergându-i lacrimile cu dosul mâinii.

– Să-ți zic eu ceva, Rosie. Mai întâi, nu ești grasă, nici urâtă sau proastă. Nu ești nimic din toate astea, mă înțelegi? Oricine spune așa ceva e un cretin. Ești o fetiță drăguță, deșteaptă și absolut normală. În al doilea rând, mă tem că nu sunt de acord cu mama ta. Cred că nici tatăl tău nu va fi. Unele chestii, într-adevăr, trebuie să ți le rezolvi singură – dacă e vorba de o ceartă cu o prietenă sau altceva de genul ăsta. Dar asta e curată intimidare, Rosie. E un lucru grav, niște fete răutăcioase dintr-un grup încearcă anume să facă pe cineva să se simtă de rahat, pentru că doar așa se simt ele bine în pielea lor. Asta-i intimidare și trebuie să înceteze. Iar noi o să te ajutăm. E-n regulă?

Rosie dădu din cap că da.

– O să-i punem capăt.

Fata se oprise din plâns. Părea somnoroasă.

– Îmi pare rău, iubito. Chiar îmi pare rău că n-am știut. Ai fi putut să ne spui, știi? Ai fi putut să-mi spui măcar mie.

După ce o liniștise pe Rosie, Susannah se duse să-l caute pe Doug în biroul lui.

– Nu te-am auzit intrând. Cum a fost?

Se se trânti pe taburet și își lăsă capul în poala lui. El o mângâie pe păr.

– E bine, nu?

– Ai știut că Rosie e persecutată la școală?

– Nu. Persecutată? Cine ți-a spus?

– Chiar ea. Acum câteva minute. E la parter, plânge în camera ei. N-ai observat nimic la ea în seara asta? Nu-și putu stăpâni resentimentul din voce.

– Nu! Părea că se simte bine. Am comandat pizza. Copiii și-au mâncat porțiile în fața televizorului, uitându-se la o emisiune pe care „trebuiau" neapărat s-o vadă. Era bine când s-a dus la culcare. Ce s-a întâmplat?

Susannah îi spuse povestea pe care o scosese de la Rosie, plus soluția dată de Sylvie.

– Îmi pare rău, Doug, dar femeia aia e cea mai mize-
rabilă, nesuferită şi ridicolă idioată.

Doug pufni în râs.

– Ea te vorbeşte de bine, totuşi.

Susannah îi trase o palmă pe coapsă.

– Nu râde, asta-i o treabă serioasă.

– Şi ce crezi c-ar trebui să facem?

– Păi, e clar – trebuie să vorbim cu diriginta. Luni.

– Eu plec luni. Ai uitat?

Da, uitase.

Luni dimineaţa, Susannah îi dusese pe copii la şcoa-
lă mai devreme. Daisy rămase într-un colţ, aşeptân-
du-şi colegele. Fin o luă la fugă spre terenul de fotbal
să se alăture celorlalţi jucători, aruncându-şi ghiozdanul
pe jos în noroi. Deja îi ieşise cămaşa din pantaloni şi
i se desfăcuse un şiret de la pantofi. Susannah o porni
cu Rosie spre clasa ei. Diriginta stătea la catedră şi citea cu
uşa închisă.

– Aşteaptă aici, Rosie, îi spuse Susannah şi bătu, des-
chizând imediat uşa. Diriginta, vizibil iritată că fusese
deranjată, se ridică şi îşi trase cu afectare de compleul
din lână, fixându-o pe Susannah cu un zâmbet strâmb.
Era drăguţă în felul ei arogant, şi tânără. N-avea copii, se
gândi Susannah. Şi nu părea deloc înţelegătoare, după
felul în care arăta.

Susannah trase adânc aer în piept.

– Trebuie să fiţi diriginta lui Rosie.

– Da, sunt domnişoara Norton. Întinse o mână. Iar
dumneavoastră sunteţi...?

Bineînţeles că Susannah nu fusese la şedinţa cu pă-
rinţii. Sylvie şi Douglas mergeau întotdeauna împreună
la asemenea întruniri.

Prin urmare, cine era? Era femeia cu care trăia tatăl
lui Rosie. Dar acum era tot ce avea Rosie. Ezită doar
o clipă.

– Sunt mama vitregă a lui Rosie, Susannah Hammond.
Văzu privirea domnişoarei Norton aţintită pe mâna ei

stânga fără verighetă. Se îndreptă de spate. Şi e o proble-
mă în clasa dumneavoastră...

Sylvie sună în seara aceea, exact când Susannah voia
să intre în cada cu apă fierbinte. La serviciu fusese stre-
sată, toţi voiau câte ceva de la ea. Iar când ajunsese aca-
să, găsise aceeaşi harababură din fiecare luni – îi luase
o oră numai ca să ducă lucrurile de unde erau (podea,
canapea, bucătărie) acolo unde trebuiau să fie (camerele
copiilor, dulapuri, frigider) şi să umple maşina de spă-
lat cea nesătulă cu altă serie de prosoape şi aşternuturi.
Apoi se simţise prea obosită ca să gătească pentru cină,
aşa că mâncase un castron de Honey Nut Cheerios şi
o banană un pic prea coaptă în faţa televizorului, uitân-
du-se la *Have I Got News for You*, după care se dusese la
etaj să-şi umple cada.

– Mă tem că Doug nu e aici. S-a dus la o conferinţă.
– Cu tine voiam să vorbesc. Asta nu se mai întâmpla-
se niciodată. Susannah simţi cum se încordează. Sylvie
continuă: Ai fost azi la şcoală şi ai vorbit cu diriginta
lui Rosie.
– Da, domnişoara Norton.
– M-a sunat azi după-masă şi mi-a spus cum s-au petre-
cut lucrurile. I-ai zis lui Doug ce voiai să faci?
– Da, sigur. S-ar fi dus el, dar trebuia să plece azi-dimi-
neaţă devreme la conferinţa de la Gleneagles. Şi nu „s-a
petrecut" nimic deosebit, cum vrei să insinuezi. Era o
situaţie care trebuia rezolvată şi i-am atras atenţia.
– Nu aveai nici un drept.
– Ce-ai zis? Susannah era şocată. Şi obosită. Şi mai
avea puţin până să-i vină ciclul, îşi aminti ea. Sylvie ale-
sese un moment cu totul nepotrivit.
– Nu e copilul tău, ştii.
– Ştiu foarte bine, Sylvie. Aşa cum, din câte înţeleg,
şi tu ştiai la fel de bine ce se întâmplă la şcoală.
– Sigur că da. Sylvie se sufoca de indignare.
– Dar n-ai făcut nimic în privinţa asta? Susannah îşi
pierdea răbdarea.

– Am învățat-o pe Rosie cum să se descurce singură, pentru că așa credeam că trebuie rezolvată situația.

Susannah detesta felul acesta de a vorbi. „Am învățat-o". Nu-și putu stăpâni sarcasmul din voce.

– Ei bine, degeaba ai învățat-o ce să facă, Sylvie. Am găsit-o plângând în hohote în pat vineri seara. Tu nu erai aici. Trebuia să iau măsuri.

– Dar nu asta. Nu trebuia să te bagi. N-o să înghit așa ceva.

Susannah era cât pe ce să pufnească în râs. Și-o închipuia pe Sylvie tunând și fulgerând – centrul yoga nu făcuse prea mult pentru pacea sufletului ei.

– Sylvie, nu sunt dispusă să port o asemenea conversație. Sunt obosită și vreau să fac o baie. Ar trebui să-mi mulțumești, nu să te înfurii pe mine, dar, pentru că nu există nici o șansă să faci așa ceva, te rog să mă scuzi. Apoi închise telefonul.

Era foarte plăcut. Aruncă o privire la trupul ei gol în oglinda din baie și își dădu nota zece după ce se gândi puțin. „Să sperăm că n-o să găsească niciodată micuțele pilule roz ale lui Daisy și să dea vina tot pe mine", rosti ea cu voce tare, chicotind în timp ce intra în spuma din cadă.

Rob

Rob avea 37 de ani când o întâlnise pe Helena, iar Susannah era fata cu care avusese cea mai lungă relație de până atunci. Și cea mai serioasă.

Bineînțeles că mai existaseră și alte femei în viața lui, dar nu atât de multe câte avuseseră prietenii săi. Cel mai mult stătuse singur după ce se despărțise de Susannah. De-abia după doi ani de când primise scrisoarea ei se mai combinase cu o fată. Scrisoarea aceea și toate celelalte care i se întâmplaseră declanșaseră o perioadă din viața lui în care deraiase, în măsura în care o putea face un ofițer al RAF. El, care își făcea întotdeauna datoria cu multă conștiinciozitate, băuse prea mult

și fumase așijderea când nu era de serviciu – lucruri
pe care nu le făcuse niciodată înainte. Dar toți făceau
la fel. Era obligatoriu acolo, departe. Frica și plictiseala
alcătuiau o combinație periculoasă. Dacă el fugise de
mai multe decât alții, nu vorbea niciodată despre asta.
Îi spusese mamei sale la telefon că o terminase pen-
tru totdeauna cu Susannah și că subiectul era închis.
Ea nu-l bătuse niciodată la cap. Nimeni altcineva nu-l
întrebase. Rupsese toate pozele cu ea – un instantaneu
făcut într-o cabină din gara Waterloo cu ei doi, râzând
și sărutându-se, și mai multe fotografii ale ei, care fuse-
seră prinse cu bandă adezivă deasupra patului său din
cazarmă – și le aruncase la gunoi, rezistând tentației de
a păstra măcar una. Tot ce îi legase pe ei doi era fie în
capul lui, fie într-o cutie mică de carton în podul din
casa părinților săi, iar el făcea tot posibilul să nu se lase
copleșit de amintiri, deși uneori, noaptea târziu, când
era frânt de oboseală, reușea cu greu să-și alunge chipul
ei din minte.

Când împlinise douăzeci și unu de ani, îl scăpase de
povara virginității sora unui camarad din regimentul
său, după o noapte de beție într-un bar, în care fata îi
mărturisise că fusese întotdeauna nebună după el, dar
Rob nu-și mai amintea mare lucru, cu excepția faptului
că, a doua zi dimineața, ea mirosea a fum și nu i se mai
păruse așa drăguță ca noaptea trecută.

Apoi, în următorii șaptesprezece ani, fusese mutat de
mai multe ori în interes de serviciu, avansat în grad în
repetate rânduri și avusese câteva iubite. Era un bărbat
arătos și știa să-și exercite farmecul fără a fi câtuși de
puțin lingușitor, iar femeile îl plăceau. Unele erau din
regimentul său – de câte ori era încartiruit, se ducea la
popota ofițerilor, iar acolo se găseau întotdeauna tinere,
și ele ofițeri, în căutare de puțină distracție, însă trebuia
să fie atent. Unele erau surorile sau iubitele prietenilor
lui – le întâlnea în permisii la schi sau la petreceri și în
cârciumi. Uneori, lucrurile erau aranjate. Dar, de cele
mai multe ori, se nimerea din întâmplare.

Nu se îndrăgostise de nici una. Era mai mult vorba de sex. Dar la unele ținuse. Relațiile durau de obicei câteva luni și fuseseră majoritatea foarte plăcute. Ieșise cu o femeie-caporal aproape un an, cu toate că șase luni ea fusese în Insulele Falkland, iar el în Scoția, așa că nu contase cu adevărat. Nu știa sigur nici dacă vreuna dintre ele se îndrăgostise de el.

De-a lungul timpului, majoritatea colegilor lui se că-sătoriseră. Regulamentele se schimbaseră, așa că ofițerii se puteau însura și cu femei din alte pături sociale, ceea ce unii și făcuseră. Piloții se căsătoreau adesea cu femei pe care le numeau în glumă „neveste-trofeu" – fete fru-moase, încântătoare, care nu făceau parte din armată. Era unul dintre cei mai în vârstă tipi de la popotă, deși existau și bărbați divorțați care se întorceau la cazarmă. Fusese de două ori cavaler de onoare și de mai multe ori condusese mireasa la altar. Dar niciodată nu simțise nevoia să se însoare. Nu întâlnise încă femeia alături de care să dorească să-și petreacă toată viața. Avea perioade când refuza să fie legat de mâini și de picioare, iar în altele își vedea colegii trecând prin relații de rahat și nu înțelegea de ce – mai ales când veneau la el tineri din re-giment care îi cereau o permisie ca să se ducă acasă pen-tru a-și salva căsnicia care scârțâia. Pentru el nu exista nici o femeie care să-i trezească dorința de a se căsători.

Până la Helena. Ea era altfel. Și el era altfel decât îna-inte. Timpul le schimbă pe toate, nu așa se spune? Viața pe care o ducea începuse să-l obosească. Începuse să-și dorească lucruri după care nu tânjea înainte. Își dorea un cămin, departe de toată agitația în care trăia. O casă. Copii. Își vedea colegii cu puștii lor pe umeri și începea să aibă senzația că îi lipsește ceva.

Și apoi apăruse ea. În locul și la timpul potrivit. Se întâlniseră în Germania. Prima dată când o văzuse, fata nu era în uniformă – crezuse că e una dintre profe-soarele civile de la bază. Purta niște blugi albi mulați și un tricou. Părul blond îi era mai lung pe atunci și fusese strâns într-o coadă de cal care i se legăna la fiecare pas – și ce frumos mers avea – când trecuse pe lângă el într-o

după-amiază cu soare. Simțise cum îl cuprinde dorința –
nu mai fusese cu o femeie de ceva timp – și îi plăcuse
fata cu picioare lungi, dar după aceea nu se mai gândise
la ea. A doua oară când o văzuse, era în uniformă, dar îi
recunoscuse mersul, deși, în loc de sandale cu toc înalt,
purta acum ghetele negre regulamentare, iar coada de
cal îi era strânsă într-un coc. Fusese nevoie de câteva
zâmbete în plus ca să-i atragă atenția și de o săptămână
sau două s-o convingă să intre într-o conversație, dar
avea ceva care îl făcuse să nu se dea bătut.

Blonda Helena, în ciuda fragilității ei, se dovedise
a fi tare ca oțelul și total neinteresată să reprezinte doar
o aventură pentru un ofițer superior, fie el și unul cu
niște ochi negri superbi.

Crescută de o mamă necăsătorită, voluntară și capa-
bilă, într-un mic apartament de deasupra unei brută-
rii din Cardiff, se înrolase în RAF pentru că îi oferea
o cale de scăpare. Începutul unei vieți cu totul diferite
de aceea pe care o dusese. Se cunoștea pe sine mai bine
și era mai demnă decât orice persoană pe care o întâlni-
se Rob vreodată, iar uneori diferența de vârstă dintre ei
părea să se inverseze.

Mama ei, Helen, avusese numai cincisprezece ani
când rămăsese gravidă cu Helena. Se măritase cu iubitul
ei – cu trei ani mai mare ca ea, dar nu la fel de inteli-
gent – în luna în care împlinise șaisprezece ani (împinsă
din spate de părinții ei) și cu trei luni înainte să se nas-
că Helena. Adăugase un „a" la propriul ei nume când
se dusese să înregistreze copilul, peste două săptămâni.
Dorea ceva ieșit din comun pentru fiica ei.

Tatăl Helenei rămăsese cu mama ei până la a patra
aniversare a fetiței. De atunci nu-l prea văzuse – îi făcuse
câteva vizite simbolice în primii doi ani de când plecase
de acasă, dar nu plătise niciodată pensie alimentară –,
iar ea abia și-l mai amintea.

Helen era o femeie drăguță, care nu se distrase cine
știe ce înainte să ajungă mamă. Existaseră câțiva „unchi"
în copilăria Helenei, dintre care pe unii îi urâse și
pe alții îi îndrăgise. Însă relațiile mamei ei nu durau

niciodată mult. Erau foarte legate una de alta, iar Helen
nu lăsase pe nimeni să se apropie prea mult de ea.

Mama Helenei era uneori o adevărată forță a naturii,
dar își iubea fata mai presus de orice și o crescuse în așa
fel ca să fie mândră și independentă.

Aceste trăsături îl atrăseseră pe Rob cel mai mult la ea
când începuseră să se cunoască mai bine în lunile petre-
cute în Germania. Îi plăceau onestitatea și sinceritatea
ei. Părea o fată simplă, fără ascunzișuri ca altele. Avea și
o fire veselă. Râdea ușor și des, de multe ori din nimic.
Începuse să se simtă mai relaxat și mai liber când era
cu ea și, în același timp, mai cu picioarele pe pământ.
Helena era și atrăgătoare, dar într-un fel discret, care,
odată ce îl sesizai, te fermeca. În cele din urmă, ea a fost
cea care l-a sedus prima.

Până să-și dea el seama – oarecum uimit de sine în-
suși – că se îndrăgostise de ea, Helena îl prinsese de
mult timp în mreje.

Nu se hotărâse încă să se însoare cu ea când o văzu-
se pe Susannah la nunta lui Alex. Dar, revăzând-o, nu
știa nici el cum, începuse să se gândească la căsătorie.
Susannah era pierdută pentru el, la fel cum fusese în
toți acei ani lungi: nu vedea nimic pe chipul sau în ochii
ei care să-l contrazică, iar acum se obișnuise să trăiască
fără ea. Nu-l mai săgeta nici un junghi, pur și simplu era
ca o rană veche care-l mai supăra când ploua – o durere
suportabilă. Pe de altă parte, întâlnirea cu ea îi amintise
cum *ar fi putut* să se simtă, ce dorise să fie între el și
Susannah cu atâția ani în urmă și de ce avea șansa să se
bucure acum cu Helena.

Cu toate acestea, nu o ceruse de nevastă în stilul
tradițional. Fusese o decizie reciprocă. Odată, pe când
stăteau amândoi în pat, într-o noapte de la sfârșitul ve-
rii, după ce erau împreună de un an și jumătate, avu-
seseră la o conversație de genul „poate ar trebui să ne
gândim și la căsătorie", dar nu aduseseră vorba de ni-
mic concret, cum ar fi o cutiuță cu verighete. Nu-i mai
era frică. Sau poate că îl speria mai mult cealaltă vari-
antă. De când tatăl său fusese diagnosticat cu o teribilă

maladie neuromotorie, viaţa fusese înspăimântătoare.
Părăsind forţele aeriene şi trezindu-se într-o lume în
care nu trăise de când era bărbat în toată firea, era dezo-
rientat. Helena reprezenta pentru el stabilitate şi conti-
nuitate, iar aceste două lucruri ajunseseră să capete cea
mai mare importanţă în viaţa lui.

Se căsătoriseră în Cipru, pe terasa unui hotel, la apu-
sul soarelui, cu doi martori din personalul hotelului.
Rob nu vrusese să le spună părinţilor lui – aveau destule
pe cap şi aşa –, iar Helena fusese de acord să n-o anunţe
nici ea pe Helen, deşi ştia că avea să-i scoată ochii.

Dacă l-ar fi întrebat cineva pe Rob cât de des se gân-
dea la Susannah, i-ar fi răspuns, dacă era sincer, că la în-
ceput, după ce primise scrisoarea ei, îl duruse în fiecare
clipă când era treaz. Apoi noaptea, înainte să adoarmă.
Încă îl mai durea, dar din ce în ce mai rar. În anii ce
trecuseră între cele două iubiri din viaţa lui, imaginea
lui Susannah îi apărea în faţa ochilor în cele mai ciuda-
te şi nepotrivite momente – când făcea dragoste cu o
fată sau se uita la un film pe care îl văzuseră împreună.
Întotdeauna când se ducea acasă. Când mânca prăjituri
siciliene. Iar apoi, după ce apăruse Helena în viaţa lui,
durerea aproape dispăruse. Cu excepţia momentului în
care îi jura credinţă miresei lui şi îi punea o verighetă
subţire de aur pe degetul inelar. În acea clipă, îşi aminti-
se – iar asta îl speriase atât de tare, încât începuse să tre-
mure cu verigheta în mână, şi toată lumea îl observase,
fără a înţelege motivul – cum îşi împletise degetele cu
ale lui Susannah ultima dată când fuseseră împreună,
când îi spusese că nu avea să mai iubească pe nimeni
aşa mult ca pe ea.

Se dusese singur acasă ca să le spună părinţilor.
Se aşezase la masă şi le zisese că se însurase cu o fată cu
care se vedea de un timp şi că îi părea foarte rău că nu le
spusese până acum. Lois abia reuşise să-şi reţină plânsul
de fericire, îl îmbrăţişase, iar Frank, cu ochii în lacrimi,
îl bătuse pe spate un pic cam tare. Şi pe urmă Lois îl in-
formase de vizita lui Susannah, iar lui i se făcuse greaţă
pentru o clipă, dintr-un motiv care îi scăpa.

Decembrie

Crăciunul. Doamne, ce-i mai plăcea când era mică. În definitiv, cărui copil nu-i place? Dar în aceste zile, lui Susannah îi veni în minte pasajul din Dickens conform căruia e cea mai frumoasă, dar și cea mai grea perioadă din an. Ea și Douglas avuseseră parte și de bune și de rele în viața de cuplu. Bune când erau singuri, rele când erau și copiii cu ei. În ultimii doi ani însă, se confruntaseră numai cu greutățile de care se vorbea în roman, chiar și atunci când copiii erau cu mama lor.

La început nu fusese așa. În primul an au fost mai mult singuri, ca într-o lună de miere prelungită – Doug și-a petrecut Ajunul Crăciunului la Sylvie, cu Daisy, Rosie și Fin, pentru că așa îl rugase Susannah, iar ea s-a dus în aceeași zi la casa părintească, nepăsându-i deloc că el era cu fosta lui soție și fiind încredințată că a doua zi toate aveau să fie ca înainte. Încă îi mai plăcea să se ducă la slujba de la miezul nopții la biserica St. Gabriel, cu scena nativității în mărime naturală, care în copilărie i se părea imensă. Ziua de Crăciun a fost extrem de puțin tradițională – au stat în pat, moțăind și zbenguindu-se până la prânz, apoi au făcut creveți cu ardei și au băut șampanie, o parte din cupe, cealaltă de pe pielea lor goală. Ea își făcuse singură cadoul, cumpărându-și o lenjerie sexy roșie ca focul pentru prima și ultima dată în viață, iar la sutienul de dantelă și chiloții tanga adăugase o pălărie de spiriduș cu clopoței și o enormă fundă roșie.

În al doilea an, copiii au venit la ei, bineînțeles. De data asta și-a petrecut Ajunul Crăciunului complet îmbrăcată, umplând primul ei curcan de șase kile și înfășurând feliuțe de șuncă în jurul cârnaților picanți. A doua zi, o Daisy țâfnoasă a declarat în timpul prânzului că nimic nu avea gustul preparatelor făcute de mama ei. Apoi a adăugat că nu conta, din moment ce Sylvie le promisese să le pregătească în ziua următoare o cină „ca lumea", nerecunoscând astfel eforturile depuse de Susannah și făcând-o pe aceasta să-și muște buza de jos.

Nefericită, a mâncat toate bomboanele de ciocolată cu lichior cât timp s-a uitat la episodul special de Crăciun cu Miss Marple.

În al treilea an i-au vizitat pe părinţii lui Susannah, iar Douglas s-a dus la cârciumă cu Clive, Alastair şi Alex pentru tradiţionala halbă de bere din dimineaţa de Crăciun. Doug ar fi vrut să plece acasă imediat după prânz. Nu se simţea niciodată prea în largul său acolo, Susannah o ştia bine. Părinţii ei nu făcuseră nici un comentariu despre diferenţa de vârstă dintre ei, dar era clar că pe el îl deranja enorm şi situaţia îl măcina de câte ori se întrunea familia. Cel puţin ea lua lucrurile aşa cum erau.

În al patrulea an, Daisy a stat în pat până s-a pus pe masă prânzul, a mâncat în pijama, iar Fin s-a plâns tot timpul mesei cât de plicticos era să-ţi faci Crăciunul în Anglia – în anul precedent, Sylvie se combinase cu un pilot de la o linie aeriană, care îi dusese pe toţi cu avionul în Bahamas de Crăciun.

Al cincilea Crăciun şi l-au petrecut cu Amelia şi Jonathan şi copiii lor, lucru care i-a provocat lui Douglas o stare de sentimentalism amestecat cu vină care a durat cinci zile, de parcă o considera pe ea vinovată de faptul că el trebuia să-i vadă pe Elizabeth, Victoria şi Samuel cum desfac cadourile şi pun bateriile în jucării, în timp ce propriii lui copii erau la kilometri distanţă. Dar în al şaselea an, culpabilitatea a fost dată uitării şi Susannah a stat în genunchi trei ore ca să-i construiască lui Fin palatul Taj Mahal din piese de Lego. Şi aşa mai departe...

Acum ajunsese să-i fie groază de perioada sărbătorilor, sentiment foarte diferit de starea de aşteptare înfrigurată şi valul de bunăvoinţă cu care întâmpina Crăciunul în vieţile ei anterioare. Divorţul, se gândi ea, avea darul de a strica tot ce era altădată frumos – Crăciunul, aniversările şi vacanţele de vară. Odată ce divorţai, toate ocaziile festive erau pline de riscuri – cele mai mari dispozitive explozibile de pe câmpul minat în care se transformă viaţa unei familii dezbinate. Nu părea să aibă nici o importanţă dacă făcea un efort supraomenesc să devină o Nigella Lawson sau se pregătea pentru această sărbătoare cu entuziasmul unui evreu hasidic. Nu reușea niciodată să le ofere tuturor o zi magică.

Anul acesta – al nouălea: erau chiar așa de mulți? – era rândul lui Sylvie să stea cu copiii de Crăciun. Susannah și Douglas aveau să fie numai ei doi. Se gândise să facă o rezervare la un hotel dintr-un conac de la țară, dar apoi hotărâse să rămână acasă. Pentru doi adulți, un Crăciun în condiții de lux, cu plimbări lungi, focuri de tabără și lenjerie de dantelă ar fi fost ceva ciudat. N-ar fi fost într-un loc potrivit, dar asta n-avea nici o legătură cu poziția geografică. Ea voia să fie singuri, nu înconjurați de oameni, darămite de străini. Susannah era hotărâtă să facă în așa fel ca puținele zile petrecute împreună să fie plăcute. Când aveau prea multe, nu părea să meargă prea bine.

Discutase cu Amelia în urmă cu două săptămâni, în timpul ședinței de chimioterapie. Prietena ei îl lăsa pe Jonathan să-și petreacă la ea noaptea din Ajunul Crăciunului. Susannah ridicase o sprânceană.

Căutau amândouă peruci într-un magazin găsit de Amelia pe internet. Aparținea unui tip care semăna ca două picături de apă cu Kenneth Williams[1] (cu excepția faptului că era chel ca-n palmă, o ironie a sorții care le făcuse să chicotească de la început) și era servil și onctuos. Amelia îl caracterizase mai târziu prin „cum vreți dumneavoastră, domnule“.

Amelia își declarase intenția de a cumpăra câteva peruci, hotărâtă să nu-și ia nici una care să semene cu părul ei natural. „Dacă trebuie să port așa ceva, măcar să mă distrez făcând-o.“ Țeasta ei arăta ca un prezervativ în plasa de strâns părul pe care i-o pusese mai înainte Kenneth – al cărui nume adevărat, Jeremy, era aproape la fel de comic.

– Ce ziceai, Suze, că am o formă superbă a capului, așa că-mi vine bine fără păr?

---

[1] Actor englez de comedie (1926–1988) care a apărut în numeroase spectacole de televiziune (n.tr.)

Jeremy adusese o mulţime de peruci în toate culorile şi coafurile imaginabile, încercând să le intre în graţii şi părând să nu-i pese câte probau. Aşa că fuseseră pe rând „Îngerii lui Charlie", „gemenele Purdey", „The Supremes"... Jeremy le spusese că le venea bine cu orice. Asta nu era adevărat, o asigurase Amelia pe Susannah când el se dusese în spatele magazinului, iar prietena ei proba o perucă semnată de Mary Quant.

Printre hohote de râs, vorbiseră despre Jonathan.

– Nu-mi face mutra asta. Are logică. Totul se întâmplă în prima oră – o ştii doar, trei copii pot să rupă o mie de metri pătraţi de ambalaje în şase minute şi ceva. Pe urmă, când ajung la jumătatea ciorapului cu ciocolată Cadbury, înainte de micul dejun, totul se reduce la a-i stăpâni şi a încerca să-i convingi să nu facă prea multă gălăgie. Vine şi mama. Face o reţetă a Deliei Smith – gâscă îndopată cu cartofi la cuptor, chestii din astea. Eu n-aş fi acum în stare să gătesc atâtea. Nici nu ştiu dacă voi putea să mănânc. M-am gândit că nu e ziua potrivită să fac pe martira şi le-am spus da amândurora.

– Doar e ziua în care să vă prefaceţi că sunteţi o familie fericită, nu?

– Şi de ce nu? Am fost odată. Mai putem fi o zi. Mai ales dacă avem destul lichior Harvey Bristol Cream pentru mama.

– Sunt de acord. Susannah încuviinţă din cap. Cred că sună bine.

– Dar tu? Nu-mi aduc amine – e cumva rândul tău să stai cu *les enfants terribles*?

– Nu. Scutură din cap. Vor fi la mama lor.

– Nebuna aia de Sylvie? Ce noroc pe capul vostru. Veţi fi ca doi porumbei. Nu vrei să vii cu Douglas pe la noi? Cu cât mai mulţi, cu atât mai bine...

– Cum să nu, n-am uitat ce multă veselie a răspândit în jurul lui ultima dată când am petrecut Crăciunul împreună. Râdea o dată pe minut.

– Hai, vino. Am putea să-i lăsăm pe toţi în plata Domnului şi să ne închidem în baie cu o sticlă de Baileys.

Aş putea chiar să te las să vezi ediția de Crăciun a emi-
siunii concurs *Top of the Pops*, ca altădată...

Ediția de Crăciun a emisiunii *Top of the Pops* era in-
terzisă în casa lui Susannah când era mică. Între slujba
de la miezul nopții și cea de dimineață de la St. Gabriel,
lichiorul de ouă băut cu vecinii și obligatoriile șarade,
nu era niciodată timp să te uiți la televizor. După vârsta
de treisprezece ani, se ruga de părinți s-o lase la Ame-
lia să se uite la emisiune. Nu putea să-i audă niciodată
pe cei de la Frankie Goes to Hollywood cântând
The Power of Love sau pe cei de la Band Aid cu marele lor
succes *Do They Know It's Christmas?* fără să se gândească
cum stăteau amândouă pe patul dublu din camera de-
corată în verde și roz, mâncând felii de Terry's Choco-
late Orange până le venea rău. La acea vârstă i se părea
o binefacere că mama Ameliei se uita pe video la
O *viață minunată* și chicotea în living, după trei pahare
mari de sherry, iar tatăl ei se închidea în birou și juca
golf la computer.

– Mă tentează, dar nu. Eu și Doug avem nevoie de
puțin timp pentru noi doi. Fără probleme de serviciu,
fără familie.

– Și fără o prietenă care se luptă cu un cancer. Amelia
făcu o mutră de cățeluș abandonat.

– Întocmai, dar asta nu exclude lupta. Susannah puf-
ni în râs. Numai noi doi.

Traversase o perioadă ciudată, iar Amelia avusese
contribuția ei. Fusese o lovitură grea să afle că prietena
ei era bolnavă. Mai era și Rob – știa că o tulburaseră
veștile despre el, îi răscoliseră amintirile. Nu era vina
lui Douglas. Apoi veniseră Daisy și Rosie cu problemele
lor. Viața devenise... complicată. Voia s-o ia mai încet.
Să coboare din carusel pentru un timp.

Spera să stea de vorbă cu Doug. Spera să facă dra-
goste, să regăsească acea intimitate de care nu avuseseră
parte în ultimul timp. Dorea să se simtă din nou aproa-
pe de el. Voia să nu se mai gândească la Rob. O făcea să
se simtă caraghioasă. Și o întrista.

*

Sylvie nu sunase până în seara de 23. Susannah despacheta alimentele pe care tocmai le cumpărase. Conversația lor era foarte limitată, deși trecuseră atâția ani. Când răspunse la telefon, Sylvie îi zise „Bună" – reticentă ca întotdeauna –, după care îl ceru imediat pe Doug. Nu se prezenta niciodată, dar Susannah știa cine suna. În trecut, încercase o dată sau de două ori să închege o scurtă discuție cu ea despre copii, dar mai departe nu mersese niciodată. În vocea lui Sylvie se simțeau resentimentele și disprețul, iar Susannah știa că i se plânsese lui Doug de ea. S-ar fi putut crede că din vina ei divorțaseră. Poate că lui Sylvie îi revenise în minte trecutul și chiar credea că Susannah era motivul pentru care trebuise să se despartă de soțul ei.

Dar nu era câtuși de puțin adevărat. Se despărțiseră cu mult înainte ca Susannah să-l cunoască și toate aranjamentele de divorț și custodie erau deja semnate când începuseră ei să se vadă. Amelia zicea mereu că neobrăzata de Sylvie ar fi trebuit să-i pupe mâinile și picioarele lui Susannah deoarece avea grijă de copii în locul ei.

În această seară, când sună Sylvie, nu se osteni să stea de vorbă cu ea, doar îl chemă pe Doug, puse receptorul pe măsuța din hol și se întoarse în bucătărie, dar de acolo tot îl putea auzi pe Doug răspunzându-i încet și încordat fostei sale soții. Din motive pe care nu le înțelese niciodată pe deplin, el părea să se teamă de Sylvie și se purta de parcă principalul lui scop era să n-o scoată din sărite. Voia să schimbe weekendurile, așa spunea. Și asta voiau și copiii. Știa că, dacă îi gâdila lui Doug orgoliul, avea să obțină exact ce dorea. Dacă Doug credea că puștii voiau să fie cu el... Susannah înțelegea din răspunsurile lui ce îi spunea Sylvie.

De obicei îi cerea părerea înainte să accepte. Îl auzi, cu inima cât un purice, spunându-i lui Sylvie că avea s-o mai sune după ce se sfătuia cu ea. Se întrebă dacă și Sylvie știa cât valora această consultare. Cum ar fi putut ea să spună nu?

Deschise din nou frigiderul, nervoasă, și se uită la cantitățile mici de delicatese pe care tocmai le despachetase. Foie gras, somon afumat, piept de rață afumat. Nu erau de-ajuns pentru cinci, chiar dacă puștii aveau să strâmbe din nas la fiecare înghițitură. Un vraf de farfurioare, numai bune ca să mănânci în pat, în baie, pe jos în fața șemineului sau uitându-te la televizor, nu la o masă, alături de copii cu pălării de hârtie pe cap, care se prefac că sunt veseli. Susannah se trânti pe un taburet și înșfăcă un carnet și un pix. Pusese deja pe listă câteva lucruri înainte să intre Douglas. Curcan, cartofi, varză de Bruxelles, biscuți sărați, Pringles... Gândul de a-și croi drum prin aglomerația de la magazinul Sainsbury's o îngrozea, dar era prea târziu să mai comande pe internet. Știa de la Amelia că livrările la domiciliu fuseseră rezervate cu săptămâni bune înainte. Ca și machiajul care te face să arăți natural, de parcă nu te-ai fi machiat, un Crăciun reușit, fără stres și agitație, presupune o groază de stres și agitație... mai bine îl faci în octombrie.

Totul se dusese pe apa sâmbetei. Simțea cum se șterge încet imaginea Crăciunului pe care și-l dorea. Îi spusese maică-sii că avea să o viziteze a doua zi la prânz. Acceptase invitația, deși nu-i spusese încă lui Douglas. Știa că el nu ar fi cumpărat cadouri – nu o făcea decât în ultima clipă. Probabil pentru că era o scuză bună ca să scape de toate vizitele de familie. Alastair și Kathryn se duceau la familia ei în acel an, dar Alex și Chloe aveau să fie acolo – plecau cu avionul în Canada a doua zi de Crăciun, pentru o săptămână la schi cu gașca lui Chloe. Susannah cumpărase cadourile și le ambalase frumos, având o senzație vagă de sărbătoare. Avea să asculte colinde în mașină și să intre în starea sufletească potrivită ca să petreacă un Crăciun fericit cu Douglas.

Îi trecu prin minte că ar fi putut s-o sune pe Lois. Era doar o idee vagă și nu neapărat una bună. Dar ar fi putut.

Douglas intră cu ambele brațe ridicate într-un gest care însemna „ce pot să fac?" Poate acela care îi displăcea cel mai mult în comportarea lui.

– Care-i treaba? Încerca să nu ridice tonul şi să pară calmă.

El înălţă din umeri în semn de neputinţă.

– Nişte prieteni de-ai ei i-au propus să meargă la schi. Ar putea să ia avionul de Geneva de mâine după-amiază.

Susannah dădu încet din cap.

– Şi copiii sunt de acord, nu-i aşa?

Doug zâmbi.

– Ea zice că puştii preferă să vină aici. N-a mai spus aşa ceva niciodată.

Susannah pufni, neputând să se abţină.

– Până acum nu ni i-a trimis niciodată de Crăciun fără să ne anunţe cu mai puţin de o zi înainte.

– Haide, nu mai fi aşa. Vocea lui o implora. Poate că e adevărat. Ai zis şi tu că te împaci mai bine cu Daisy în ultimul timp. Şi cu Rosie.

– Cum să nu mai fiu? Nu voia să amestece fetele în toată povestea. Nu despre asta era vorba.

– Aşa dură şi cinică.

Vorbele lui o dureau.

– Uite ce-i, Doug. O să încerc să fiu mai puţin dură şi cinică dacă şi tu ai să te străduieşti să fii mai puţin naiv.

Cum venea asta? Vocea îi era stridentă şi răutăcioasă. Căuta cearta cu lumânarea.

– De ce naiv?

– Da, naiv. Crezi că vacanţa asta la schi a venit aşa, deodată, nu? De parcă oamenii se hotărăsc de pe o zi pe alta să meargă la schi în cea mai aglomerată săptămână a anului...

El o întrerupse cu nervozitate.

– Sigur că nu. Nu sunt prost, Susannah.

N-ar fi fost atât de sigură de asta.

– Din câte spunea, cineva a trebuit să renunţe şi s-a făcut un loc la cabană.

– Grozav. Prin urmare, te sună aşa pe nepusă masă şi îţi plasează copiii, iar tu nu zici nimic. Dacă trebuia să plecăm şi noi undeva?

– Dar nu trebuie, scânci el. Urma doar să fim singuri, de capul nostru.

– Exact, doar noi doi, Doug. Asta era ideea. Lăsă propoziția în suspensie pentru o clipă, sperând ca el să se prindă.

Dar el nu se prinse.

– Cred că avem nevoie de asta, nu?

Doug, ferindu-se să răspundă, se retrase în pozițiile lui fortificate.

– Ce puteam să fac, Susannah? Pune-te în locul meu.

Prea târziu pentru așa ceva. N-o lăsase ani de zile să se pună în locul lui. Acum n-avea dreptul să profite de situație.

– Să spui nu. Puteai să spui nu.

De câte ori mai avuseseră acest gen de discuție? De câte ori avea s-o mai suporte?

– Nu pot să fac asta. Sunt copiii mei.

– Și ai ei. Ai mei nu sunt. Nici măcar pe departe.

– Nu știu de ce faci atâta tevatură pe chestia asta. Nici nu-ți place așa de mult Crăciunul.

Doamne, ce aroganță! Pe timpuri îi plăcea enorm Crăciunul.

O străfulgeră gândul că nu voia să se certe cu Douglas în seara aceea și imediat i se potoli furia. Se întoarse spre frigider ca el să nu-i vadă fața, temându-se că ar fi putut să izbucnească în plâns.

– Bine. Ai dreptate. Nu mă omor după Crăciun. N-are rost să ne certăm. Copiii o să vină. Desigur. Sylvie va schia, noi vom găti. Va fi bine.

– Bine... Detest cuvântul ăsta.

– Mă tem că e cel mai bun pe care-l pot spune în seara asta.

Când vorbi din nou, vocea lui suna ușurată și împăciuitoare.

– Am să fac eu cumpărăturile.

Evident că avea să le facă. Avea să-și gătească, dar Susannah nu-i spuse nimic acum.

– Va trebui, pentru că eu mă duc mâine la mama.

– Nu știam.

Oare era frustrare în vocea lui? Glumea?

– M-am hotărât în ultima clipă, zise ea mușcându-și buza inferioară. Vocea ei era plină de sarcasm, dar o merita.

– Bine. Am fost și eu invitat?

– Ești întotdeauna al naibii de bine-venit acolo, Doug. El dădea mereu înapoi când îl înjura, de parcă l-ar fi lovit sau rănit. Aproape că îi făcea plăcere să se uite la el. Pentru numele lui Dumnezeu, nu vii niciodată. Și, de fapt, mâine oricum nu poți, așa-i?

A doua zi dimineață, după ce între ei se instalase o pace tensionată și trecuse o noapte fără să se mai certe, mulțumită unei băi lungi cu multă spumă și unui film bun, Susannah conducea spre casa părinților ei pe lungul drum de centură al satului – drum care trecea pe lângă locuința lui Lois și Frank. De când ieșise de pe autostradă, ajungând în peisajul familiar, avea impresia că mașina se deplasa ciudat, de parcă mergea singură. Nu-i sunase, dar nu putea rezista tentației. Nu avea nici un plan. Pe când se apropia, văzu o mașină la mică distanță în față – un Ford albastru – intrând pe aleea lor. Fără să se gândească, se opri și ea la câteva sute de metri depărtare, frânând cu putere și întorcându-se spre fâșia de iarbă de vizavi de The Cricketers, simțindu-se ca și când ar fi spionat pe cineva.

Chiar asta făcea.

Era Rob. Sperase să fie el și așa și era. De parcă l-ar fi chemat prin puterea gândului. Ieși din mașină, purtând o vestă lungă bleumarin peste o cămașă în carouri, și își întinse brațele deasupra capului, îndreptându-se de spate, de parcă înțepenise de atâta condus. Apoi se deschise portiera din stânga și coborî o femeie înaltă și zveltă. Deși nu putea să vadă prea bine de la o asemenea distanță, lui Susannah i se păru că era cu câțiva ani mai tânără decât Rob. Avea părul blond-închis, tuns scurt și filat, după ultima modă, și purta un pardesiu bleumarin peste blugii mulați, iar la gât un avea fular de lână roz aprins, înfășurat de mai multe ori. Îi spuse ceva lui

Rob, aplecându-se peste capota maşinii. El îi răspunse
zâmbind. Apoi ea deschise portiera din spate şi scoase o
geantă maro de voiaj şi o pungă mare, cu dungi roşii şi
albe, plină de cadouri frumos ambalate. Rob dădu ocol
maşinii să-i ia geanta, iar ea se ridică repede pe vârfuri
să-l sărute pe obraz. El îi zise s-o ia înaintea lui şi în-
cuie maşina, după care o urmă. Lois deschisese deja uşa,
probabil că se uitase după maşină de la fereastra din
faţă, aşteptându-i cu nerăbdare. Când ajunseră în prag,
îi îmbrăţişă pe rând şi Susannah o văzu sporovăind cu
însufleţire tot timpul. Era fericită că îi vedea.

Gelozia care o cuprinsese o şocă. Dar asta era. Simţi
un fior de invidie. Cu vreo câteva seri înainte fusese la
concertul de Crăciun de la şcoala lui Fin. La sfârşit ră-
măsese în sală cu Rosie, iar Douglas şi Sylvie se duseseră
în faţă, cu aparatele foto în mâini şi strălucind de mân-
drie, iar ea se uitase la ei cum îl sărutau şi îmbrăţişau pe
băiat. Şi nu simţise nici o umbră de gelozie. Nu semăna
nici pe departe cu trăirile care o încercau acum, când se
uita la Rob şi soţia lui. Susannah scutură din cap. Ceva
nu era deloc în regulă cu acea scenă.

Uşa se închise în urma celor trei, iar ea rămase cu am-
bele mâini pe volan, aşteptând să i se domolească bătăi-
le inimii. Asta trebuia să fie soţia lui. Amândoi veniseră
acasă de Crăciun. Sigur că da. În mod ciudat, se simţea
vinovată că îi spionase. Porni din nou la drum, dar nu
se duse direct la mama ei. Avea nevoie de câteva minu-
te – conduse fără ţintă prin jurul satului, încercând să
amuţească vocea Ameliei care îi răsuna în urechi, apoi
parcă în spatele maşinii lui Alex, îşi aşternu pe faţă o
expresie fericită şi sună la uşă.

Chloe refuză paharul cu lichior de ouă. Nu era
ceva ciudat. Lichiorul de ouă era o născocire bizară
şi foarte britanică, iar Susannah şi-l bău pe al ei doar
din politeţe şi respect pentru tradiţie. Şi mai ciudat era
că tânăra soţie a lui Alex refuzase un pahar cu vin la
prânz. Rosemary se dusese în oraş, de unde luase nişte
muşchi de porc pe care îl umpluse cu fistic şi cireşe. Asta

era versiunea ei personală a vițelului celui gras pentru întoarcerea lui Alex – îl anunțase deja pe tatăl lor că a doua zi nu avea să primească decât curcan și un singur fel de cartofi, iar acesta destupase fără să crâcnească niște sticle de vin alb și roșu care nu proveneau din colecția lui ieftină de la supermarket.

Clive încercase de mai multe ori să-i dea un pahar cu vin lui Chloe, spunând că mai erau multe ore până avea să conducă și că nu putea să-i facă rău, și că era Crăciunul – toate motivele posibile...

În cele din urmă, Susannah surprinse privirea rapidă pe care și-o aruncară Alex și Chloe și știu imediat ce avea să urmeze.

Când se întoarse mama lor în sufragerie, Alex își puse mâna peste a lui Chloe, aflată pe masă.

– Mămico, tăticule, surioară... am avea ceva să vă spunem.

– Da, scumpule... Rosemary tremura de nerăbdare. Doar vești bune se puteau da la o masă de Crăciun cu mușchi de porc umplut și două feluri de vin.

– Chloe... așteaptă un copil.

Mama își duse mâna la gură, iar ochii i se umplură imediat de lacrimi.

– O, dragii mei! Scumpii mei copii. Ce minunat! Ocoli repede masa s-o îmbrățișeze pe Chloe, în timp ce tata îi strângea mâna lui Alex.

Susannah rămăsese perplexă în mijlocul agitației generale, cu paharul în mână, până când Alex îi dădu un ghiont între umeri ca să-i atragă atenția.

– Ei, surioară... ce zici?

Ea dădu din cap și zâmbi.

– E o veste minunată. Grozavă. Felicitări.

– S-a întâmplat mult mai devreme decât am crezut, zise Alex radios. Vreau să spun că nu suntem căsătoriți nici de un an. Firește că nu am planificat nimic, dar știi cum se spune... Și, după ce ne-am obișnuit cu ideea, am fost copleșiți de fericire.

Mama le tot cerea detalii. Chloe nu era încă în douăsprezece săptămâni – abia în zece –, dar făcuse

o ecografie înainte să plece la drum. Nu intenționa
să schieze, așa că trebuia să le spună tuturor, dar nu
știau dacă să le dea de știre și rudelor lui Alex înainte
de plecare... În acel moment, Clive luă vinul din fața
tinerei sale nurori.

– Îmi pare rău. Ce prost am fost! Nu mă gândeam...
Bărbatul vârstnic roși de jenă.

– Nu-i nimic, nu-ți face griji, râse Chloe luându-l pe
după umeri. Muream de nerăbdare să vă spun. Se pare
că nu poți fi sigură decât după douăsprezece săptămâni,
dar eu tot voiam să anunț pe toată lumea...

Mama îi aruncă o privire rapidă lui Susannah. Chloe
nu știa.

Susannah era în treisprezece săptămâni când pier-
duse copilul. Chestia cu cele douăsprezece săptămâni
nu fusese valabilă în cazul ei. Făcuse ecografie, vă-
zuse cum îi bate inima copilului. Și apoi îl pierduse.
Asemenea lucruri nu erau de natură să-ți dea siguran-
ță și liniște sufletească. În acea perioadă se întrebase,
aproape fără nici un temei real, dacă nu fusese prea
relaxată. Nu că s-ar fi apucat de fumat și de băut sau că
ar fi făcut aerobic în forță. Doar că începuse să creadă
că totul i se cuvenea.

Pe atunci, sincer, foarte sincer vorbind, nu i se pă-
ruse sfârșitul lumii. Știa că nu era la modă să spui așa
ceva, dar în mod cert nu se simțise ca altele când pierd
un copil. Se trezise într-o dimineață cu acea durere cu-
noscută în pântece și văzuse pete de sânge pe chiloți.
Până-n prânz, pierduse destul de mult sânge – îmbibase
trei tampoane – și ieșise din ea ceva ca un cheag sau
o bucată de ficat. Nu părea un copil. Doctorul și asisten-
ta fuseseră foarte drăguți cu ea și o trimiseseră acasă cu
o foaie A4 plină de informații și o notă care admitea
lipsa oricărei explicații. I se păruse o chestie foarte
primitivă într-o epocă în care existau atâtea dotări la
Urgență. „Se mai întâmplă câteodată și nu știm de ce."
Chiar așa?

Plânsese un pic – mai mult când îi spusese maică-sii.
Și Rosemary plânsese. Se simțea un pic jenată că trebuia

să le spună şi altora. Părea un eşec, deşi ştia că nu era vina ei. Însă pe atunci credea cu tărie că o să mai aibă şi alţi copii. Repede, uşor. Şi că data următoare toate aveau să meargă strună.

Amelia fusese nemaipomenită. Elizabeth era pe atunci un bebeluş angelic. Prietena ei venise să o vadă în prima zi după nenorocire şi lăsase căruţul cu Libby dormind în holul de la intrare al casei lui Susannah şi Sean, fără să spună nimic. Apoi, când Libby se trezise şi trebuise să se ocupe de ea, o luase din cărucior şi o pusese în braţele ţepene ale lui Susannah. Libby îi apucase imediat medalionul plat de aur, trăgând de lănţişor şi începând să gângurească. La început, Susannah nu voise s-o ia în braţe, dar Amelia stătuse lângă ea până ce acceptase. Îşi plimbase privirea de la feţişoara durdulie a finei sale la Amelia, cu ochii în lacrimi ca şi prietena ei.

Amelia dăduse din cap, apoi o sărutase pe obraz.

„Acum totul e bine, nu?"

Ca o ironie a sorţii, era mai tristă în prezent, după toţi aceşti ani, din cauza acelui avort spontan, decât fusese atunci. Devenise tot mai tristă cu fiecare an care trecea şi în care îi scădea fertilitatea. Acum, la aproape 40 de ani, fără să aibă copii, aşezată la masă lângă mult mai tânărul ei frate recent căsătorit şi fecunda lui soţie, i se părea aproape o tragedie. Luându-şi seama, îi zâmbi repede mamei şi scutură din cap ca să-i atragă atenţia că povestea ei *nu* trebuia să fie spusă într-un moment care le aparţinea doar lui Chloe şi Alex.

Mai târziu, în bucătărie, pe când ştergeau vasele, Rosemary o strânse la piept cu afecţiune.

– Eşti bine, scumpo?

– Totul e-n regulă.

– Sigur?

Susannah încuviinţă din cap, apoi împături meticulos cârpa de şters vase pe care o folosise.

– Nu te gândeşti să încerci, ştii tu, să faci un copil cu Douglas? N-o mai întrebase aşa ceva înainte. Nici măcar nu făcuse vreo aluzie.

Pentru prima dată, lui Susannah îi trecu prin minte că poate mamei nu-i convenise niciodată legătura ei cu Douglas. Acum i se părea foarte clar.

– Am peste patruzeci de ani, mamă.

– Nu încă.

– O să-i împlinesc totuşi. Dacă rămân gravidă la noapte... Dar nu menţionă cât de improbabil era. O să am patruzeci când se va naşte copilul. Şi aproape şaizeci când va merge la facultate.

– Draga mea, suntem în secolul XXI. Patruzeci de ani acum nu înseamnă acelaşi lucru ca atunci când aveam eu patruzeci. Femeile fac copii mult mai târziu. Rosemary o fixa cu privirea, aşteptând un răspuns.

Susannah nu voia să discute cu ea, cel puţin nu astăzi, despre relaţia ei cu Douglas. Nu voia ca mama ei să afle că ea şi Douglas erau la fel de departe ca oricând – dacă nu şi mai departe – de a avea un copil. Deşi poate că s-ar fi simţit chiar uşurată...

Ar fi fost însă o cruzime din partea ei ca tocmai când Alex şi Chloe îi aduseseră aşa o bucurie – în acea zi de Crăciun – să-i dea veşti care s-o îngrijoreze.

– Ai dreptate, ştiu. Poate anul viitor...

– Nu mai amâna mult, draga mea, te rog.

– Sunt şi eu conştientă.

Mama îi luă cu blândeţe faţa în mâini şi se uită o clipă în ochii ei.

– Vreau să ai şi tu tot ce au fraţii tăi. Şi tu meriţi, Susannah.

Susannah încuviinţă din cap.

– Mi-ar plăcea.

După toate aparenţele, asta era de ajuns pentru moment. Mama o strânsese de umăr, îi zâmbise mulţumită de sine şi luase platoul cu plăcinte cu carne pe care îl pregătise, să-l ducă la masă.

Preocuparea maternă în varianta „light". Nu-i putea găsi lui Rosemary nici o vină – gătise, avea casa plină şi era o zi fericită. Deşi simţea că problemele ei fuseseră ocolite, în afară de discuţia scurtă din bucătărie, avută înainte să înceapă iar distracţia, tot nu putea da vina pe mama ei. Nu asta îşi dorise?

Chloe nu ştia de avortul spontan pentru că nici Alex nu aflase. Nici Alastair. Nu le spusese nici unuia dintre ei.

Câteodată ar fi vrut să nu-i fi spus nici mamei.

La Londra, în dimineaţa de Crăciun, Daisy şi tatăl ei se încadrară în spiritul sărbătoresc certându-se şi ţipând unul la altul. Ea voia ca Seth să vină la prânz şi aşteptase până la micul dejun ca să aducă vorba de asta. Douglas, mult mai arţăgos ca de obicei, deoarece trebuise să se trezească devreme ca să bage curcanul în cuptor – Susannah având o plăcere perversă să se întoarcă de pe o parte pe cealaltă la şapte şi să mai doarmă încă o oră, după ce îl pusese să promită că va pregăti masa –, proclamă categoric că nu voia să-l vadă pe-acolo.

– Dar mama a zis că pot să-l invit, replică Daisy cu insolenţă.

– Mama ta nu e aici, nu? E o zi care trebuie petrecută în familie. Oricum te vezi prea des cu el. Eşti prea tânără ca să ai o relaţie serioasă. Doug se uită peste masă la Susannah. Susţine-mă şi tu, Susannah.

Daisy o imploră din priviri.

Susannah îi zâmbi şi dădu un răspuns sincer; faptul că-i dădea lui Douglas peste nas era o mulţumire în plus.

– Pe mine nu mă deranjează să vină. Douglas se uită urât la ea, apoi ridică din umeri. Ce spusese Amelia despre cu cât mai mulţi, cu atât mai bine? Nu putea să fie mai puţin bine... Deloc, întări Susannah. Dacă asta doreşte Daisy. Îmi pare rău. Dar părinţii lui nu vor să stea cu familia?

Fata îi adresă un zâmbet recunoscător şi ridică din umeri.

– Nu-i mare scofală la ei. Seth are cam o mie de veri – sunt o familie mare –, toţi zbiară şi ţipă mereu şi toţi vor fi acolo, prin urmare maică-sa aproape că n-o să observe absenţa lui. Tot ce-şi doreşte e să fie cu mine.

Susannah îşi aminti acest sentiment.

Îşi aduse aminte de o zi de Crăciun în care nu-şi dorise decât să fie cu Rob. Dar, desigur, nici nu se pusese problema să lipsească de la masa cu familia. Era de neconceput. Totuşi, mama o lăsase să plece pe la patru după-amiază. De altfel, obişnuia s-o lase la Amelia să se uite la televizor şi să-şi compare cadourile. După masa de prânz, tata adormea pe canapea, cu o pălărie de hârtie trasă pe ochi, iar după ce termina de spălat vasele, şi mama dorea să se întindă undeva cu picioarele în sus. Alex primise un circuit electric de maşinuţe şi Alastair îi promisese că-l ajută să-l instaleze. Ea alergase tot drumul. Frank tăiase felii groase dintr-un enorm cozonac înalt cu stafide şi cremă de lămâie şi le servise alături de o ceaşcă de ceai. Lois îi făcuse cadou o sticluţă de parfum Anaïs Anaïs. După ce mâncaseră cozonac, Frank şi Lois se duseseră să se plimbe prin sat. Frank susţinuse că avea nevoie de mişcare pentru digestie, dar Lois îi făcuse cu ochiul înainte să iasă, dându-i de înţeles că voiau să-i lase singuri. Erau mult mai relaxaţi în această privinţă decât fusese mama ei vreodată. Rosemary intra mereu în cameră să le aducă o băutură sau să-i întrebe ceva, ori să caute un lucru pe care pretindea că-l uitase într-una din încăperile de la parter, întotdeauna de la parter, unde stăteau ea şi Rob. Lois o strânsese odată de umăr şi îi spusese că avea încredere în ei amândoi şi că nu era împotriva uşilor închise. Mult mai târziu, Rob o condusese acasă şi stătuseră în capătul dinspre drum al aleii de la intrare, sărutându-se la nesfârşit în aerul rece, până venise tatăl ei în papuci şi o chemase înăuntru.

În cele din urmă, Doug se înduplecă, dar tot rămase îmbufnat, iar Seth veni după prânz. După o scurtă conversaţie tensionată, în timpul căreia Seth îşi feri cât putu privirea de a lui Susannah şi îi răspunse monosilabic la întrebări, mutându-şi stânjenit greutatea de pe un picior pe altul, în timp ce Douglas abia de-l băga în seamă, Daisy îl târî după ea în camera ei.

Doug se apucă de spălat vasele în bucătărie. Susannah se lăsase păgubaşă. Erau de două ori mai multe tigăi, cratițe și alte vase decât ar fi fost dacă ar fi gătit ea – cum reușeau bărbații să murdărească atâtea?

– Sunt ferm convins că Daisy nu trebuie să facă așa ceva, bombăni Doug după ce tinerii urcaseră la etaj, de parcă ar fi bănuit că Susannah avea vreun amestec.

– Au lăsat ușa deschisă, interveni Rosie, care tocmai fusese să-i verifice. Fetița stătea la masa din bucătărie, separând bomboanele fine umplute cu cremă de căpșune de celelalte din cutia mare pe care i-o dăduse maică-sa în ajun.

– Sunt sigură că totul e-n regulă. Doar n-o să se apuce să facă sex în după-amiaza de Crăciun, cu noi toți la parter, nu?

– Pfui, ce scârbos! Rosie își strânse comoara și ieși din cameră, strâmbând din nas ca o fetiță la vârsta pubertăției ce era.

Douglas se uită la Susannah de parcă vorbise chinezește adineauri.

– Sex? Părea îngrozit.

Ea nu-și putu stăpâni râsul.

– Nu face mutra asta, te rog. Arăți ca Rosie. Daisy are aproape șaptesprezece ani, Doug.

– E încă un copil.

– N-ai decât să crezi ce vrei, dar cu siguranță nu mai e.

– Ce vrei să spui?

Intra pe un teren minat. Nu voia să aibă discuția asta cu Doug. Nu în acea zi. Și mai ales nu cu Seth sus, la o distanță așa de mică.

Încă nu-i spusese lui Doug de incidentul cu Daisy. Nici despre vizita la doctor de după aceea, nici de pilulele roz pe care știa că le lua fata acum. Daisy o implorase să nu o facă. Dar rugămințile nu ar fi oprit-o dacă ar fi știut că el n-o să sară în sus sau dacă ar fi considerat de datoria ei să-l anunțe. Că merita să știe. Însă bănuia cum avea să reacționeze, așa că nu suflase o vorbă.

Nu credea că Daisy i se confesase maică-sii. După chestia cu Rosie, nu se îndoia că Sylvie i-ar fi spus dacă ar fi aflat. Totuși, era mulțumită. Rosie se simțea mai bine – orice ar fi gândit despre Susannah profesoara aia cu o mutră impasibilă şi prefăcută, era evident că rezolvase lucrurile, cel puţin temporar.

Odată spălate vasele, Doug căzu într-un somn adânc pe canapea, în faţa televizorului la care se dădea *Chitty Chitty Bang Bang*, completând cu sforăitul lui intermitent coloana sonoră şi aşa zgomotoasă. Când se duse în bucătărie să pună ceainicul pe foc, Susannah auzi chicoteli înăbuşite venind de sus. Mai că spera *să facă* lucrul acela. Măcar cineva din casa aceea să se bucure de Crăciun.

Rob şi Helena făceau dragoste în tăcere – sau, cel puţin, cât de silenţios puteau – sub cearşafurile şi pledurile demodate de pe patul din camera de oaspeţi a părinţilor lui. Helena îşi aruncă un picior puternic şi frumos modelat peste Rob şi îl încalecă, dându-se un pic înapoi şi azvârlind pătura. Arăta superb cu sfârcurile ei micuţe, cafenii şi proeminente, cu muşchii abdomenului puternici şi bine reliefaţi.

Îşi dădu părul scurt de pe frunte, care îi era ud leoarcă de la transpiraţie. Expiră cu zgomot şi rămase o clipă nemişcată.

– Iisuse Hristoase! E aşa de cald aici. Ca într-o saună. Câte rânduri de aşternut sunt în patul ăsta?

– Ssst! Mamei îi place să fie cald în casă şi patul să fie aranjat cum trebuie. O mângâie şi se împinse în ea. Nu te opri. Te rog, nu te opri...

Ea se aplecă spre el şi îl sărută cu pasiune, înfigându-se mai tare, mişcându-se iar în ritmul de mai înainte.

– Bine. Dacă mi-o ceri aşa de frumos, n-o... să... mă opresc...

Era sexy ca naiba în postura asta. Dominatoare, pe deplin încrezătoare în forţele ei şi puternică. Mai devreme, când se vârâse în aşternut lângă el, Rob ezitase, întrebându-se dacă avea curajul să facă dragoste în casa părinţilor lui – n-o mai făcuse niciodată. Ea râsese când îi mărturisise, apoi îl sărutase de la gât până pe piept şi mai jos, până el încetase să mai protesteze.

După aceea vorbiră în şoaptă despre ziua care trecuse. Rob recunoscu timid că fusese foarte emoţionat. Era prima dată când Lois şi Frank o vedeau pe Helena. Îşi adusese nevasta să-i cunoască părinţii – poate că nu procedase cum trebuie. Ştia ce mult o jignise pe maică-sa căsătorindu-se pe ascuns, şi îi părea rău. Îi spusese Helenei totul despre ei, despre casă şi căsnicia lor şi de boala lui Frank. Când se îndreptau cu maşina spre casa lor, îşi dăduse seama că lor nu le spusese prea multe despre Helena.

Dar mama se purtase cu ea de parcă o cunoştea de mult. Nu fusese câtuşi de puţin stânjenită. Îşi deschisese larg braţele, cum făcea întotdeauna, şi o ţinuse pe Helena strâns la pieptul ei. Îi spusese că e frumoasă, mult mai frumoasă decât în fotografiile pe care i le trimisese Rob. Şi atât de slabă! Prea slabă, trăsese ea concluzia. Trebuia hrănită ca lumea.

Lois se agitase o groază în bucătărie, gătind o sumedenie de feluri. Rob mai că-şi dorea să n-o fi făcut – arăta extenuată –, dar era clar că-i făcuse mare plăcere să se agite pentru ei. Pomul de Crăciun era instalat şi împododobit, exact ca în copilăria lui, cu luminiţe multicolore şi beteală din anii '70.

Tatăl lui era aşezat în fotoliul de lângă şemineu. Se vedea clar că îi era foarte greu să se ridice, dar o făcu atunci când intră Helena, deşi îi luă ceva timp. Îi sărută mâna, cum îi stătea în obicei cu femeile, însă braţul îi tremura, iar gestul îi provoca durere. Helena îl luă cu blândeţe de umeri şi îl sărută pe obraz, semn de afecţiune care-l înduioşă pe Rob. Se uită la maică-sa şi o văzu ştergându-şi o lacrimă, aşa că o luă de mijloc.

– Detestă să fie văzut în starea asta.

– I-am spus, mamă. I-am spus totul despre el. N-am uitat.

– E o fată frumoasă, Rob.

El încuviinţă din cap. Aşa era. Helena stătea acum pe taburetul de la picioarele fotoliului, pe care îl trăsese lângă Frank. Îşi sprijinea bărbia în mâini, cu coatele pe genunchi, şi îi vorbea cu blândeţe.

– Pare să se simtă mai rău.

Lois dădu din umeri.

– Așa crezi? Eu îl văd în fiecare zi, prin urmare nu-mi dau seama.

– Tremură mai tare. Abia poate să stea în picioare și cred că nu merge pe distanțe prea mari. Rob detesta gândul că mama lui se încovoia sub greutatea tatălui său ajutându-l să ajungă în dormitorul alăturat. Nu peste mult timp avea să fie incapabilă să-l mai urnească. Nu știa ce putea să facă în această situație. Nu avea să fie ușor – Lois era hotărâtă să aibă personal grijă de el.

– Ai dreptate.

– Ce spune doctorul?

– Ce *poate* să spună un doctor? zise ea țâțâind nemulțumită din buze.

Mai târziu, după ce mâncară cât de mult putură din ce le pusese Lois în față, Helena o ajută să spele vasele. Așezat lângă tatăl său, Rob le auzea cum sporovăiau vioaie. Lois îi vorbea despre el, fără îndoială, dar nu-l deranja. Își iubea mama pentru felul calm și duios în care povestea. Helena râdea și scotea mici exclamații. Mai târziu, Lois îi promisese să-i arate albumul de familie, iar Helena îi făcuse poznașă cu ochiul peste capul mamei.

Vocea tatălui său era acum mult mai firavă decât aceea tunătoare pe care i-o știa din copilărie. Era unul dintre lucrurile care îi lipseau cel mai mult. Își amintea de ultima dată când îl auzise pe taică-său cântând, și cânta mereu când fusese Rob mic. Acum trebuia să se aplece spre el ca să-l audă, iar câteodată Frank trebuia să repete ce spusese, ceea ce evident îl irita.

– Arată foarte bine.

– Așa zice și mama.

– Are dreptate. Este și blândă, fiule. Asta-i mult mai important.

– E ca o bezea, încuviință Rob. Tare la exterior, dulce și moale în interior.

– Eu nu văd partea dură, râse Frank.

– Ar trebui s-o vezi la slujbă, cum dă ordine tuturor.

– Sunteți fericiți împreună?

– Cred că da. Da, sigur.

Bătrânul îi aruncă o privire ciudată.

Nu voiau să le spună părinților lui că ea pleca în ianuarie. Nu în seara aceea, așa conveniseră. Nu prea vorbeau nici între ei despre asta. Aveau vederi diferite. Helena era încântată. Zicea că era treaba ei – lucrul pentru care se pregătise. Era chitită să plece acolo. Rob era mai precaut. Dar când încerca să-i vorbească despre situația în care avea să se găsească – o zonă de luptă, un război adevărat, cu primejdii și momente de criză –, Helena aproape că nu voia să-l asculte. Era singurul motiv de tensiune între ei – această discrepanță între așteptările ei și experiența lui de război. Totuși, declaraseră un armistițiu pe perioada Crăciunului. Helen, mama Helenei, nu trebuia să știe. Și nici Frank și Lois. Măcar deocamdată.

Ianuarie

Când era tânără, Susannah își lua cu religiozitate angajamente de Anul Nou, scriindu-le într-un jurnal imaculat. Să facă mai multe economii, să doarmă mai mult, să fie mai drăguță cu mama ei, să slăbească în jur de două kilograme și jumătate. Îi plăcea enorm să înceapă un nou an, aproape tot atât cât îi plăcea să se ducă din nou la școală în septembrie și să înceapă alt trimestru. Avea mereu senzația că totul e posibil. Se gândea la aceste angajamente pe când se îndrepta spre metrou, pe 4 ianuarie, prima ei zi de serviciu din noul an. Oare cum avea să fie?

Adună-te.

Încetează să mai visezi cu ochii deschiși la trecut și la soțul alteia.

Slăbește două kilograme și jumătate.

Nu mai accepta actuala stare de lucruri.

Vindec-o pe Amelia.

Fii mai fericită.
Fă un copil.
Fugi cât mai departe.

Se simțea mai mult obosită decât încântată, încă înainte să înceapă munca. Întoarcerea la serviciu era o ușurare. Săptămâna dintre Crăciun și Anul Nou nu ieșise așa cum sperase ea. Sylvie se întorsese abia pe 2 ianuarie, așa că își petrecuseră Revelionul cu Rosie și Fin. Altă ceartă – Daisy voia să se ducă la casa de vacanță a cuiva, în Abersoch, cu mai mulți colegi. Doug spusese nu în clipa când auzise că venea și Seth, și urmaseră multe uși trântite și tăceri îmbufnate. În cele din urmă, Daisy plecase pe la șase seara în ajunul Anului Nou, spunând că o să stea la prietena ei Alice, dar Susannah nu o prea crezuse. Nici Doug nu încercase să verifice dacă spunea adevărul, dând dovadă de o inconsecvență care, potrivit Ameliei, era începutul sfârșitului lumii în relația dintre părinți și copii.

Amelia și Jonathan trecuseră și ei să bea ceva împreună, aducându-i pe cei doi copii mai mici ai lor, căci Elizabeth fusese invitată pentru prima oară la o petrecere de Anul Nou. Puștii fuseseră captivați de Harry Potter, filmul de la televizor, iar Jonathan și Douglas făcuseră cele mai vitejești eforturi să susțină o conversație cât de cât prietenească.

Femeile se refugiară în bucătărie la prima ocazie care li se ivi, pretinzând că aveau treabă acolo, însă, odată singure, se așezară la masă cu o sticlă de șampanie în față, iar Amelia îi vorbi lui Susannah despre Elizabeth.

– Trebuia s-o vezi, Suze. Arăta cu zece ani mai mare. Îmi purta pantofii și cerceii și se dăduse cu parfumul meu Chanel. Era tare frumoasă.

Susannah ciocni cu prietena ei.

– Nu văd de ce te miri. Și tu ești frumoasă.

Amelia își atinse capul cu tristețe. Nu purta nici una dintre perucile pe care le cumpăraseră împreună – nu încă –, dar se tunsese foarte scurt. Pentru că avea părul atât de blond, nu vedeai ce rar era decât de foarte aproape.

Susannah încercă să-i spună că arăta ca un spiriduş, ca Mia Farrow pe când juca în filmele lui Polanski, însă Amelia nu o crezu.

– Poate am fost odată.

– Mai eşti încă, nu-ţi mai plânge de milă. Hai, bea cu mine. Până la fund.

– Fir-ar să fie, ai dreptate. O să beau pentru asta... Dădu şampania pe gât până la ultima picătură, cu degetele de la ambele mâini încleştate pe pahar şi ochii închişi, apoi i-l întinse lui Susannah să-i mai pună.

– Umple-l. Douglas mi-a pus doar jumătate de pahar la primul rând. Ar trebui să ştie că fac doar chimioterapie, nu sunt la dezalcoolizare! Era evident că se simţea bine. Nu mai făcuse tratament de dinainte de Crăciun.

Devenise o rutină. Tratament. Trei zile de rahat. Urmau altele trei nu aşa de groaznice, dar tot obositoare, apoi cinci sau şase zile bune. Tratament. Asta era o zi bună. Dar nu era numai atât. Şi arăta bine. Avea ochii scânteietori şi îi revenise culoarea în obraji.

– Străluceşti toată. Ceva se întâmplă. Ce?

Pentru o clipă, Amelia nu păru dispusă să spună ce avea pe suflet, dar în cele din urmă, aplecându-se mult spre Susannah, de parcă mai era cineva cu ele care ar fi putut s-o audă, şopti:

– Ieri m-am culcat cu J.

Şi Susannah se aplecă spre Amelia. Era o veste grozavă.

– Ce-ai făcut?

Oare chiar toate cunoştinţele ei făcuseră sex, numai ea nu?

– De fapt, n-a fost chiar culcat. Chicotea lasciv ca pe vremuri, aşa cum n-o mai auzise Susannah de mult. Mai exact, am făcut sex minunat, răvăşitor, delicios, cu J. ieri după-amiază, când mama a dus copiii la IMAX să vadă ceva în 3D. De două ori.

– Pfui. Trecuse ceva vreme de când Susannah o făcuse de două ori. De fapt, ani buni, dacă se gândea bine.

– Pfui, într-adevăr. Amelia arăta absurd de mulţumită de ea.

– Ce v-a apucat să faceţi aşa ceva?

– Spiritul Crăciunului? sugeră Amelia râzând. Păi, nu ştiu. Şi Crăciunul a contribuit, deşi nu băusem Baileys. Mi-a fost mult timp prin preajmă. S-a purtat grozav cu puştii... şi cu mine. Eu n-am prea fost o prezenţă plăcută. O ştii şi tu, ca toată lumea de altfel. Am simţit... că mă pot bizui pe el.

– Aşa că te-ai revanşat faţă de el? Sex ca răsplată?

– Nu! N-a fost deloc aşa.

– Atunci cum a fost? Luminează-mă.

– Numai dacă-mi spui de ce ai părut brusc supărată pe mine.

– Nu sunt supărată, Meels. Nu e treaba mea.

– Ştim amândouă că nu e aşa, zise Amelia zâmbind.

– Doar că nu vreau să se mai poarte aşa urât cu tine. Nu mai ştii ce nasol a fost? *Ştii* foarte bine că pentru el n-o să însemne acelaşi lucru ca pentru tine.

– *Nu* ştiu. Nu mai ştiu.

– Ce tot zici acolo?

Amelia scutură din cp.

– Nu mai ştiu ce să spun, Suze. Lucrurile stau altfel acum. Boala asta... te face să te gândeşti. Să vezi altfel situaţia. Lucrurile care altădată ţi se păreau foarte importante ţi se par acum nişte fleacuri. Are vreo logică? Susannah dădu din cap, îndemnând-o să continue. Ei bine, în Ajunul Crăciunului, eram cu toţii în bucătărie. Toţi cinci. Nu mai ţin minte unde era mama. Jonathan făcea sos cu unt şi brandy pentru tartă. Era specialitatea lui, îţi aduci aminte? Dar în ultimii trei ani nu l-a mai făcut. Iar pe vremuri nu era niciodată destul coniac în sticlă – una dintre sticlele alea mici de Courvoisier, de jumătate – când pregăteam masa de Crăciun. Nici acum n-am avut, şi s-a iscat aceeaşi discuţie dintotdeauna, anume cine bea coniacul, pentru că nici unul dintre noi nu s-a atins de sticlă până în Ajunul Crăciunului. Aceeaşi discuţie din fiecare an. Aşa că am râs, ne simţeam bine. M-am uitat la feţele copiilor; şi lor le plăcea. Sam strălucea de fericire. Amelia avea acum lacrimi în ochi, iar Susannah se aplecă și o mângâie pe mână. Prietena ei urmă: Mai târziu, înainte să mergem la culcare, mama era în camera de oaspeți, Sam pe canapeaua din birou și Jonathan în camera lui, iar eu m-am dus jos să-mi iau un pahar cu apă. Când m-am întors, l-am văzut stând în ușa camerei Victoriei, privind-o cum dormea. M-a sărutat înainte de culcare. Pe palier. Doar pe obraz. Și mi-a plăcut. Are vreun sens tot ce-ți spun?

– Pentru mine da, foarte mult, nici nu știi cât. În schimb, celelalte chestii nu le-am înțeles niciodată, Meels.

Amelia strânse din buze și dădu din cap aprobator.

– Și ce-o să iasă din asta?

– Nu știu. Nu vreau să iau decizii de genul ăsta cât timp mai sunt bolnavă.

– Și de ce nu? Nimic din ce mi-ai povestit nu s-a întâmplat pentru că ești bolnavă. A fost pentru că ți-era dor de el.

– Dar poate că mi-era dor de el pentru că sunt bolnavă. Mă simt atât de vulnerabilă, Susannah. N-ai idee cât de vulnerabilă mă simt.

– Ba da, sigur că am.

– Dar asta nu-i de-ajuns, nu? Tocmai pentru că în asemenea clipe nu-mi pot aminti de ce n-am mai vrut să fiu căsătorită cu el și tocmai pentru că mă simt singură – astea nu-s motive valabile, nu?

– Nu întrebi pe cine trebuie.

– O întreb pe femeia care știe cel mai bine.

Susannah dădu din umeri.

– Eu nu pot să-ți spun ce să faci, Meels. Dar nici nu vreau să suferi din nou.

– Știu. Nici eu nu vreau.

– Fii atentă, te rog. Îmi promiți? Fii atentă pentru voi amândoi.

– Așa voi face, îți promit.

Ianuarie veni repede, cu vreme rece și rutina implacabilă. Își relă serviciul. Scoase pomul de Crăciun și puse decorațiunile la păstrare. O însoți pe Amelia la spital și îi citi un roman polițist de James Patterson în timp ce ea stătea cu ochii închiși. Făcu pe arbitrul în conflictele dintre Douglas și Daisy. Nu se mai gândi la angajamentele luate de Anul Nou.

Și apoi, nu mult după începutul lunii, îi telefonă Rob. Îi dăduse lui Lois numărul ei de mobil când o văzuse înainte de Crăciun – îi strecurase cu sfială cartea ei de vizită când o întrebase cu ce se ocupa. Probabil că el îl luase de la maică-sa.

Apelul veni într-o luni după-amiază. Tocmai plecase de la serviciu și mergea pe strada aglomerată care ducea spre metrou – la început nu-i recunoscu vocea, nici nu înțelese ce-i spunea. Magazinele erau deschise și lumea se îngrămădea pe trotuare.

Se opri, ieși din îmbulzeala de pe stradă, ducându-se într-un gang, și își astupă o ureche cu mâna ca să nu mai audă zgomotul traficului.

– Alo! Cine e?

– Rob. Sunt Rob. Scuze. Susannah?

Nu-i zicea Susie.

– Da. Eu sunt.

– N-am nimerit bine? Cred că ești pe stradă. Pot să te sun mai târziu... Rob aproape că țipa în telefon, dar era mai liniște unde se retrăsese și îl auzea bine.

– Nu. E-n regulă. Te... te aud acum. Bună, Rob.

El vorbea repede, părea emoționat.

– Uite ce e, sper că nu te deranjez; am luat numărul de la mama. Cred că și ideea de a te suna. Ea mi-a spus că ai trecut pe la ei, ce bine a fost să depene amintiri, să te revadă... Și am vrut, m-am gândit să... păi, când ne-am văzut vara trecută... Așa că... Te-am sunat. Ți-aș fi dat un e-mail – e mult mai ușor să nu răspunzi la un e-mail, știu, decât la telefon, dar nu aveam adresa ta...

– Rob! Mă bucur să te aud. Așa și era. Absurd, dar era uimitor de fericită că o sunase.

– Bine.

Rămaseră tăcuți o clipă.

– Mai ești acolo?

– Da, râse el. Sunt încă aici.

– Şi unde e acest „aici"?

– În Londra. Piccadilly, mai exact. Tu unde eşti?

– Mă îndrept spre staţia Embankment. Am ieşit de la serviciu, mergeam spre casă.

– Iartă-mă. Te-am oprit din drum.

– Nu, deloc. Ce faci la Londra?

– Lucrez. După o pauză, se încumetă: Susie... Mă întrebam dacă n-ai vrea să bem o cafea împreună sau să luăm prânzul sau altceva. Într-una din zilele astea.

– Mi-ar plăcea.

– Grozav! Şi mie, chiar foarte mult. Din nou se lăsă tăcerea. Dar de data asta, Susannah ştia că Rob era încă pe fir. Care din zile... ţi-ar conveni? Probabil că n-ai acum agenda la tine.

Ea nu ştiu nici atunci, nici după aceea ce o împinse să spună:

– Pot să vin chiar acum, adică... dacă n-ai altceva de făcut.

De îndată ce rosti acele cuvinte, le şi regretă. Oare cât de ridicolă fusese? Chiar acum, pentru numele lui Dumnezeu! Cine vorbise aşa? Nu se văzuseră de douăzeci de ani şi acceptase să-l întâlnească în cinci minute.

– Nu, se poate. Aproape că mi-am terminat treaba aici. Da, hai să ne vedem. O să fie minunat.

Probabil că voia doar să fie drăguţ cu ea.

Îi propuse să meargă la o cârciumă cam la jumătatea distanţei dintre ei, apoi închise telefonul, după ce se înţeleseră să se vadă acolo cam în douăzeci de minute.

Susannah se întoarse în clădirea unde lucra şi luă liftul până la etajul pe care era biroul ei, după care se duse direct la toaletă, unde, slavă Domnului, nu era nimeni. Se sprijini cu ambele mâini de marginea chiuvetei şi se uită o clipă în oglindă, după care intră în panică. Părul îi era ciufulit, machiajul i se ştersese în cea mai mare parte, arăta obosită şi ştearsă şi i se dusese un ochi de la ciorap. Avusese de gând să meargă direct acasă şi să facă o baie. Nu să se vadă cu „marea iubire a vieţii ei" într-o cârciumă, ca să bea ceva.

De când începuse să-i spună așa? Se uită cu atenție în oglindă. Ce naiba o apucase? Era însurat. Ba mai mult, abia se căsătorise cu o blondă drăguță, înaltă și zveltă. Iar ea știa, pentru că îi spionase. Grozav! Umplu chiuveta cu apă rece și se stropi pe față, apoi căută în poșetă o altă pereche de ciorapi și trusa de machiaj.

După zece minute, dată cu parfum și luciu de buze, cu părul pieptănat și ciorapi noi în picioare, luă un taxi, simțindu-se mai tulburată și confuză decât își amintea că fusese vreodată.

În pub era liniște – o seară rece de luni, umedă, vântoasă, firească pentru luna ianuarie. La tejghea stăteau doi clienți fideli, care sporovăiau cu barmanii, iar câțiva funcționari între două vârste ocupaseră două mese din spate. Era un local de modă veche – arăta mult mai mult a cârciumă decât a bar select. Era genul de local unde comandai vin alb sau roșu, nu Merlot sau Chardonnay. Susannah se gândea la un whisky.

Rob stătea la o masă înghesuită în spatele ușii, sorbind deja dintr-o bere. Se ridică iute când o văzu intrând. Pentru o fracțiune de secundă, se priviră în ochi, apoi el își deschise brațele, așa cum făcuse și mama lui cu luni de zile înainte, iar Susannah se aruncă în ele, făcând o călătorie înapoi în timp. Rob o strânse la piept și ea își puse doar o clipă capul între gâtul și umărul lui, un loc atât de cunoscut, încât avea impresia că se întoarce acasă. Se simțea mică, dar ocrotită în brațele lui, și era o senzație minunată.

În primele cinci minute comandară ceva de băut pentru ea, el îi agăță paltonul în cuier și vorbiră despre vreme. Ea nu-și putea dezlipi ochii de pe chipul lui, nevenindu-i să creadă că erau împreună.

Apoi îi veni și ei băutura și începură să discute. Susannah vru să știe cum de era la Londra.

– Nu mai sunt în RAF. Acum sunt consultant. Robert făcu niște ghilimele în aer când rosti cuvântul „consultant" și se strâmbă, de parcă această titulatură a slujbei încă îl amuza și îl uimea în același timp.

– Uau!

– Am plecat la 38 de ani. În 2009. Asta-i vârsta minimă la care poți să ieși cu o pensie decentă și o compensație ca lumea. O mulțime de băieți fac asta.

– Nu știam c-ai ieșit din RAF.

– Cum puteai să știi? El îi zâmbi.

– Dar de ce? Credeam că-ți place. Rob scutură din cap. Susannah se gândi că fusese prea indiscretă. De unde îi venise ideea că îi plăcea în aviație? Trebuia să-și bage în cap că nu-l cunoștea pe bărbatul acesta. Îl știa pe băiatul care fusese, dar pe cel de acum, nu. Scuze. Se opri din vorbit.

– N-ai de ce să te scuzi. Te rog. E nostim. N-am mai stat de vorbă de când? De douăzeci de ani. Iar tu ești neschimbată. Intri direct în problemă.

– Îmi pare rău.

– Să nu-ți pară. Este plăcut... cunoscut. Prea mulți oameni o iau pe ocolite. Laudele lui o făcură să se îmbujoreze. Oricum, ai dreptate, continuă el. Îmi plăcea enorm în RAF. Am fost ofițer de carieră ani de zile. Chiar zeci de ani...

– Și ce s-a întâmplat? Dacă nu te deranjează că te întreb... Pun prea multe întrebări, știu. Ca avocații.

Rob clătină din cap.

– Așa e. Doar ești avocată.

– Nu mă urî pentru asta. Nu suntem toți răi.

– Nu te urăsc. Și nu mă deranjează întrebările tale. Rob dădu din umeri. Tata. Tata s-a schimbat. I s-a pus diagnosticul cu doi ani înainte să ies eu din RAF. Boala e incurabilă și te omoară în trei până la cinci ani. Și este într-un stadiu avansat. Se agravează pe zi ce trece. Știam că mama o să aibă nevoie de mine. Tot mai eram trimis în misiuni – așa e slujba. Șase, nouă luni. Oriunde în lume. Probabil și în Irak. Sau Afganistan – nu pentru mult timp, cu toate că mulți dintre noi au fost trimiși să lupte acolo. Nu vii în permisie din locurile alea. Când pleci, ești bun plecat. Și nu voiam să fiu departe de ea când are nevoie de mine. Nu voiam să-și facă griji și pentru mine, avea destule cu tata. Iar mama se dădea întotdeauna de ceasul morții de câte ori eram trimis într-un loc pe care ea îl considera periculos, deși în ultimii ani mai mult am predat și am instruit soldații. Cum, necum, își face griji, doar o cunoști.

Susannah încuviință din cap.

— Așa că ai renunțat să faci ce-ți place, nu?

— E tatăl meu, Susie. Și tu ai fi procedat la fel, dacă trebuia.

Oare? Susannah nu și-l putea închipui pe tatăl ei bolnav asemenea lui Frank, care se simțea rău și se aștepta să fie și mai rău. Se aștepta să moară.

Amintirile ei despre Clive se compuneau mai ales din gesturi. Tata ridicând-o și legănând-o deasupra capului până ea râdea de se prăpădea și îl implora s-o lase jos. Tata ținând-o în șaua bicicletei, alergând pe lângă ea până îi dădea drumul, în timp ce ea îi auzea din ce în ce mai slab încurajările. Tata îmbrățișând-o. Tata săpând în grădină. Tatăl ei. Și mama. Nu știa cum ar fi suportat Rosemary așa ceva. Mama era mai gălăgioasă și probabil mai harnică decât tatăl ei, dar nu și mai tare. Sau mai deșteaptă. Susannah se înfiora la gândul trecător că lumea ar fi fost pustie fără zâmbetul blând și sfaturile tatălui ei.

— Cred că s-a supărat foarte tare când a aflat vestea.

Rob pufni în râs.

— Cred c-ar fi fost mult mai supărat dacă ar fi știut adevăratul motiv.

— Și atunci ce i-ai spus?

— Adevărul. Parțial, cel puțin. Că mă săturasem. Că eram obosit. Că mi-era până-n gât de războiul ăsta. De cât timp începuse — de nouă ani? Nu ajungeam la nici un rezultat.

— Și te-a crezut?

— Da, mai ales partea cu oboseala. Spusese mereu că asta nu e viață pentru un bărbat mai în vârstă. Cred că dorea să-mi fac o familie, știi cum este, copii, stabilitate... Vocea lui Rob se stinse.

Susannah nu era încă pregătită să aducă vorba despre soția lui.

— Și cum se simte Frank acum?

Rob se frecă pe frunte.

– Când l-ai văzut ultima oară?

– În septembrie, așa cred.

– Starea lui s-a înrăutățit mult de-atunci. E ciudat – luni de zile boala a stat pe loc, apoi s-a agravat brusc, iar acum starea lui se deteriorează văzând cu ochii. Poate că se va opri iar din evoluție. Sau poate că nu. În cele din urmă va progresa, în mod sigur...

– Acum e în scaunul cu rotile? Când l-am văzut în septembrie, m-am mirat că nu-l folosea.

– Mda. Asta s-a întâmplat chiar înainte de Crăciun. Acum e foarte slăbit. Din cauza asta și a tremuratului, îi e foarte greu să se ridice în picioare fără ajutor. Iar mama nu prea e în stare să-l sprijine. Și acum... îi este imposibil să meargă.

– O, Doamne! Ce calvar!

– E o ruină, Susie. Să fiu sincer, e cumplit să te uiți la el. Și vorbește mult mai greu. Se căznește grozav să pronunțe cuvintele. Și detestă să fie așa. Cred că pentru mama e și mai rău. S-a resemnat să-l vadă în scaunul cu rotile, dar faptul că nu poate să comunice cu el trebuie să fie îngrozitor pentru ea. E singură, în cea mai mare parte a timpului.

– Desigur.

– A fost încântată că te-ai dus pe la ea, Susie. Întotdeauna a ținut la tine.

– Adevărat?

– Da. Ai avut standarde foarte înalte, spunea. Nu înceta niciodată să mă bată la cap cu asta.

– Pe *tine*?

– Da. Credea că nu trebuia să te las să pleci. Păru brusc stânjenit.

Discuția ajunsese într-un punct mort. Se uitau unul la altul fără să mai scoată o vorbă.

Apoi Susannah făcu un efort s-o spună. Altceva nu mai era de spus.

– Deci... te-ai căsătorit!

– Ai aflat?

– Te rog! Sper că nu ai încercat să păstrezi secretul – nu în satul nostru!

– Nu era chiar un secret. Doar că nu voiam să știe toată lumea.

– Prin urmare, cine e aleasa? Vorbește-mi despre ea... Nu-i venea să creadă cât de nepăsătoare îi era vocea. Totuși, nu putea să-i spună că o văzuse deja.

Rob zâmbi cu timiditate, ceea ce o duru un pic.

– O cheamă Helena. E în RAF. Așa ne-am cunoscut.

– O poveste de dragoste între colegi, nu?

– Da, într-un fel. Ea e mult mai tânără ca mine.

Susannah dădu din cap aprobator. Mai c-ar fi vrut ca Rob să-i spună cât de mult își iubea soția, că nu fusese niciodată așa de fericit în toată viața lui. Dar el nu zise nimic.

– Probabil că erați deja logodiți în vară, când te-am întâlnit... Nu se putuse abține.

– Nu, nu eram. Nu a fost ceva planificat. Nu până într-atât.

– Unde e ea acum?

– În Afganistan.

– O, Doamne! Nu se așteptase să audă așa ceva.

– A plecat imediat după Anul Nou.

– Cât o să stea acolo?

– Șase luni, cel mai probabil. S-ar putea să se mai prelungească.

– E periculos.

– Poate să fie, zise Rob dând din umeri, dar asta-i slujba. Pentru asta suntem pregătiți. Sună a clișeu, dar e adevărat – dacă nu ești trimis, te simți frustrat. Ea a vrut să se ducă.

– Și tu ce crezi?

– Că n-am pierdut nimic. Nu simți același lucru a doua sau a treia oară când te duci acolo. Pentru că știi ce urmează. Crezi că ești bine pregătit, dar nimic nu ți-e de folos, cel puțin în unele situații. Simt că mi-am făcut partea mea de datorie.

–Trebuie să te simţi ciudat să fii cel lăsat în urmă după toţi aceşti ani când ai fost în miezul acţiunii. Poţi să vorbeşti cu ea?

El îi aruncă o privire ciudată.

– Da, nu mai e ca înainte. În zilele noastre, vreau să spun. Sunt telefoane mobile, camere Skype şi internet... multe mijloace ca să ţii legătura.

– Şi e bine?

– Foarte. Cel puţin ieri era, glumi el. Lui Susannah i se strânse inima de frică. Îmi pare rău, n-am vrut să sune aşa. E bine. Se află într-un loc destul de sigur acum. O să fie bine.

– Înţeleg. Dar trebuie să-ţi fie dor de ea.

El dădu din cap că da, însă nu spuse nimic. Ea apucă suportul de carton de sub paharul ei şi îl învârti la stânga şi la dreapta, uitându-se la lichidul care se scurgea peste margini.

– Dar tu, Susannah? Nu mai eşti căsătorită, aşa mi-a spus mama.

– Cu Sean? O, nu. Am divorţat... cu mult timp în urmă.

– Îmi pare rău.

– E-n regulă. El m-a părăsit. Nu prea ştia de ce i-o spunea lui.

– Ce cretin!

De asta.

– Acum s-a recăsătorit cu alta. Miriam. Şi au copii. Stau în America.

– V-am văzut împreună, zise Rob clătinând din cap.

– Poftim?

– Te-am văzut cu el. În 1993 sau 1994, aşa cred. Eram la Londra.

– Ce vrei să spui cu asta?

Rob trase adânc aer în piept.

– Venisem să te caut. Eram în permisie. Voiam să te văd de secole. Să vin la tine. Noi niciodată... nu s-a terminat bine între noi.

– A fost vina mea.

– Şi a mea. O privi în ochi. Şi voiam să te văd. Ţi-am găsit adresa. M-am dus la apartamentul tău. Aveam de gând să te aştept acolo. Proastă idee. Nu ştiu la ce mă aşteptam. Ai fi putut să crezi că sunt un hărţuitor nebun, ştiu.

– N-am aflat niciodată.

– Sigur că nu. M-am ascuns înainte să apari tu. Apoi ai venit acasă, dar nu erai singură. Erai cu el. Aţi urcat amândoi, cu nişte pungi de la Sainsbury's în mână, sporovăind veseli. Păreai tare fericită – alcătuiaţi un cuplu.

– Şi de ce n-ai venit să ne saluţi?

Rob ridică o sprânceană, zâmbindu-i sardonic.

– Şi de ce s-o fi făcut?

Doamne! Nu ştia de unde să înceapă, ce să-i spună. Ar fi contat oare, ar fi schimbat ceva?

Probabil că nu. Ar fi fost doar o întâlnire stânjenitoare pentru toţi. Nu-i povestise lui Sean prea multe despre Rob. Îi fusese întotdeauna ruşine de ce făcuse, nu vrusese să amestece trecutul cu viitorul lor – făcuse mari eforturi să *nu* se întâmple aşa ceva. El făcuse singurul lucru raţional cu putinţă, plecase singur în noapte.

– N-am reuşit să ne sincronizăm, se pare, murmură ea privindu-şi mâinile. Aşa se întâmplase întotdeauna cu ei. Nu avuseseră niciodată pista complet liberă.

– Ai pe cineva, nu?

– Da. Rob se uită la ea întrebător, iar ea dădu din umeri. Douglas îl cheamă.

– Dar nu eşti căsătorită cu el, nu?

– Nu. Am încercat o dată, dar n-a mers. Aşa zice Doug. De ce naiba îl cita? Suna întotdeauna aiurea când o spunea el – cu o jovialitate prefăcută – şi tot aşa suna şi din gura ei.

– Şi n-aveţi copii.

– El are trei. Două fete şi un băiat.

– Deci eşti mamă vitregă. Cum e?

– Ca şi cum ai fi o mamă adevărată, doar că nimănui nu-i convine nimic din ce faci, explică ea strâmbându-se.

– Uau! Aşa cum o spui tu, sună „grozav". Îi râdeau ochii.

– Te rog, nu mă băga în seamă. Sunt acrită şi istovită. O splendoare.

– Mi se pare ciudat că nu ai copii. Era rândul lui să-i pună întrebări.

– De ce?

– Ai zis mereu că vrei să ai câţiva.

– Eu?

– Nu-ţi aduci aminte?

Sigur că da. El reprezenta trecutul ei şi acum făcea legătura cu prezentul, obligând-o să-şi amintească. Ridică din umeri şi îi răspunse în doi peri, ştiind că aşa nu avea să-i mai pună întrebări.

– Aşa a fost să fie, asta-i tot.

– Ruşine. Reacţia era atât de tipică pentru Rob, încât Susannah nu-şi putu reţine un zâmbet.

– Dar tu? Ai zis că Helena e mai tânără ca tine. Dar cui îi pasă de vârsta unui bărbat? Uită-te la Charlie Chaplin şi la alţii ca el... o să ai câţiva, nu?

– Nu ştiu. De-abia ne-am căsătorit. Iar ei i-au trebuit ani de zile să se hotărască. Şi are şi ambiţii în carieră. Vrea să aibă un grad mai mare ca mine.

– Şi cât de aproape e de asta?

– Încă nu-i prea aproape. Eu m-am pensionat cu rangul de comandant de escadrilă. Ea e locotenent de aviaţie. Mai are ceva drum de parcurs... În afară de asta, nu prea te gândeşti la copii când nevasta ţi-e plecată în misiune. Lucrurile nu stau prea bine în momentul de faţă.

Ea dădu din cap aprobator.

– Dar într-o zi, poate? Ai fi un tată minunat.

– Crezi? Nu o spui doar aşa, din politeţe?

– Sunt convinsă. Aşa am crezut mereu. Sau te-ai schimbat aşa de mult?

– Toţi ne schimbăm, nu?

– Ne schimbăm... dar rămânem la fel.

– Vezi? Din noi doi, tu ai fost cea înclinată spre filosofie. Aici nu s-a schimbat nimic!

Afară era mai frig ca oricând. Rămaseră unul în faţa celuilalt. Fularul lung de lână al lui Susannah nu-i acoperea gâtul. Încă uitându-se la ea, Rob prinse ambele capete şi i-l mai înfăşură o dată, apropiindu-se de ea suficient ca să-i simtă răsuflarea caldă pe faţă. Preţ de o clipă lungă îşi menţinu mâinile pe gâtul ei. Era un gest posesiv şi blând, care-i trimise un şoc electric prin tot corpul. Susannah se dădu înapoi fără să vrea şi îşi trase bine mănuşile, tremurând după căldura din cârciumă.

– Ne mai întâlnim, Susie, ce zici? M-am bucurat mult să te văd.

– Nu ştiu, ezită ea.

– Ce nu ştii?

– Dac-ar trebui.

– Crezi că facem ceva rău? El îşi luă mâinile de pe ea.

Nu încă. Dar nu era sigură cât timp avea să fie aşa. Atracţia magnetică dintre ei nu scăzuse defel – din prima zi, de la ora de engleză şi focul de tabără de pe pajişte, şi până în acel moment. Era mult prea complicat.

– Nu mă lăsa, Susie. Te rog. Mi-a fost... tare dor de tine.

Declicul se produse când o numi „Susie". Şi ei îi fusese dor de el. Să-l vadă, să stea de vorbă cu el – de aici puteau decurge două variante. Sperase vag (sau îşi închipuise?) că, revăzându-l, avea să alunge pentru totdeauna fantoma trecutului din viaţa ei. Că Rob avea să i se pară drăguţ, amabil şi delicat, dar că, în urma întâlnirii cu el, avea să-l pună iarăşi în locul din mintea ei unde trebuia să stea, ca parte din trecutul ei.

Se concretizase însă cea de-a doua posibilitate. Ce spusese amiralul japonez imediat după atacul de la Pearl Harbor? Că nu trebuie să trezeşti un uriaş care doarme?

Douglas stătea la masa din bucătărie când se întoarse ea acasă, dar auzi şi o altă voce de bărbat venind din colţul pe care nu-l putea vedea din hol. Îşi scoase paltonul şi îl atârnă în dulapul din vestibul, încet, acordându-şi un minut să se calmeze. Se uită în oglindă, dar nu arăta altfel ca de obicei, poate doar că avea ochii mai strălucitori. Dar se simţea cu totul alta. Netezindu-şi fusta şi dându-şi părul după urechi, o luă spre bucătărie. Era Alastair, care stătea la masă şi dădea pe gât o sticlă de bere, cu sacoul pe spătarul scaunului şi nodul de la cravată slăbit.

– Bună, surioară.

Rahat. Uitase. Venise în oraş pentru câteva întâlniri şi sunase în weekend să întrebe dacă putea să stea la ei peste noapte. Sigur că ea fusese de acord – era întotdeauna o plăcere să-l vadă. Apoi uitase, după telefonul lui Rob.

– Doamne, iartă-mă, am uitat că vii. Se duse la el, privind cruciş. O zi groaznică la lucru. Simţi cum roşeşte. Era prima minciună pe care o spunea din cauza lui Rob. Se întrebă dacă nu aveau să fie mai multe.

– Nu-ţi face probleme. Doug era acasă când am ajuns eu. N-am fost lăsat pe prag cu geanta de voiaj în mână.

Susannah îi zâmbi recunoscătoare lui Doug.

– Bine. Bine.

– Ai adus ceva pentru cină? Doug se uită la ea şi, când văzu că venise cu mâna goală, exasperarea i se citi pe chip şi îi răzbătu în voce.

Îi promisese de dimineaţă c-o să aibă ea grijă. N-o făcuse nici pe asta. Dădu din umeri.

– Mâncare indiană?

– Mie îmi place mâncarea indiană. Dacă Alastair era conştient de tensiunea dintre ei, o ascundea foarte bine. Lui Kathryn nu-i place curry, după cum ştii, aşa c-o să fie o masă pe cinste. Îi zâmbea larg, dar pe faţă i se citea şi curiozitatea.

Ştia că ea nu se purtase ca de obicei.

– Dar va trebui s-o cumpărăm, îi întrerupse Doug gândurile. Nu s-o comandăm. Nu avem nici lapte, nici pâine.

Ea dădu din cap.

– Grozav. Bine. Mă duc eu.

– N-ar fi mai bine să mă duc eu? Tu de-abia ai venit acasă.

– Nu. Sigur că nu. E-n regulă. Mă duc. Am luat un taxi de la seviciu, aşa că n-am mers prea mult pe jos...

– Vin cu tine atunci.

– Drăguț din partea ta.

Douglas nu se oferi s-o însoțească – doar ceru pui tikka și pâine naan cu usturoi –, ci se duse la etaj să se schimbe.

Alastair îl urmări urcând scările, dar Susannah nu-i putu citi gândurile pe față.

În drum spre magazin vorbiră despre Crăciun – al lui în Cambridgeshire, al ei acasă. Soacra lui era o pacoste, dar o făcuse să râdă cu atâta poftă, spunându-i în dimineața de Crăciun o poveste despre modul în care o înfuriase pe Kathryn la un moment dat, încât femeia trebuise să se ducă în altă cameră și să muște perna atât de tare că sfâșiase broderia, după care stătuse toată seara de Crăciun s-o repare. Susannah îi spuse despre Daisy și Seth și de ceartă, și el clătină din cap zicând că fetele nu trebuie să se grăbească. Amândoi se mirară de faptul că fratele lor mai mic urma să aibă un copil. Al sporovăi despre serviciu și speranțele pe care și le punea în întâlnirile următoare. Ea îi spuse câte ceva despre munca ei.

La restaurant, se așezară în sală și băură o bere până a fost gata mâncarea.

– Cum se mai simte Amelia? Alastair se întristă, strălucirea dispărându-i din ochi.

– Ți-a zis mama?

– Tu trebuia să-mi spui.

– Amelia nu vrea să se facă tevatură.

– Da' ce, crezi că eu aș fi făcut?

– Nu știu; nu sunt niciodată sigură când e vorba de tine și Amelia.

El scutură din cap cu amărăciune.

– N-ai crezut niciodată că n-o mai iubesc, nu?

– Și care-i adevărul?

– Că sunt însurat cu cea mai grozavă, frumoasă și sexy femeie de pe lume, care știe și ce lapte am supt de la mama și mă iubește așa cum sunt. Avem trei copii împreună.

– Și...

Alastair râse cu poftă, dându-și capul pe spate.

– Nu te dai uşor bătută. Apoi adăugă: Întotdeauna, întotdeauna, întotdeauna îmi va fi foarte dragă domnişoara Amelia Lloyd.

– Ştiu.

El îi dădu un ghiont.

– Dar n-aş face nimic nici într-o mie de ani.

– Ştiu şi asta.

– Ţi-a zis vreodată cineva că prea le ştii pe toate?

– Tu.

– Ea a fost prima fată pe care am iubit-o, oftă el. Nu uiţi asta niciodată, nu-i aşa, surioară? Tu o ştii mai bine ca mulţi alţii, aşa cred.

– Acum cine le ştie pe toate? Nu era pregătită să vorbească despre asta, nici măcar cu el.

Alastair redeveni serios.

– Zi-mi, cum se simte?

– E tare ca oţelul. Puternică şi calmă. Curajoasă ca un erou. Speriată de moarte. Aproape la fel de speriată ca mine.

– O să treacă ea şi de asta, spuse el trecându-i un braţ pe după umeri.

– Toată lumea zice aşa.

– Tu eşti bine? El vorbea de Amelia, o ştia, dar se referea şi la Doug.

– Sunt foarte bine, zâmbi ea. Îi era mai uşor acum să o declare.

– Spune-i... spune-i că sunt alături de ea, promiţi?

– De parcă n-ar şti-o dintotdeauna!

Era amuzant – Susannah trăia la Londra de ani buni, de când terminase facultatea de drept. Şi în toţi aceşti ani făcuse lucrurile pe care le face de obicei un turist – în cea mai mare parte cu Doug şi copiii. Îi duseseră la London Eye – unde, aflând că un tur dura 25 de minute, în loc de 90 de secunde cât făceai cu un montagnes-russes care îţi dădea senzaţii tari, Fin se trântise cât era de lung pe podeaua cabinei în care se urcaseră, văitându-se că era cel mai plictisitor lucru pe care îl făcuse în viaţa lui, spre uimirea turiştilor olandezi de alături.

Se arătase la fel de plictisit şi la Grădina Zoologică. Îi plă-
cuse HMS Belfast, dar nava le plictisise de moarte pe
fete. Copiii n-ar mai fi ieşit din marele magazin de ju-
cării Hamleys, care le provocase dureri de cap atât lui
Doug cât şi lui Susannah, chiar în acelaşi timp. Văzuse
bijuteriile Coroanei, Turnul Londrei, Parlamentul şi
Ministerul de Război (de două ori). Fusese târâtă, cu
ochii aproape închişi, în jurul Turnului Londrei şi se
lovise la noadă, căzând de Crăciun la patinaj în parcul
de la Somerset House.

Cunoştea bine oraşul. Ştia dacă un şofer de taxi o
ocolea intenţionat şi ştia care sunt cele mai bune locuri
de parcare dacă faci cumpărături pe Oxford Street. Avea
o listă de restaurante, cinematografe şi magazine de de-
licatese preferate.

Cu toate acestea, împreună cu Rob, începea să vadă
Londra cu alţi ochi. După ce se întâlniseră prima oară
în cârciumioara aceea, îi trimisese un e-mail pe adresa
de la serviciu pe care i-o dăduse ea. Nu accepta un refuz,
îi spunea el. Nu avea mulţi prieteni în oraş – trebuia
să se întâlnească din nou cu el. Începură să se vadă la
prânz, după serviciu, în după-amiezile de sâmbătă, când
Doug stătea acasă cu copiii.

Nu-şi dăduse seama până acum ce uşor se putea sus-
trage obligaţiilor cotidiene – şi cât de puţin le lipsea ce-
lorlalţi când o făcea. I se părea că plecase de câtva timp
din viaţa lor cu sufletul, iar absenţa fizică era ceva mult
mai uşor de suportat.

Dacă ar fi răspuns la întrebările legate de programul
ei, ar fi minţit. Aşa că nu o făcea.

În timpul săptămânii, făcea ce voia. Dacă Megan ob-
servase ceva schimbat la ea, nu i-o spusese în faţă, iar
Susannah n-avea să ştie niciodată dacă o bârfea pe la
spate. Nu mai lua de aşa multe ori prânzul la birou,
şi ce dacă?

Iar serile din timpul săptămânii, ea şi Doug trecuseră
de mult de faza „când vii acasă, scumpo, şi ce ţi-ar plăcea
să mănânci la cină" – dacă întârziai o oră sau două, ni-
meni nu se supăra într-o casă în care trăiau doi avocaţi.

Era uşor şi în weekendurile în care veneau copiii. Re-
uşise adesea să „evadeze" în trecut, uneori ducându-se
la barul din colţ să bea o cafea mare şi să citească ziarul
Guardian vreo două ore, sau la cumpărături, ori luând
prânzul cu Amelia...

Dar acum, în loc să fie cu prietena ei, se întâlnea cu
Rob să ia prânzul, după serviciu şi sâmbetele. La început
de vreo două ori pe săptămână, apoi la fiecare două zile.
Uneori, chiar în fiecare zi. Într-o dimineaţă, pe când se
machia în baie, se uitase în oglindă şi zâmbise la gândul
că se simţea ca la prima întâlnire. Îşi aminti cum scutura
din cap mama ei, spunându-i că era obsedată, că nu era
sănătoasă la cap. Era la fel de sceptică şi acum în pri-
vinţa acelui diagnostic. Nu era ceva rău, ci dimpotrivă,
starea de bine pe care i-o conferea era extraordinară.

Nu s-au dus niciodată la el acasă sau la ea. Ea nu
i-a propus niciodată să-l cunoască pe Douglas. Nici n-a
prea vorbit despre el. Şi nici Rob nu a întrebat-o. Susan-
nah credea că libertatea şi disponibilitatea ei vorbeau
de la sine despre natura relaţiei ei cu Doug şi stadiul în
care se afla.

Singurele zile de care nu se atingea erau cele în care
se vedea cu Amelia. Nu lipsea niciodată de la aceste în-
tâlniri. Dar nu a vorbit cu Amelia despre Rob. Nu voia
să discute cu nimeni despre el. Era secretul ei încântător
şi voia să-l păstreze.

Se simţea minunat cu el. Era o bucurie nemărginită,
pe care o conştientiza pe deplin. Nu mai fusese aşa fe-
ricită de mult timp. Vorbeau mult şi râdeau. Se simţea
din nou tânără. Era frig – mult prea frig ca să stea afară
un timp mai îndelungat. Londra lor era acum pentru
ei un oraş al muzeelor. Intrarea era ieftină, înăuntru era
cald şi nu-i ştia nimeni, aşa că erau locuri perfecte de
întâlnire. Au fost şi la Acvariu într-o zi, dar era plin
de elevi în vacanţă, profesori care îşi urlau explicaţiile
şi copii care ţipau, şi, cu toate că nu era rece în clădire,
lor aşa li se părea. Muzeele erau mult mai pe gustul lor.
National Portrait Gallery din St. Martin's Place, Tate
Modern Gallery de pe malul Tamisei, British Museum.

Câteodată cutreierau sălile fără țintă, vag interesați de vreun exponat sau tablou; uneori găseau câte o bancă pusă în fața unui tablou frumos sau a unei statui interesante și stăteau acolo în jur de o oră. În alte dăți, se duceau la o cafenea și stăteau de vorbă la nesfârșit, comandând multe cești de ceai care se răcea în fața lor. Se uitau unul la altul minute întregi, minunate, întipărindu-și în minte fiecare trăsătură de pe fața celuilalt. Rob îi făcea complimente. Acum, când se îmbrăca dimineața, se vedea cu ochii lui, alegând haine despre care credea că aveau să-i placă. Se trezea alegându-și piese de lenjerie asortate, scoțând chiloței de dantelă și sutiene cu push-up din fundul sertarului, pentru prima oară după mult timp. O făceau să se simtă frumoasă. El o făcea să se simtă frumoasă.

Recuperau timpul pierdut. Și fuseseră mulți ani. El îi vorbea de toate locurile unde fusese trimis – Insulele Falkland, Scoția, Germania, de două ori în Statele Unite, o perioadă înapoi la Cranwell, unde se pregătise cu douăzeci de ani înainte.

Devenise un foarte bun schior, un călăreț excelent și făcuse parapantă și bungee jumping. Fusese pe toate continentele în afară de Antarctica, dar spera să ajungă și acolo într-o bună zi. Vorbea cu mult entuziasm despre tot ce văzuse și făcuse, iar Susannah îl asculta ore în șir, cu excepția întrebărilor pe care i le punea și la care el răspundea, având grijă să nu monopolizeze conversația. Fizicul lui o tulbura. Era mult mai înalt și mai masiv decât Douglas – mai lat în umeri și mai musculos. Se simțea mică lângă el. Se uita la gura lui în timp ce vorbea, la buzele lui pline cum se arcuiau și îi dezveleau câteodată dinții. Zâmbetul lui, care o topise întotdeauna, avea și acum același efect.

Într-o seară, în barul unui hotel de lângă Bloomsbury Square, unde se duceau câteodată după ce cutreierau prin British Museum, îi povestise la o sticlă de vin – pe neașteptate – câte ceva din ce văzuse în Primul Război din Golf. Amintirile îi erau foarte puternice și dureroase. Vorbea încet și nu se uita la ea. Regimentul lui sosise

primul în locul în care americanii lansaseră o rachetă,
într-o zonă comercială aglomerată, ratând o ţintă mult
mai justificată din punct de vedere militar. Ajunseseră
acolo în câteva minute, când supravieţuitorii plini de
sânge şi arsuri umblau clătinându-se pe străzi. Era pri-
ma dată când vedea cadavre, dintre care unele erau de
femei şi copii, trupuri atât de mutilate că rudele lor abia
le recunoşteau, după ce scormoneau înnebunite prin
mormanele de moloz, urlând numele celor dragi şi ridi-
cându-le capetele ca să le privească feţele, nevenindu-le
să creadă că erau morţi. Rob îşi exprimă convingerea că
el şi camarazii lui veniseră acolo flăcăi şi plecaseră băr-
baţi în toată puterea cuvântului, maturizându-se peste
noapte. Avea lacrimi în ochi când îi povestea, iar ea îl
strânse de mână, amintindu-şi vocea înecată în plâns
a lui Lois, când vorbiseră la telefon. Urându-se că nu
fusese în stare să stea de vorbă cu ea atunci, în preajma
evenimentelor.

De cele mai multe ori însă, conversaţiile lor erau mult
mai degajate şi frivole. Unul din obiceiurile pe care şi le
făcuseră era să se bombardeze cu întrebări. Pierduseră
atâta timp, încât amândoi voiau să-l recupereze.

– Filmul preferat?

– *Pacientul englez*. Dar al tău?

– Nu l-am văzut. Nu-l înghit pe Ralph Fiennes. *Léon*.

– Îţi place de Natalie Portman, nu? Ţie şi restului
populaţiei masculine...

– Nu în ăsta! Era doar o puştoaică. Acum, în *Războ-
iul stelelor*, să vedem. Ai grijă, am avut întotdeauna o
slăbiciune şi pentru prinţesa Leia. Eu şi restul populaţi-
ei masculine.

– Cântecul preferat?

– *Stairway to Heaven*. Led Zeppelin. Categoric.

– Eşti jalnic. Ştiam c-ai să spui asta. De fapt, „Există
triburi încă nedescoperite în jungla peruviană"... vocea
lui se împletise cu ai ei pe când termina propoziţia şi
reluară la unison, „... care *ştiau* că ai să spui asta".

Era o replică din *Tinerii*. Obişnuiau s-o repete tot
timpul.

Susannah bătu din palme încântată.

– Cum îndrăznești să faci mișto de Zeppelin? Al tău care era, hai, zi-mi...

Ea râse, neputându-se gândi la un cântec preferat.

– Pun pariu că este ceva de la The Fray, Coldplay sau Keane, nu-i așa? Hai, recunoaște, te dai în vânt după rockul cuminte, nu? Probabil că ți-au plăcut și The Corrs.

– Obraznic ce ești. U2.

– Care dintre ele?

– Nu știu... oricare... toate sunt minunate. *The Joshua Tree* a fost cel mai bun album al lor, asta-i clar... Nu auzise niciodată un cântec de pe acel album fără să se gândească la el. Apăruse în 1987 și fusese, într-un fel, „coloana sonoră" a relației lor. Își amintea de o seară la el acasă, când puseseră discul la pick-up după ce Frank și Lois ieșiseră într-una dintre plimbările lor pline de tact. Își dăduse sutienul jos înainte de a pleca de acasă, iar când el îi ridicase puloverul la spate și își dăduse seama... ochii i se închiseseră de poftă în timp ce gemea de dorință. Își aminti roșind cum fremăta și ea de dorul lui. Citi pe fața lui că și el își amintea, dar se concentra asupra jocului lor.

– Jumătate de punct. Făcu o pauză, timp în care o privi cu ochi arzători. La naiba, Susannah. Apoi își reveni la normal. Cel mai bun cântec de pe album...?

– *One.*

– Ăsta-i de pe *Achtung Baby.*

– Deșteptule! E încă preferatul meu.

Rob își legănă mâna cu palma deschisă.

– Poate. Dar *With or Without You?*

– Poate. Compozitorul preferat?

– Pot să zic tot Led Zeppelin?

– Ce Dumnezeu? Mă refer la muzică clasică acum. Nu asculți din asta?

– Nu o detest, dacă asta vrei să insinuezi. Cred că am un disc cu Mendelssohn pe undeva. Dar tu? Tot te mai dai în vânt după Rachmaninov?

Era impresionată de referirea lui la Mendelssohn şi Rachmaninov. Erau preferaţii tatălui ei – întotdeauna îi plăcuse enorm muzica pe care o asculta el. Şi îi mai plăcea încă.

– Eşti impresionată, nu? Recunoaşte.

Ea ridică mâinile ca şi cum s-ar fi predat.

– Recunosc. Dar întotdeauna am fost. Mai pune tatăl tău opere italiene cu volumul dat la maximum?

– Sigur că da, zâmbi Rob. Rossini, Verdi şi Puccini sunt încă în vârful clasamentului în casa părinţilor mei.

– Ţi-a transmis şi ţie dragostea pentru operă?

– Nici o şansă. Poate doar să o suport. Dar de plăcut – nici vorbă!

Când erau tineri, Frank le punea câteodată o arie sau un cor şi le traducea cuvintele, interpretând melodramatic, cu vocea şi chipul cuprinse de o emoţie puternică. Ea şi Rob nu manifestau nici un fel de entuziasm, dar el părea să aibă de ajuns pentru toţi – se cufunda în poveste, cu ochii pe jumătate închişi, trăind fericirea sau deznădejdea personajelor.

Iar acum, în cursul uneia dintre întâlnirile lor, cutreierând sălile de la Tate dedicate poeziei şi visului, Robert îşi strecurase mâna într-a ei, exact cum făcuse în prima lor noapte împreună din urmă cu mulţi ani. Nu era doar dorinţă trupească, deşi, în mare parte, nici aceasta nu fusese împlinită. Avea din nou acele sentimente despre care crezuse că aparţin trecutului, nu prezentului şi nici viitorului. Afecţiune. Şi amintiri. Şi încredere. Şi vrajă. Acest ultim cuvânt le cuprindea pe toate, îşi dăduse ea seama. Era ca o reacţie chimică, al cărei rezultat era divin. Vrajă. După aceea, se ţinură de mână de fiecare dată când erau împreună. Susannah îşi spunea că asta era tot, tot ce avea să fie între ei, de parcă ar fi putut opri lucrurile prin puterea vorbelor.

Într-o seară, la câteva săptămâni după ce revenise Rob în viaţa ei, Douglas se apropie de ea din spate în timp ce spăla o tigaie. Îi înconjură mijlocul cu braţele şi îşi lăsă capul pe umărul ei.

– Pari fericită în ultimul timp.

Ea închise ochii și își mușcă buza inferioară, așteptând să o năpădească un val de vinovăție. Dar nu se întâmplase așa. Nu avea de ce să-i fie rușine, se gândi ea.

– Chiar sunt.

– Mă bucur. O ținu așa o clipă, apoi o sărută pe gât și se întoarse la televizor, lăsând-o cu mâinile pe chiuvetă.

Își dădu seama că nu simțea nimic la atingerea lui. Dacă Rob o atingea doar în treacăt, chiar și din întâmplare, căldura pielii lui o ardea pe a ei și o trecea un fior între coapse, i se înmuiau genunchii și începea să tremure. Douglas o ținuse în brațe și o sărutase, dar ea nu simțise absolut nimic.

Nici o vrajă.

Nu se gândise niciodată înainte dacă era o femeie bună sau nu. În ultimele zile își punea destul de des această întrebare și nu prea putea să-și dea un răspuns.

Februarie

Susannah se trezi brusc la patru și jumătate dimineața în ziua când împlinea patruzeci de ani. Rămase în pat aproape o oră, ascultând respirația lui Douglas și zgomotul făcut de centrala termică în funcțiune și încercând să adoarmă din nou. Dar îi treceau prea multe gânduri prin cap, așa că în cele din urmă renunță, își puse papucii și coborî la bucătărie să-și facă un ceai. Puse pe Radio 4 și ascultă buletinul meteo maritim în timp ce fierbea apa din ceainic.

Șezând la masa din bucătărie, își scoase BlackBerry-ul din geantă. Se aprinse butonul roșu. Avea un mesaj. Era de la Rob. Îl dăduse cu zece minute în urmă.

La mulți ani. Sărbătorești?

Își amintise. Ea nu-i spusese nimic. Apăsă pe opțiunea de răspuns și îi dădu și ea un mesaj.

Ne putem vedea azi? Sună-mă dacă te-ai trezit.

După un minut, telefonul îi vibră în mână şi răspunse înainte să sune.

– Te-ai trezit devreme.

– N-am putut să dorm. Dar tu?

– Douăzeci de ani de viaţă în armată. La mulţi ani, Susie!

– Mulţumesc.

– Ei, cum te simţi?

Cum se simţea? Nimeni altcineva n-o mai întrebase. Toate celelalte mesaje erau prostiile obişnuite care se spuneau la cea de-a patruzecea aniversare. Viaţa abia începe. Într-un sens, aşa şi era.

Cu câteva luni în urmă, nu ar fi dat acelaşi răspuns. Cu câteva luni în urmă era dureros de conştientă că patruzeci de ani însemnau mai mult de jumătate de viaţă şi că nu realizase ceea ce îşi pusese în gând. Viaţa ei nu era aşa cum îşi dorise să fie.

Dar acest sentiment îi trecuse. Şi motivul era el.

În mod clar însă, nu putea să-şi arate sentimentele. O ştia foarte bine. El era însurat cu Helena. Ea trăia cu Douglas. Nimeni nu ştia ce era în sufletul ei. Dar nu avea nimic de ascuns, pentru numele lui Dumnezeu. Nu făcuseră mai mult decât să se sărute. Şi se ţinuseră de mână ca nişte adolescenţi. Şi vorbiseră. Însă ea ştia că nu era numai atât. O ştia foarte bine.

– Mă simt grozav. Fericită. Mulţumită ţie, se gândi ea.

– Asta-i bine. Doar voiam să verific. Cred că nu eşti genul care să cadă în depresie de ziua de naştere, dar nu poţi să fii sigur niciodată... Zi aşa, scriai că ai timp să ne vedem azi, nu? Părea să tatoneze terenul.

Douglas rezervase o masă la restaurant pentru acea seară. O anunţase din timp. Adusese în discuţie ziua ei înainte de Crăciun, dar Susannah îi zisese că nu voia nimic deosebit. Nu e mare lucru, adăugase ea. El dăduse din cap aprobator şi nu mai pomenise de asta până când nu-i spusese unde făcuse rezervarea. Doar ei doi, îi spusese, la Oxo Brasserie de pe Gabriel's Wharf.

– Ne putem întâlni să bem ceva.

– Diseară?

– Pe la şase?

– Perfect.

– Trebuie... să mă duc undeva mai târziu...

– Sunt sigur. Asta-i minunat. Serios. Nu credeam că vei putea să ieşi să bei ceva cu mine.

– Vreau să te văd neapărat.

– Şi eu.

Amelia sună puţin mai târziu.

– La mulţi ani, Suze! Bun venit în al cincilea deceniu!

– Mişto! Mersi.

– Şi zi, ai să te mai dezbraci în faţa oglinzii? Să vezi cum ţi se lasă toate cele?

– Nu!

– Eu asta o să fac. Amelia avea să împlinească patruzeci de ani în august. Dar nu în... următoarele şase luni.

– Te rog. Scuteşte-mă de ifosele tale.

– Sigur... Douglas e pe acolo?

– E la duş, cred. Susannah auzea apa curgând.

– E-n regulă, asta înseamnă că ştii de petrecerea-surpriză din seara asta, nu?

„O, Doamne, nu!" gemu Susannah.

– Spune-mi, te rog, că glumeşti.

– Nu glumesc deloc. De fapt, e o chestie foarte mişto. Chiar dacă denotă o totală necunoaştere a firii tale. Tu nu eşti genul de fată căreia să-i placă petrecerile-surpriză. Chiar şi Sam ştie că nu trebuie să te surprindă.

– Douglas a fost capul răutăţilor, nu?

– Îhî. El a aranjat totul.

– Iisuse!

– Bine, acu' va trebui să te străduieşti mai mult să pari surprinsă, asta este. Şi de la telefon îmi dau seama ce mutră faci...

– Mersi pentru avertizare.

– De parcă te-aş lăsa să apari la o petrecere-surpriză fără să te avertizez. M-am gândit că aşa o să ai timp să-ţi aranjezi părul şi să-ţi alegi o rochie trăsnet...

– Vorbeşti prostii. Dar mersi, oricum. Vii şi tu?

– Cu tot cu perucă. Şi cu Jonathan.

Susannah nu reacţionă. Nu ştia exact cum stăteau lucrurile şi nici nu întrebă.

– Cine mai vine? Ai aflat?

– Păi, n-am scris eu lista de invitaţi, dar cred c-o să fie cam treizeci de persoane. Al şi Kathryn, Alex şi Chloe, părinţii tăi...

– Mama şi cu tata?

– Da. Surprinzător, nu? Şi eu am fost uimită. Mama şi tatăl tău... şi, ştii, lume ca de obicei. Câţiva colegi... ştii cum e...

– Fir-ar să fie.

– Au promis că n-o să se poarte ca la serviciu.

– Dar nu vreau aşa ceva, Meels.

– Ştiu. Am încercat să-i spun lui Doug. Măcar de mi-ar fi zis înainte să aranjeze totul, dar n-a făcut-o. M-a sunat când totul era pus la punct.

Se învoise de la serviciu şi rezistase tuturor încercărilor mai multor oameni, inclusiv Douglas şi Amelia, de a o convinge să ia prânzul cu ei. S-ar fi văzut cu Rob, dar ştia că avea multe întâlniri programate în acea zi. Se întoarse în pat cu micul dejun şi se uită la *This Morning*, îşi deschise agenda şi citi reviste. Încă răsunându-i în urechi vorbele Ameliei, se dezbrăcă în faţa oglinzii din baie să vadă dacă gravitaţia o afecta mai serios decât în ajun, dar hotărî că nu se observa nici o modificare, astfel că se răsfăţă o oră în cada cu spumă şi esenţe parfumate. După aceea, se pregăti de ieşit în oraş. Îşi spunea că voia să arate cât mai bine la petrecerea-surpriză care nu mai era o surpriză, însă, de fapt, se gândea la întâlnirea cu Rob. Îşi făcu onduleuri mari la coaforul din colţ, iar manichiura şi pedichiura, la noul salon deschis în vecinătate. Îşi puse o rochie simplă neagră pe care o luase de la reduceri, cu decolteul bordat cu strasuri, şi pantofi cu tocuri înalte şi aplicaţii de cristale Swarovski şi comandă un taxi să o ducă la barul unde trebuia să se vadă cu Rob, în loc să meargă pe jos până la staţia de metrou. În acea zi merita să se răsfeţe.

Rob se ridică de pe scaun când o văzu venind spre el, părând impresionat și recunoscător. Și el era îmbrăcat elegant, observă Susannah. Când ajunse la el, îi luă amândouă mâinile într-ale lui.

– Ești incredibil de frumoasă, Susie.

Uau!

– Și tu arăți bine. Știa că-și zâmbeau unul celuilalt, dar nu-i păsa.

Pe masă erau o sticlă de șampanie și două cupe cu picior înalt.

El turnă în ambele și, oferindu-i ei una, o ridică pe a lui pentru un toast.

– La mulți ani, Susie! Scoase din buzunar o cutiuță maro. Ți-am luat ceva.

– Mersi. E foarte drăguț din partea ta. Totul. Mă răsfeți. Luă cutiuța și îl sărută pe obraz. Nu trebuia.

– Știu. Așa am vrut. Să te răsfăț un pic.

– Ce e?

– Nu-i o mașină, râse el. Deschide-o și vei afla.

Susannah scoase capacul. Pe căptușeala de mătase albă era un medalion. Îl recunoscu imediat. Era micul medalion de aur în formă de trandafir pe care i-l dăruise el când împlinise optsprezece ani. Îl lăsase în camera lui de la Cranwell după seara aceea ciudată și stânjenitoare când participase la balul lui de absolvire – și nu-l ceruse niciodată înapoi.

Îl păstrase toți acei ani.

Ochii îi erau plini de lacrimi când și-i ridică spre el.

– L-ai păstrat? Nu pot să cred că ai făcut asta.

– M-a costat o groază de bani, doar știi, zâmbi Rob.

Ea râse, deși îi venea să plângă.

Uitându-se din nou la bijuterie, își plimbă degetul pe margine și o deschise. Înăuntru era aceeași fotografie. O priveau chipurile lor, încremenite în timp într-un zâmbet fericit. Își amintea perfect ce simțise atunci.

– Nu-mi vine să cred că l-ai păstrat.

Stătuse prea mult cu Rob la bar. Timpul trecea prea repede. În cele din urmă, Rob a fost acela care i-a amintit

că trebuia să se ducă în altă parte. Ea se uită la ceas.
Era 19:25. Trebuia să fie la restaurant în cinci minute
și avea să-i ia cel puțin un sfert de oră să ajungă acolo,
se gândi ea. Avea de trecut pe malul celălalt al fluviului,
însă pur și simplu nu voia să plece.

– Nu vrei să vii cu mine? Nu vorbea prea serios. Este
o petrecere-surpriză.

– Și n-ar trebui să fi surprinsă de o asemenea petrece-
re? Rob zâmbea.

– Mi-a spus Amelia. Știa că mi-ar fi displăcut să nu
fiu anunțată.

– Bună fată, Amelia. Prin urmare... dacă aș veni cu
tine, eu aș fi surpriza, nu?

– Da, așa ar fi!

– Cred c-am să te las să mergi singură, dacă n-ai nimic
împotrivă.

Susannah dădu din umeri mult prea tare.

– Îmi strici tot cheful.

– Nu vreau să te împart, asta-i tot. Pe față i se așternu
deodată o expresie foarte serioasă, iar ea înțelese exact
ce voia să spună.

O conduse până în fața barului și o ajută să-și pună
paltonul. Afară era ger.

Rob făcu semn unui taxi. Răsuflarea ei se prefăcea
în aburi albi. Trăgându-i gulerul până la urechi, o luă
de buzunarele de la piept, o trase spre el și o sărută pe
gură, apoi se dădu un pic înapoi, dar nu mai mult de
câțiva centimetri de fața ei. Amândoi aveau ochii larg
deschiși. Următorul sărut era inevitabil, deși el i-l dădu
doar după câteva secunde nesfârșite. Buzele lui le atin-
seră din nou pe ale ei, dar, de această dată, el nu și le
mai putu lua de acolo. Nu putea s-o sărute doar ca un
prieten – era mult mai mult în acel sărut. Și așa dorea și
ea să fie de atunci încolo.

Dacă taxiul n-ar fi venit chiar atunci, Susannah n-ar
mai fi plecat niciodată.

După un sfert de oră, când ieși din lift la ultimul etaj
al clădirii, lui Susannah nu-i veni greu să pară surprin-
să la intrarea în salonul restaurantului. Era încă sub

impresia şocului provocat de sărutul lui Rob, şi aşa fuse-
se tot drumul până la Oxo Tower. Se simţea surescitată,
plină de viaţă şi uimită, iar toate acestea nu aveau nimic
de-a face cu prietenii şi familia ei, care o aplaudau şi o
felicitau în gura mare.

Amelia purta una dintre noile ei peruci. Era neagră
ca tăciunele şi tunsă ca Anna Wintour, editoarea de la
Vogue, făcând-o să pară mai dură decât era.

– Unde ai fost? Te-am sunat de mai multe ori.

– Îmi pare rău. Susannah flutură din mâna în care îşi
ţinea poşeta. N-am avut timp de telefoane.

– Deci unde ai fost?

– Sper că n-am întârziat, nu?

– Cred că nu, încuviinţă Amelia, încă purtându-i pică
şi privind-o bănuitoare.

Când aveai o prietenă ca Amelia, care te cunoştea
de atâta timp, problema era că nu puteai decât foarte
greu s-o minţi, chiar şi prin omisiune. Amelia intuia că
se petrecuse ceva bizar, lucru care o înnebunea. Să nu-i
mărturisească ar fi însemnat că nu avea încredere în ea.
Dar Susannah ştia cum să-i distragă atenţia.

– Îmi place coafura. Foarte dură, editoarea asta de la
Vogue.

– Aşa crezi? Amelia îşi aranjă cochet peruca.

– Da.

– Arăţi minunat. O rochie nouă...?

– Da.

Susannah se întoarse pe jumătate. Îl văzu pe Jona-
than uitându-se la ele din celălat capăt al sălii, unde era
vag angajat într-o conversaţie cu Clive. Zâmbea şi, când
îi întâlni privirea, îi făcu ştrengăreşte cu ochiul.

– Ce mai face J?

– E acasă. Nu acum, bineînţeles. Acum e acolo, vor-
bind cu tatăl tău. Dar s-a întors acasă.

Susannah se aruncă de gâtul Ameliei, care îşi duse
o mână la cap.

– Ai grijă la perucă, te rog.

– Slavă Domnului! Mă bucur enorm. Este grozav, Meels. Plângea – o podidiseră brusc lacrimi de fericire și tristețe totodată.

Amelia zâmbi misterios.

– Și eu. De ce dai apă la șoareci?

– Nu mă băga în seamă. Sunt un pic tulburată în seara asta, atâta tot. Când s-a întâmplat? Spune-mi, spune-mi...

– Săptămâna asta. Le-am spus copiilor că mă gândesc să-l aduc acasă din nou, pentru totdeauna. Le-am cerut să voteze.

– Să ghicesc cum a mers votul?

– Unanimitate.

– *Quelle surprise!*

– Elizabeth m-a surprins. M-a întrebat dacă o fac de dragul lui sau pentru că am cancer.

– Deșteaptă fată!

– Ca nașa ei, Susannah.

– Și ești sigură că asta vrei? De Anul Nou aveai unele îndoieli.

Amelia se uită la Jonathan, aflat în capătul celălalt al sălii, iar Susannah își dădu seama la ce se gândea prietena ei după expresia care i se așternuse pe față.

– Ei bine, voi două ați vorbit de-ajuns... Jonathan venea spre ele, cu același zâmbet tâmp pe față ca și Amelia și cu mâna pusă pe o ureche. Mă dor urechile. Le luă pe după umeri, într-un gest ce părea normal. Ce zice despre mine, Suze?

– Spune că totul e acum din nou așa cu trebuie.

– În afară de părul meu. Amelia își îndreptă peruca fără să fie nevoie.

Jonathan întinse mâna și o mângâie pe obraz, iar ea i-o luă, o duse la gură și o sărută, nedezlipindu-și nici o clipă ochii de ai lui.

– Și asta se va aranja. Mă bucur foarte mult pentru voi doi. Ați făcut un lucru bun. Slavă Domnului!

Mama și tatăl lui Susannah erau și ei acolo, la fel și Alastair, împreună cu o Kathryn care zâmbea mereu,

strălucind de fericire, şi care îşi informă cumnata că
sărbătoreau Sf. Valentin mai târziu, căci îi lăsaseră pe
copii cu mama ei şi rezervaseră o cameră la Covent Gar-
den Hotel, unde îşi petrecuseră noaptea nunţii, înainte
să plece în luna de miere. Erau acolo şi Alexander cu
Chloe, al cărei abdomen, de obicei plat, devenise proe-
minent sub rochia evident mai largă. În rest, lista fusese
alcătuită de Douglas, cu ajutorul lui Megan, ghici Susan-
nah – o adunătură oarecum ciudată de colegi şi prieteni
cu care se cunoşteau de la începutul relaţiei lor, căci ma-
joritatea amiciţiilor ei de la facultate nu rezistaseră după
divorţul de Sean şi noua relaţie cu Douglas. Îi era greu
să se concentreze asupra conversaţiilor degajate care se
purtau la o astfel de petrecere – se gândea prea mult la
Rob şi la ce se întâmplase recent între ei. Nu putea să
creadă că toţi ceilalţi nu-şi dădeau seama ce se petrecea
cu ea doar privind-o. Îşi simţea obrajii îmbujoraţi. Poate
că era normal să roşească şi să fie emoţionată. Se întrebă
o clipă unde erau copiii – de ce nu-i adusese Doug. Abia
dacă vorbise cu el; o felicitase şi îi dăduse o sărutare
când venise, dar pe urmă amândoi se întreţinură cu
musafirii, în colţurile opuse ale sălii celei mari, aşa că
nu i se ivise prilejul să-l întrebe. Bănuia că pe Rosie şi
Fin nu-i interesase evenimentul, dar lui Daisy poate că
i-ar fi plăcut o petrecere cu ştaif în Londra. Dacă ar fi
ştiut, dacă ar fi organizat ea totul, ar fi invitat-o cu sigu-
ranţă. Şi ar fi lăsat-o să-l aducă şi pe Seth. Constatase în
ultimul timp că, dacă o tratai pe Daisy ca pe un adult,
aşa se şi purta. Nu era mare lucru, dar se părea că Doug
nu învăţase încă această lecţie.

Doug bătea acum cu furculiţa în pahar ca să atragă
atenţia tuturor. „O, Doamne, se gândi Susannah, are
de gând să ţină o cuvântare." Nu-i stătea deloc în obi-
cei. Încercă să-şi facă drum prin mulţimea de invitaţi,
de parcă asta ar fi folosit la ceva, dar, ca prin minune,
toţi se dădeau din calea ei, aşa că rămase singură în mij-
locul sălii.

– Scuze tuturor pentru întrerupere. Vrei să vii aici,
Susannah?

Îi întinse mâna, iar ea traversă încăperea şi i-o luă.

– După cum ştiţi, am venit cu toţii aici s-o sărbătorim pe Susannah, care împlineşte o anumită vârstă. Una care se termină cu zero, asta-i tot ce pot să vă spun.

Se auziră râsete politicoase în sală.

– E mult mai tânără ca mine, aşa că nu văd de ce toată discreţia asta, dar ştiu că aşa le place femeilor.

Ea n-ar fi spus niciodată aşa ceva. Se strădui să nu pară jenată. Nu era stilul ei. Nu-i plăcea să fie în centrul atenţiei – niciodată nu-i plăcuse. Şi în seara aceasta, se simţea o mincinoasă. Spera să termine repede.

– Dar ăsta nu-i singurul motiv pentru care am vrut să fim toţi împreună.

Amelia ridică o sprânceană, de parcă ar fi vrut s-o întrebe ceva pe Susannah. Aceasta ridică din umeri şi îi zâmbi vag. N-avea idee unde voia să ajungă Doug. Cel puţin – aproape că i se făcea greaţă – spera că nu avea să...

– Aşa cum ştiţi, Susannah face parte din viaţa mea de aproape zece ani. Este ceva timp de când suntem împreună. Şi, în ultima vreme, m-am tot gândit că a cam sosit timpul să ne oficializăm relaţia. Ce ocazie poate fi mai bună s-o cer de nevastă decât aici, în faţa familiei şi a prietenilor ei?

Susannah nu leşinase niciodată. I se părea de prost gust să leşine într-o clipă ca asta. Dar se gândi că era posibil. Nu-i venea să-şi creadă urechilor. Oare asta era cea mai groaznică seară din viaţa ei? Mai simţea încă buzele lui Rob pe ale ei. Parfumul lui se impregnase în trupul ei.

Ce joc afurisit avea în minte Douglas? Vorbele lui parcă veniseră de la ani-lumină distanţă şi o loviseră din plin. Ideea aceasta nu putea să fie mai departe de gândurile, fanteziile şi visurile ei, iar el nu dăduse nici un semn în ultimele zile şi săptămâni că ar fi avut asemenea intenţii. Era absurd. Nu se înţelegeau mai bine, ba chiar aveau diferende. Nimic nu era sigur. De ce îi făcea asta acum?

Şi în faţa atâtor oameni.

Susannah nu se miră prea tare că o năpădea un val de mânie și simțea un gust amar în gură. Cum îndrăznea s-o pună într-o astfel de situație? Cererea asta în căsătorie era de parcă ar fi vrut să astupe o fisură dintr-un dig cu un deget, ca tânărul olandez din legendă[1]. Făcea un gest măreț când o mie de altele mici lipseau din viața lor de zi cu zi.

Observă că se așternuse tăcerea în sală. Se uită la chipurile tuturor invitaților și i se păru pentru o clipă că privea printr-un caleidoscop – fețele lor se învârteau și pluteau în fața ochilor ei. Se concentră asupra expresiei îngrijorate de pe chipul Ameliei. Era vizibil îngrozită de ce făcuse Doug. Susannah se bucură că nu era singura.

– Ei... Susannah... Ce zici? o îmboldi el.

– Eu... ce să spun... uau... uau. Simți cum roșește.

– Asta înseamnă da?

Trecea prin chinuri groaznice. Al naibii de sigur că nu era un „da". Dar cum putea să refuze în fața tuturor acelor oameni? Dar cum să spună da, când nu asta voia?

Tocmai când durerea începea să devină insuportabilă – să stea acolo și să nu spună nimic, cu toate privirile ațintite asupra ei – Amelia, cu peruca vâlvoi, se duse în mijlocul sălii, ținându-și în sus paharul.

– Și acum să-i lăsăm în pace o clipă, nu? Vedeți-vă de ale voastre. Să le dăm un răgaz.

Jonathan veni în spatele ei și se întoarse la stânga, spre invitați. Apoi și tatăl ei, ținându-și soția de mână. Și Alastair, foarte binedispus și vorbind tare. Toți se îndreptau spre spațiul rămas gol, făcând mai multă gălăgie decât trebuia. Toți salvând-o din această situație greu de conceput. Ea și Doug erau din nou înconjurați de invitați. Nu mai fusese niciodată atât de recunoscătoare cuiva.

Însă el tot era lângă ea. Tot se uita la ea, așteptând un răspuns.

---

[1] Este vorba de o străveche legendă olandeză în care eroul, Hans Brinker, un băiat inimos, a crezut că poate stăvili apele înfuriate ținându-și un deget în gaura din dig (n.tr.)

– Doug, m-ai luat prea pe neașteptate.

– Voiam să fac ceva romantic. Se bosumflă o clipă, ca un copil.

– Crezi că e locul și timpul potrivit?

– Credeam că va fi, zise el dând din umeri.

– Cum așa? Chiar așa credeai? Susannah întinse mâna spre el.

Doug se dădu înapoi.

Sărbătorita simți privirile uimite invitaților ațintite asupra lor.

– N-am putea să vorbim mai târziu? Acasă? Când suntem numai noi doi. N-ar fi mai bine?

– E o întrebare foarte simplă, Susannah.

Și răspunsul era la fel de simplu, se gândi ea. Avea să fie „nu". Doar că nu voia să i-l dea acolo, în acel moment.

– Chiar crezi că e bine să facem asta acum?

Se uită la ea cu răceală.

– Nu știu. Așa credeam. Dar e clar că tu ești de altă părere.

– Nu aici, Doug. Te rog, îl imploră ea.

– Bine. Își ridică brațele în semn că renunța. Bine atunci. Nu aici. Vorbim mai târziu. Ea încuviință din cap. La mulți ani, Susannah. Vocea îi era aspră și mânioasă.

Își stăpâni furia. N-avea nici un drept să se supere pe ea.

Oare?

Cât de curând putu, se îndreptă spre toaleta femeilor, cu Amelia pe urmele ei. Din fericire, nu mai era altcineva înăuntru.

Amelia o trase într-o cabină, încuie ușa, apoi puse capacul pe toaletă și o împinse pe Susannah să se așeze acolo.

– Te simți bine?

– Nu prea, murmură Susannah luându-și capul în mâini. Ne bârfește toată lumea, nu?

– Mda. Tu n-ai face asta? Jonathan și Alastair fac tot ce pot să le abată atenția de la voi. Dar majoritatea știu că, dacă nu spui da imediat, n-ai să mai spui niciodată. Pe de altă parte, cei mai mulţi dintre invitaţi, cel puţin aşa bănuiesc eu, sunt de părere că a fost o prostie din partea lui să te ceară aşa, pe neaşteptate. Cine sunt oamenii ăştia, la urma urmei? Nu-i cunosc nici pe jumătate dintre ei. Dar ce cretin! Ce naiba l-a apucat? Aveai idee că o să spună aşa ceva?

– Deloc. Dacă aş fi avut şi cea mai mică bănuială, i-aş fi tăiat-o scurt. Adevărul e, Meeels, că n-am fost niciodată mai departe de măritiş ca acum.

– De unde întrebarea...

– De ce a făcut-o? completă Susannah zâmbind.

Amelia scutură din cap.

– Nu. Ce mai cauţi aici?

Se făcuse aproape miezul nopţii când plecară toţi invitaţii. Mama ei o strânsese tare în braţe când îşi luase rămas-bun. „O aniversare şi o cerere în căsătorie în aceeaşi seară, grozav, nu?"

Susannah ştia că Rosemary voia să afle ce intenţiona ea să răspundă, dar nu putea vorbi cu ea despre asta acum. Se gândi că pe faţa tatălui ei se citise o oarecare reticenţă, dar Clive nu spusese nimic, doar o sărutase blând pe obraz. „La mulţi ani, fetiţa mea!"

Kathryn şi Alastair plecaseră cu o oră mai devreme – Kathryn murea de nerăbdare să-şi înceapă a doua lună de miere, ce-i drept mult mai scurtă. Susannah se bucura că nu trebuise să audă remarcile pertinente şi întrebările bine ţintite ale lui Alastair. Nu avea destulă putere. Şi oricum, urma să aibă o discuţie cu Doug. Acum îi părea bine că nu adusese copiii.

Doug nu prea vorbise în taxi până să ajungă la jumătatea drumului spre casă. Apoi luă cuvântul, dar fără să se uite la ea – avea privirea aţintită pe geam, la luminile de afară, şi braţele încrucişate.

– N-am planificat asta. Chestia cu cererea în căsătorie. Mi-a venit aşa, pe moment. Râse, dar încet şi fără pic de veselie.

Ea nu ştia dacă era mai bine sau mai rău. Se gândi la căsătoria „neplanificată" a lui Rob cu Helena. Ce credeau oamenii aceia despre ei? Spontaneitatea i se părea acum un lucru îngrozitor.

– Ce te-a făcut să mă ceri?

– Hmm. Mă întreb şi eu acum. Nu mai părea exaltat, ci trist şi obosit. Ea nu ştia ce să zică. După un minut, poate două, el vorbi iarăşi: Am crezut c-o să te fac fericită, Susannah. Am crezut că asta îţi doreai. Că asta lipsea în relaţia noastră. Ai părut fericită în ultimul timp. Aşa că mi-am spus că încă mă iubeşti. Că poate tocmai de asta e nevoie. Că va repara lucrurile între noi.

– Deci, crezi că e ceva de reparat?

– Sigur că da, mormăi el privind-o cu sprâncenele împreunate sever. Nu sunt prost, Susannah. Poate mai încet la minte decât tine. Sunt ca struţul, îmi bag capul în nisip, dar îmi dau şi eu seama de unele lucruri.

Doar că nu-şi dădea seama ce simţea ea.

– Eşti aşa tăcută.

– Nu ştiu ce să spun, Doug. M-ai luat pe neaşteptate.

– Ştiu. Nu trebuia să fac aşa ceva. Am greşit. A fost o prostie să te cer de nevastă în faţa tuturor oamenilor acelora. N-a fost corect. Îmi pare rău.

Ea îi întinse o mână şi el i-o luă.

– N-are de ce să-ţi pară rău.

Uitându-se la Doug, îi trecuse supărarea – expresia de pe faţa lui o înduplecase, dar şi conştiinţa ei încărcată şi dorinţa de a nu purta această discuţie acum.

El îi zâmbi timid, fără să deschidă gura.

– Deci, te rog să te mai gândeşti la asta.

Iar ea îl minţise. Nu pentru prima oară. Îl minţise şi în privinţa locului unde fusese – în seara când venise Al. Începuse să se priceapă la asta? Încuviinţă din cap.

– O să mă gândesc.

Doug vru să facă dragoste când ajunseră acasă. Ea se demachiase meticulos şi îşi dăduse cu o cremă hidratantă, apoi se spălase pe dinţi, stând în baie mai mult decât avea nevoie, dar Doug era încă treaz când se vârî în pat lângă el. Se întoarse spre ea şi începu s-o sărute pe umăr, trăgând încet de breteaua de satin a cămăşii ei de noapte şi strecurându-şi mâna înăuntru ca să-i mângâie blând sânii. Aşa începea întotdeauna.

Ea nu voia s-o facă. Cu tot atâta blândeţe, îşi puse mâna pe a lui şi îl opri fără să-i spună nimic, doar întorcându-se cu spatele la el, dar se întristă când îl simţi înmuindu-se şi respirând tot mai rar.

Dimineaţa, Doug plecase deja când se trezi ea. Uitase că avea de întreprins o călătorie de afaceri la Paris – fuzionarea a două companii importante îi reclama prezenţa – şi avea să lipsească două zile. Se simţi prost că nu se sculase pentru a-şi lua rămas-bun, că nu-i spusese nimic care să mai însenineze atmosfera. Dar nu ştia ce. El nu-i lăsase nici un bilet.

Însă Rob îi lăsase un mesaj pe telefon.

Mă gândesc tot timpul la tine. Sună-mă când poţi.

Martie

Mersul la spital devenise un obicei groaznic pentru amândouă. Cafele, reviste, perfuzii – tot ce vedeai şi miroseai acolo. Pe Susannah o îngrozea. Pentru Amelia trebuia să fie de o mie de ori mai rău. Era foarte obosită acum. Slăbise şi mai tare şi era pe cale să ajungă piele şi os. Îi căzuse tot părul şi, în zile ca aceasta, nu-şi punea peruca, făcându-şi în schimb un turban dintr-o cşarfă viu colorată. Mama ei venise, chiar după prima şedinţă de chimioterapie, cu o grămadă de cutii portocalii, aproape plate, emblematice pentru marca Hermès, având înăuntru colecţia ei de eşarfe – tatăl Ameliei îi dăruise câte una de fiecare Crăciun, începând din anul în care îşi putuse permite aşa un lux şi până în cel de dinainte s-o părăsească, dar ea păruse întotdeauna să ştie sau cel puţin să presupună că el îşi trimitea secretarele să le cumpere în pauza de prânz, aşa că nu purtase nici una de când plecase el. Culorile aprinse ale eșarfei îi făceau pielea palidă să pară și mai albă și străvezie. Buzele îi erau uscate își începeau să-i crape. Arăta mai bolnavă ca oricând în timpul tratamentului și Susannah se întreba dacă avea să mai reziste o lună sau două. Știa foarte bine care erau efectele chimioterapiei: distrugea cu cruzime, aproape ca în Evul Mediu, tot organismul, împreună cu tumora, până ajungeai în pragul morții. Astăzi Amelia arăta de parcă era cât pe ce să-și dea duhul. Iar pe Susannah o durea sufletul pentru ea, ca în fiecare zi de când i se pusese diagnosticul.

Pe de altă parte, demonstra că putea în continuare să fie nesuferită. Susannah se întreba dacă lui Jonathan nu-i părea rău că se întorsese acasă. Spusese odată niște cuvinte memorabile – după ce ea îi ceruse să plece –, și anume că s-o iubești pe Amelia era ca și cum ai mânca aluat crud. Îți place la nebunie și nu te poți opri din înfulecat, chiar dacă știai c-o să te doară burta după aceea.

Astăzi, Susannah se gândi la asta și zâmbi în sinea ei. Dovedindu-se atât de ursuză și arțăgoasă cum numai cea mai bună prietenă putea s-o suporte, Amelia o enervase la culme pe drumul spre spital, când se plânsese că va trebui să aștepte, iar acum stătea pe scaunul cu spătar înalt cu o față pe care se citea o furie clocotitoare.

Susannah intuise că nu era o zi potrivită să-i spună de Rob, deși simțea nevoia să vorbească despre el – și, dacă nu cu prietena ei, nu mai știa cu cine –, dar se părea că era primul și singurul subiect care o interesa pe Amelia, în ideea de a-și omorî timpul cu ceva.

Îi fusese teamă să se mai vadă cu el, după ce o sărutase tandru de ziua ei. Îi răspunsese la mesaj. Când se apucase să-l scrie, inventase o scuză – o călătorie de afaceri –, apoi apăsase pe butonul „Șterge" și concepuse alt mesaj. Avea nevoie de ceva timp, îi scrisese. Cel puțin câteva zile.

Mi-e puțin frică de ce se va întâmpla când ne vom revedea. Am deschis cutia Pandorei, Rob.

El îi răspusese într-un minut sau două.

Nu se va întâmpla mimic din ce nu vrei tu. Vreau
să te văd, Susie. În condițiile impuse de tine. Toate.

– Te vezi cu el, nu?
– Ne-am întâlnit, zise Susannah dând din umeri.
Am băut ceva. Am stat la taclale.
– Doar o dată?
– De câteva ori. Oare câte ore stătuseră împreună?
Dacă le punea cap la cap, care era totalul?
– Cu el ai fost și când ai întârziat la petrecere deunăzi,
nu-i așa?
– Da. Însă n-am întârziat. Și ce-i cu asta?
– Chiar așa. Amelia ridică din sprâncene.
– Cum adică? Nu putem fi prieteni?
– Asta-i tot ce simți pentru el? Susannah se gândi la să-
rut. Nu, deduse Amelia interpretându-i tăcerea cu mul-
tă acuratețe. L-a cunoscut pe Doug? Știe Doug că te vezi
cu el? La negația previzibilă a prietenei sale, bombăni:
Ei bine, Dumnezeu știe că n-am crezut niciodată că
o să-i plâng de milă lui Doug, dar simt că îmi pare deja
rău pentru el. Te-a cerut de nevastă, iar tu umblai prin
cârciumi cu iubitul tău.
– Nu-i vorba de asta.
– Dar despre ce este vorba? Te rog, fă-mă să înțeleg.
Lămurește-mă.
– Nu mai fi atât agresivă. Nu pot să vorbesc cu tine
când ești așa.
Amelia trase aer pe nas. Când vorbi din nou, ochii
îi erau mai degrabă mari și rugători decât înguști
și acuzatori.
– Ce faci, Suze? În ce joc vrei să te bagi? Nu e bine,
o știi și tu. Nu te-ai ascunde atât, nu ai pleca pe furiș,
n-ai minți, dacă n-ai ști că nu e bine.
– Și, mă rog, ce-i așa rău în asta, Meels? Nu facem
nimic rău.
Asta nu era adevărat. Iar Amelia o știa la fel de bine
ca și ea.

– Nu-mi mai vinde gogoși, o repezi ea – deci, faza de rugăminți nu avea să dureze mult. Îi zâmbi cu sarcasm. Mă cunoști destul de bine ca să știi că nu pot să te cred. Ai patruzeci de ani. Nu mai suntem copii. Sigur că nu procedezi corect. Vino-ți în fire, te rog! El e căsătorit cu alta. E soțul altei femei, Susannah. Doar pentru că e la mii de kilometri distanță, asta nu înseamnă că nu există, că nu e o femeie în carne și oase. Fie că vrei sau nu. Și, chiar dacă nu te culci cu el, asta nu înseamnă că ești pe calea cea bună. Iar dacă nu ești convinsă că e ceva trecător, atunci ești mai dusă decât te-am crezut eu. Și nu mai căuta să te amăgești că nu-i faci nici un rău nefericitei ăleia. Pentru că îi faci – amândoi îi faceți, de fapt.

– Nu mă amăgesc deloc, crede-mă.

– Nu zău? Și atunci cum se numește purtarea ta? Eu i-aș spune jalnică.

– Uite ce e, Amelia, nu cred că tu ai dreptul să-mi ții lecții despre ce e bine sau rău.

– Cineva trebuie s-o facă. Poate chiar eu.

– Ei bine, nu tu. Nu astăzi. Nu acum. E-n regulă? Să nu îndrăznești să mă judeci. N-ai idee cum a fost viața mea. Cum e acum că el s-a întors la mine.

– Nu-mi vine să cred că poți să spui așa ceva. Cum să n-am idee? Te cunosc de treizeci de ani, Suze. Treizeci de ani. Te-am văzut făcând greșeli mari: Rob, Sean, Douglas. Nu m-am amestecat niciodată, nu? Dar trebuie să încetezi să te mai consideri o victimă. Faci întotdeauna ce vrei. Tu ești cea care face niște victime din toți.

– Eu? Ce victime am făcut eu?

– Douglas, de pildă.

– Nici măcar nu-ți place de Douglas.

– Și ce legătură are asta? Nu contează dacă-mi place sau nu. Cred că nimeni nu merită să fie înșelat, Susannah. Nici măcar Douglas. Sau soția lui Rob.

– Eu nu înșel pe nimeni.

Susannah ridicase tonul, și ceilalți pacienți din salon începeau să asculte. O asistentă se oprise la mică distanță de ele, pretinzând că vrea să verifice ceva, dar rămăsese acolo, pironită, la auzul altercației.

Vocea Ameliei era slabă, aproape un șuierat.

– Nu te amăgi, Suze. Ai s-o faci. Nu te aștepta să fiu de acord. Nu te aștepta să fiu lângă tine când vei avea inima frântă.

Susannah se ridică de pe scaun, cu genunchii tremurându-i.

– Nu pot să mai stau aici să te ascult.

Amelia se rezemă de spătar, cu o expresie încăpățânată pe față.

– Atunci pleacă. Susannah șovăia, de teamă să nu facă o boacănă. Era într-un salon pentru chimioterapie. Chiar în acea clipă, otrava se scurgea din perfuzor în venele celei mai bune și vechi prietene ale ei, începându-și călătoria distructivă prin trupul fragil. Promisese că o să-i fie alături. Hai, du-te, murmură Amelia. Nu te vreau aici. Nici nu vreau să mă uit la tine acum. Nici nu te cunosc. Nu-i lăsase nici o portiță. Se întoarse și plecă înainte să o podidească plânsul. Când mai era încă destul de aproape, auzi vocea Ameliei: Viața ta a fost așa cum ți-ai făcut-o, Susannah.

Aprilie

Nu putea să mănânce și nici să doarmă. Nu se putea concentra. Abia mai putea să vorbească. Trebuia să plece în altă parte. Acum dilemele ei includeau trei persoane, nu doar doi bărbați. Nu se certase niciodată așa groaznic cu Amelia. Detesta acest lucru.

Înainte să plece, Susannah le lăsă câte un mesaj celor doi bărbați din viața ei. Cel pentru Douglas era scris pe o foaie de hârtie pe care o scosese de la imprimanta computerului.

Vreau să fiu singură câteva zile. Îmi pare rău dacă o fac prea intempestiv, dar trebuie să-mi adun gândurile,

iar aici, cu tine, nu pot. Te rog să nu încerci să iei legătura cu mine cât timp sunt plecată.
     Susannah

Lui Rob îi trimise un mesaj pe mobil.

Dragă Rob, nu cred că pot să fac asta. Sunt prea confuză. Totul e o greşeală. Trebuie să-mi limpezesc gândurile. Te sun când mă întorc. Susie.

Îi luă un timp să-şi dea seama unde era când se trezi într-un loc unde soarele strălucea cu putere. La Londra era înnorat şi răcoare – o vreme tipică de primăvară –, dar aici totul era altfel. Ajunsese foarte târziu în noaptea precedentă şi afară era întuneric beznă. Avionul companiei EasyJet întârziase – nu era de mirare – şi aşteptase mult timp să-i vină maşina pe care o închiriase de pe internet la aeroportul surprinzător de aglomerat din Toulouse. Se părea că nu era singura persoană din Anglia care îşi căutase refugiul în acest oraş. Indicaţiile derutante pe care i le dădea mama ei (bune în privinţa reperelor, dar slabe în ceea ce privea numerele de pe stradă şi total lipsite de sens când era vorba s-o ia la dreapta sau la stânga, căci ăsta nu era punctul ei forte) pe drumul de la aeroport acasă îi ceruseră toată concentrarea de care era în stare – mai ales conducând în întuneric şi pe partea cealaltă a străzii o maşină cu volanul pe stânga, într-un loc necunoscut. Când ajunsese în cele din urmă, nu fusese în stare decât să bea un pahar mare cu apă, să-şi scoată blugii şi să se trântească în pat.
     A doua zi dimineaţă, se simţi extrem de uşurată că era acolo. Singură. Şi departe de Londra. Nu mai fusese niciodată în zonă, dar văzuse o mulţime de fotografii de-ale părinţilor ei. Peste tot în jur erau obiecte cunoscute – mama şi tatăl ei aranjaseră hambarul cu lucruri aduse din Anglia, aşa că recunoştea tablourile şi pozele, precum şi patul cel mare din care tocmai se ridicase, de parcă ar fi fost casa copilăriei sale. Pereţii erau zugrăviţi în nuanţa preferată de galben a mamei sale – care era,

în sfârșit, adecvată. Nerăbdătoare să iasă afară, își puse
pe ea blugii care zăceau mototoliți pe jos de cu seară,
se încălță cu niște cizme de cauciuc pe care le văzuse
lângă ușă, luă un hanorac din cuier și porni în explora-
re. Părinții ei cumpăraseră hambarul unei vechi ferme
pe care îl făcuseră locuibil, într-un cătun aflat la câțiva
kilometri distanță de orașul Samatan. Lângă ei erau o
fermă renovată și o căsuță, deținute tot de niște englezi,
așa îi spusese mama ei. Când venise, nu văzuse lumini
aprinse și spera că acum erau nelocuite – își dorea izola-
re completă, fără vecini, oricât de prietenoși ar fi fost ei.
În jurul hambarului era cam un acru de teren – o zonă
cu pietriș și o pajiște în pantă lină, cu niște tufișuri și
câțiva copaci. Un gard vechi de lemn despărțea proprie-
tatea de câmpurile care se întindeau cât vedeai cu ochii.
Știa de la mama ei că erau lanuri de floarea-soarelui,
care, peste vreo două luni aveau să se umple de tulpini
înalte, cu florile galbene atât de des pictate. În depărta-
re, la orizont, se zăreau culmile înzăpezite ale Pirineilor.
Iar pe cerul de un albastru-cobalt nu era nici un nor.

Nu avea idee cât era ceasul, dar soarele ardea deja. Își
scoase hanoracul, legându-și-l în talie, apoi merse până
la gard, bucurându-se de liniștea și pacea din acel loc.
Aproape simțea cum i se limpezesc gândurile cu fiecare
pas pe care îl făcea pe iarbă.

Lucrurile se încurcaseră rău de tot. Douglas și copiii
lui, Rob.

Și Amelia.

Cearta cu cea mai bună prietenă a ei o tulburase mai
mult decât se aștepta. Era de parcă, prin tot ce spusese,
Meels îi pusese în față o oglindă în care își vedea între-
gul suflet – avusese dreptate. Față de Amelia nu se putea
ascunde sau minți. Amelia avea tratament în acea zi. Era
prima dată când nu o însoțea, iar asta o făcea să se simtă
groaznic. Îi spusese clar ultima oară când se văzuseră că
nu era cea mai bună persoană din lume, dar Susannah
știa că tot se aștepta s-o vadă apărând la spital, ca de
obicei. Nu avusese destul curaj s-o sune și să-i spună că
nu venea. Îi dăduse un mesaj lui Jonathan.

Plec. Cred că ştii de ce. O treabă foarte urâtă. Îmi pare rău. Eşti drăguţ să-i spui Ameliei? Şi să te duci cu ea la şedinţa de marţi?

El îi răspunsese aproape imediat.

Mi-a spus. Nu-ţi face griji, se calmează ea. Mă duc eu cu ea la spital. Ia o gură de aer, Susannah. Odihneşte-te. Totul va fi bine. Te iubim. J

Susannah ar fi vrut să fie la fel de sigură ca Jonathan că totul avea să se aranjeze. Ea şi Amelia mai avuseseră diferende şi înainte. De nenumărate ori. Prietenia lor nu se baza pe vederi comune în toate privinţele. Nici n-ar fi vrut să aibă o prietenă care s-o aprobe în toate. Se mai certaseră şi când locuiseră împreună. Din nişte fleacuri – cum ar fi cine nu curăţase frigiderul. Şi din motive temeinice – ca treaba cu Alastair din urmă cu mulţi ani sau când îl părăsise Amelia pe Jonathan. Dar asta era o ceartă mai urâtă decât toate celelalte. Se temea că nu aveau să se mai împace vreodată.

Cu toate acestea, în momentul de faţă, Amelia era unul dintre elementele din viaţa ei de care se temea şi în privinţa căruia nu avea nici o siguranţă. Totul se schimba. Era prea greu pentru ea.

Îşi sunase părinţii cu o zi înainte să plece. Nu ştia exact de ce o făcuse, însă bănuia că dorise să audă glasul cuiva care o iubea necondiţionat. Nu voia să le spună ce probleme avea – nu putea. Dar ţinea să-i audă. Răspunsese tatăl ei, care o informase că mama era plecată la biserica St. Gabriel. Era sâmbătă şi avea să fie o cununie mai târziu. În mod normal o întreba cum o mai ducea, după care îi pasa telefonul lui Rosemary. De data asta, auzindu-i vocea calmă, atât de cunoscută, Susannah începuse să plângă încetişor.

– E totul în regulă, scumpo? Tatăl ei părea alarmat.

– Nimic nu-i în regulă, oftase ea.

– Ah...

Fugise de acasă într-o după-amiază de vară, când avea în jur de doisprezece ani, considerând că i se făcuse o nedreptate (uitase de mult despre ce fusese vorba). Plecase cu bicicleta după ce ieşise din bucătărie ca o furtună, spunându-i vorbe grele maică-sii, şi îşi îndesase câteva lucruri în geanta ei verde de pus pe umăr. Tatăl ei tocmai se întorcea de la serviciu şi intra cu maşina pe aleea din faţa casei, însă ea îl ignorase intenţionat şi se îndepărtase pedalând cu furie. Dar, după ce coti, căzuse rău de pe bicicletă, zburând peste ghidon şi aterizând la câţiva paşi mai încolo. Se rănise la cap, avea o tăietură de câţiva centimetri chiar deasupra sprâncenei drepte şi îşi julise genunchii şi coatele. Un genunchi era mai rău – pietricelele negre de pe drum se amestecaseră cu sângele care îi curgea şi o înţepau dureros. Rămăsese acolo unde căzuse, uluită, stânjenită şi rănită, tremurând prea tare ca să se poată ridica, vărsând lacrimi fierbinţi de furie şi uitându-se cum îi şiroia sângele din braţe şi picioare. Un pârâiaş roşu-închis i se scurgea din tăietura de la faţă pe obraz şi până în gură, aşa că-i putuse simţi gustul.

Tatăl ei venise la ea după cinci minute, înainte s-o vadă altcineva. Încă în costum, o ridicase, ducând-o la marginea drumului. Sângele îi pătase cămaşa albă şi cravata albastră când o luase în braţe. Stătuseră un timp acolo, pe trotuar, iar ea se smiorcăise şi îi spusese tragica ei poveste în timp ce el îi ştergea rănile cu batista lui roşie cu picăţele. Îşi amintea că tot ce dorise era să fie ascultată, înţeleasă. Atunci, şi chiar şi acum, i se părea că mama nu o asculta prea des sau cu atenţie. Şi că, dacă asculta, nu înţelegea. În acea după-amiază avusese impresia că tatăl ei o înţelegea.

După câteva minute o ajutase să se întoarcă acasă, iar ea se rezemase de zidul de cărămidă de lângă uşa din spate cât timp se dusese el să-i spună mamei ce se întâmplase. După aceea, mama ieşise din casă, cu şorţul în dungi pe ea, şi o luase înăuntru. N-a ştiut niciodată ce îi spusese el maică-sii, dar în ziua aceea nu a fost certată.

Şi acum fusese ideea lui să se ducă la casa lor din Franţa. Nu era nimeni s-o deranjeze acolo, spusese el. În zece minute îi şi găsise un zbor pe internet.

– Este un loc perfect să-ţi aduni gândurile, dacă de asta ai nevoie, scumpo. Mie mi se limpezeşte întodeauna mintea acolo.

Susannah se întrebase de ce avea el totuşi nevoie de aşa ceva.

Odată ce acceptase să vină, el preluase controlul, ca atunci când era mică. Clive fusese întotdeauna acela care rezolvase problemele. La două ore după ce-l suna-se, s-au întâlnit la o staţie de benzină şi au băut cafea împreună, aşezaţi la o masă de melamină.

– Mamei i-ai spus?

El încuviinţă din cap şi îşi puse mâna peste a ei.

– Amândoi ne facem griji pentru tine. Nu trebuie să-mi spui ce s-a întâmplat, Susannah. Cred că ştiu deja. Nu trebuie să fii un geniu ca să-ţi dai seama că ai neca-zuri acasă. Ea îşi privi mâinile. Şi nu-mi place deloc să te văd nefericită, urmă el. După ce m-ai sunat, cât timp veneam încoace, am încercat să-mi aduc aminte când te-am văzut ultima oară cu adevărat fericită, cu acea scli-pire pe care o aveai în ochi când erai mică. M-am speriat că nu am reuşit să găsesc momentul acela în memorie. E tare greu pentru un părinte să-şi ştie copilul nefericit. Îl face să se simtă vinovat şi nespus de trist, pentru că tot ce-şi doreşte pentru copiii lui e să fie fericiţi.

– Îmi pare rău, tată.

– E ridicol ce zici, fetiţa mea, nu mai spune aşa ceva. Îi strânse tare mâna. Nu trebuie să-ţi pară rău. Trebuie să fii fericită. Asta-i tot ce contează. Vino să stai în casa noastră. Rămâi cât vrei. Gândeşte-te ce te-ar pu-tea face fericită. Apoi du-te la tine acasă şi acţionează în consecinţă.

– Totul pare aşa simplu pentru tine!

– Şi aşa şi poate să fie. Voi, tinerii, complicaţi îngrozi-tor de mult lucrurile.

– Ceea ce te face fericit pe tine îi poate face nefericiţi pe alţii, nu-i aşa, tată?

Se uită o clipă pe geam, la parcare, părând că se gândește. Când o privi din nou, îi zâmbi cu blândețe.

– Și dacă tu însuți ești nefericit, este imposibil să-l faci fericit pe altul?

– Asta nu-i un răspuns.

– Nu am toate răspunsurile, scumpo, doar cheile. Scoase din buzunarul de la haină niște chei cu un breloc roșu și i le puse pe masă. Susannah se uită la pielea uscată și la petele hepatice de pe mâinile tatălui ei. Nu sunt decât un părinte. Viața nu e albă sau neagră, Susannah. Este cenușie – mii de nuanțe de gri. Cred însă că, dacă vrei să ajungi undeva, tu trebuie să răspunzi singură la întrebarea mea, înaintea tuturor.

Ea se aplecă și îi sărută mâna.

În prima și poate și în a doua zi, dormi aproape tot timpul. Nu-i venea să creadă ce obosită era. În momentul când se relaxă și îi dispăru încordarea din ceafă și umeri, se simți epuizată. Se trezea târziu, se plimba prin grădină, își bea ceaiul pe terasă și apoi se întorcea în pat. Până să se trezească din nou, soarele deja apunea. Nu știa că era posibil să doarmă cineva atât de mult.

A doua zi se trezi la unsprezece, rezistă tentației de a se vârî iarăși în pat, se spălă și se îmbrăcă, strânse așternutul și deschise larg fereastra să aerisească încăperea. Simțea nevoia să se miște. Deschise carnețelul albastru de pe frigider în care mama ei scrisese o mulțime de indicații pentru oaspeți: ce era de făcut prin zonă, ce magazine și restaurante erau, și citi despre cel mai apropiat oraș, hotărând să meargă acolo după-amiaza.

Era zi de piață în orașul Samatan. Îi luă mult timp să găsească un loc de parcare. Străzile erau pline de oameni care sporovăiau și făceau cumpărături. În piața centrală erau instalate tarabe cu diverse produse. Se descurcă în franceza ei învățată la școală ca să cumpere niște fructe și legume de la una dintre ele, iar apoi niște brânză cu un miros foarte puternic și niște măsline negre enorme de la alta. Nu era adevărat ce se spunea despre francezi, că nu erau prietenoși și serviabili, decise ea. Poate la Paris.

Aici o ascultau politicoşi cum le schimonosea frumoasa limbă şi se străduiau să-i dea ceea ce credeau că ceruse. Părinţii ei îşi făceau cumpărăturile la marele supermarket Leclerc din apropiere şi lăsaseră destule provizii prin dulapurile din bucătărie, aşa că nu cumpăra de nevoie; era doar un prilej să se mai amuze. Se simţea ca Juliette Binoche – în caz că actriţa nu ar fi vorbit prea bine franceza. Se învârti amuzată, gândindu-se dacă se încadra în peisaj. Marea hală cu poarta de fier forjat, aflată la un capăt al parcării, era plină de animale. Erau acolo oi şi vaci, porci şi pui. Copiii se jucau cu animalele, băgându-şi mâinile prin zăbrelele cuştilor, şi flecăreau veseli. Un om cu o şapcă ţuguiată avea nişte iepuri pe care ea spera că nu-i vindea pentru carne, iar altul nişte pui de labrador cafenii. Stătu un timp şi se uită la ei cum se zbenguiau. Omul îi puse unul în mână când o văzu privindu-i cu atâta interes, iar ea ţinu micuţa fiinţă preţ de câteva minute. Căţeluşul îşi vârî boticul în palma ei şi i se ghemui la piept. Fermierul îi spuse ceva ce ea nu înţelese, aşa că îi dădu căţelul înapoi, zâmbind în chip de scuză şi înclinându-se, fără să ştie prea bine de ce.

Ajunse acasă spre seară, iar soarele la asfinţit îi veni în ochi când viră la dreapta din şosea şi intră pe aleeea cu pietriş. Apăsă tare pe frână când văzu că era altă maşină pe locul în care fusese parcată a ei mai înainte – un Fiat roşu cu număr de înmatriculare din Anglia. Probabil venise cineva să deschidă una din cele două proprietăţi alăturate. Susannah se simţi frustrată – îi părea rău că apăruse un interlocutor de care nu avea nevoie şi nu ştia de ce naiba parcase în faţa hambarului. Probabil că nu cunoştea locul.

Coborî din maşină şi îşi luă plasele de iută din portbagaj, încercând să rămână indiferentă. Fusese o după-amiază reuşită. Uitase de toate pentru un timp.

Şi apoi îl văzu.

Stătea la gardul la care se oprise ea în prima dimineaţă când venise. Îşi ţinea mâinile în buzunare şi se uita la ea, arătând o clipă ca un băieţel emoţionat. Îi venea lumina din spate, aşa că nu îi vedea faţa, dar, după statură și gesturi, îl recunoscu imediat pe bărbatul de care era din nou îndrăgostită nebunește.

Făcu încet câțiva pași în direcția lui, de parcă o opreau sute de lucruri. Dar apoi lăsă jos plasele și alergă spre el, cu inima bătându-i să-i sară din piept. El își scoase mâinile din buzunare și întinse brațele spre ea. Rămaseră mult timp strâns îmbrățișați în lumina amurgului.

Nu fusese niciodată atât de conștientă de prezența unui bărbat în viața ei. Îi invada toate simțurile.

Își lipi fruntea de a ei și, pentru o clipă minunată, ochi în ochi, simțiră cum li se contopește răsuflarea, cum li se unesc nasurile. Mai întâi îi atinse atât de ușor buzele cu gura, că aproape o gâdilă. Dar sărutările lui deveniră din ce în ce mai apăsate și hotărâte, până se sărutară cu toată pasiunea și dorul care îi chinuiseră.

Primul sărut. El fusese primul băiat care o sărutase. Cu atâta timp în urmă. Iar acum o săruta din nou pentru prima oară, la fel de minunat, dar cu o semnificație mult mai profundă. Îl sărută și ea cu toată ființa ei.

În cele din urmă se dădu un pic înapoi ca să-i vadă chipul. Nu se răsese, și pentru prima dată observă că are și fire albe în barbă. Arăta extenuat.

– Cum de m-ai găsit? Nu-i venea să creadă că el era acolo.

Rob dădu din umeri.

– Tatăl tău. L-am implorat să-mi spună unde ești. I-am promis că n-o să te deranjez – n-a vrut să-mi spună până nu i-am promis. I-am zis că vreau doar să știu dacă ești bine. Știu că m-ai rugat să te las în pace un timp, dar nu am putut, Susie. Apoi m-am urcat în mașină. Am luat un feribot ieri-noapte și pe urmă am condus până aici.

Încă o dată se întrebase ce naiba făcea. Niciodată nu se simțise atât de confuz. Niciodată nu se detestase mai mult, niciodată nu se simțise atât de plin de viață. Se întreba ce ar fi făcut dacă Helena nu ar fi fost plecată. Nu ar fi trebuit să mintă. Vorbiseră la telefon cu o zi înainte. Următoarea convorbire era programată peste câteva zile. Nu trebuia să-și justifice absența sau să inventeze ceva. Faptul că ea nu era în preajmă îi dădea libertate.

Dacă ar fi fost acolo, oare i-ar fi spus minciuni? Că se ducea la pescuit cu prietenii sau la vreo conferinţă?

Îi era teamă că ar fi făcut orice ca să se vadă cu Susannah. Forţa sentimentelor lui pentru ea îl îngrozea.

De mai multe ori, pe drumul spre Dover, apoi cât timp aştepta să intre pe feribot, când lăsase geamul în jos ca să-i spună vameşului care era scopul călătoriei sale, când stătea pe puntea feribotului printre elevii în excursie şi îl dureau urechile de la vântul tăios, se întrebase ce Dumnezeu făcea.

Nu era genul de om care să mintă şi să înşele. Fusese crescut de nişte părinţi care se iubiseră din tot sufletul. Fusese sincer în iubire. Aşteptase mult timp până s-o întâlnească pe Helena şi să se însoare cu ea. Nu găsise fata potrivită, înainte de ea. Se căsătorise cu ea crezând că se iubeau cu adevărat şi aveau să trăiască fericiţi toată viaţa, ca Lois şi Frank. Fusese întotdeauna sincer cu ea şi îl îngrozea gândul că nu avea să mai fie aşa.

Nu-şi petrecuse fiecare zi din toţi acei ani visând la Susannah mai mult decât o făcuse ea. Nu ştia cum să-şi explice nici lui însuşi ce se întâmpla acum, cu atât mai puţin Helenei. Dar ştia că nu se poate opune. Dumnezeu să-l ajute.

Nici măcar nu ştia ce îl aştepta când ajungea acolo. Nu-şi repetase în gând tot ce avea să se întâmple. Nici o vorbă. Nici un gest. Însă ştia intuitiv că, atunci când avea s-o zărească alergând prin iarbă spre el, din nou o fetiţă, strălucind de fericire că îl vede, avea să simtă o bucurie mai mare decât oricare alta şi sentimentul de vină avea să-i dispară.

– Eşti nebun.

– Nu. *Am fost* nebun. De îngrijorare pentru tine. Nebun de frustrare că nu te puteam vedea. M-aş fi oprit la vreun han sau hotel dacă aş fi putut dormi, însă ştiam că nu pot. Dar acum nu sunt nebun. Cred că sunt mai sănătos la minte decât am fost de foarte mult timp, Susie. O luă din nou în braţe. Şi mai însetat. Şi mai împuţit ca oricând. Şi mai flămând... chiar îngrozitor de flămând.

Pufniră amândoi în râs.

– N-ai mâncat nimic, prostuțule?

– Am luat un hamburger dubios pe feribot acum vreo 24 de ore, zise el uitându-se la ceas. Așa că...

– Trebuie să mănânci, conchise ea, trăgându-i o pălmuță pe piept.

O prinse de brațe și îi duse mâinile la fața lui.

– De tine am nevoie...

Susannah îi privi chipul cu trăsături frumoase.

– Nu pot să cred că ai făcut asta. Că ai făcut atâta drum. Nimeni nu a făcut așa ceva pentru mine.

Rob se uită fix în ochii ei.

– Nimeni nu te-a iubit așa mult ca mine, Susie.

În acea clipă, ea știu că îi spunea adevărul. Sean nu o iubise atâta. Nici Douglas, care se pare că nu mișcase un deget ca să afle unde era și s-o caute, ba dimpotrivă, era încântat să-i acorde cât mai mult timp departe de el.

Rob o iubea cu adevărat.

El era singurul.

Rob făcu un duș în timp ce ea găti ceva pentru amândoi. Se bucura enorm de venirea lui. Auzea apa curgând și pe el bălăcindu-se. Aprinse focul pe care îl pregătise mai devreme și lemnele uscate începură să trosnească și să scoată scântei în șemineu. Găsi câteva lumânări albe într-un sertar de la bucătărie și le puse pe masă, așezând și două tacâmuri unul lângă celălalt, deși nu-i era deloc foame – se simțea plină. Plină de el. În timp ce desfăcea o sticlă de vin roșu și se uita în cuptor să vadă dacă erau gata pastele, îi trecu prin minte că ei doi nu avuseseră niciodată parte de așa ceva, de această atmosferă tihnită de familie. Era prima dată.

Când își făcu apariția, Rob avea părul încă ud și i se scurgeau stropi pe cămașa în carouri.

– Ei, așa mai merge.

Susannah îi dădu un pahar cu vin. El îl luă și îi făcu vesel cu ochiul înainte să-l dea pe gât.

– Miroase bine aici.

– Cred că orice mâncare ți-ar mirosi bine acum.

O luă de mijloc şi o trase încet înspre el, sărutând-o pe gât.

– Ai dreptate.

– Îhî. Cu multă brânză. Îţi plac pastele aşa?

– Câteodată, zise el pufnind în râs.

Mai târziu, după ce el făcuse farfuria lună şi mâncase şi jumătate din porţia ei, o duse în faţa şemineului. Nu prea vorbiseră în timpul mesei. Aveau atât de multe să-şi spună, că le era mai uşor să rămână tăcuţi. Ceea ce se întâmpla era atât de important pentru ei, încât impunea sobrietate. Susannah se întreba în ce măsură se gândea Rob la Helena. Rob se întreba cum de reuşise să se împartă între două femei – de parcă faptul că traversase Canalul Mânecii făcuse din el alt om. Îl făcuse liber. În seara aceea nu era loc pentru nimeni şi nimic în afară de Susie – Susie a lui. Să fie cu ea îi era de ajuns pentru moment. Mai puse nişte lemne pe foc şi se aşezară pe covorul gros de lână, unul în faţa celuilalt. Rob îi luă picioarele şi i le puse peste ale lui, trăgând-o spre el, apoi îi prinse tot părul într-o mână şi îi trase încet capul spre al lui ca s-o sărute pe gură. Susannah se simţea ameţită. Tot ce făceau era să se sărute, dar ea era deja mai îmbătată de iubire decât fusese de foarte mult timp.

– Am visat mereu să fiu cu tine într-un loc ca ăsta, Susie. Când eram puşti. Când nu găseam un loc în care să stăm singuri un timp. Îţi aminteşti? Un loc exact ca ăsta. Cu un pahar de vin şi un şemineu. Ceva stupid de romantic.

– Vrei să spui că rulota nu ţi s-a părut romantică?

– Iisuse – rulota. Nu m-am mai gândit la asta de foarte mult timp. Afurisita de Amelia! Nu. Nu prea romantică, în nici un caz. Nu era chiar la ce mă gândeam.

– Ştiu. Îţi aduci aminte că ne doream să fim într-un pat mare, cu aşternut alb şi curat?

– Dar n-am ajuns niciodată acolo, nu-i aşa?

Ea îşi amintea. Totul. Îşi aducea aminte cum îi prinsese Lois, roşii la faţă şi cu respiraţia întretăiată, când ar fi trebuit să-şi facă temele în seră. Îşi amintea cum se sărutaseră rezemaţi de pereţi, până li se înmuiaseră genunchii, și cum îi deranja mereu cineva la petreceri. Cum stăteau întinși, supărați și frustrați, pe salteaua subțire din rulotă. Dorindu-l. Pe atunci nu știa exact ce dorea de la el, ce voia să-i facă. Învățau împreună ce este iubirea. Acum știa.

Îl sărută și ea cu gura umedă și deschisă, din ce în ce mai dornică.

– Ce mi-ai fi făcut atunci dacă am fi avut un loc ca ăsta? Îl provoca.

– Te-aș fi sărutat exact ca acum...

– Și...?

– Și probabil că aș fi verificat dacă mă lași să-ți deschei câțiva din nasturii ăstia... Mâinile lui erau acum pe bluza ei.

Murea de dorință să-i simtă mâinile pe pielea ei goală.

– Cred că te-aș fi lăsat. Te-ai priceput întotdeauna la chestiile astea.

El râse răgușit, apoi deveni deodată foarte serios. Gura îi coborî pe gâtul ei în timp ce degetele lui își făceau de lucru cu nasturii, încet, dar cu multă hotărâre. Începu și ea să-i descheie nasturii de la cămașă, în același ritm, până nu mai rămase nici unul închis. Susannah îi dădu cămașa jos de pe umeri, iar el își luă o clipă mâinile de pe ea ca să-și scoată mânecile și s-o lase să cadă pe jos. Ea îi acoperi pieptul cu mici sărutări și i-l mângâie cu degetele. Îi era așa de cunoscut și totodată străin – era de-a dreptul înnebunitor cum putea să întruchipeze două ființe în același timp. În unele privințe, era Rob, așa cum îl știa dintotdeauna. Dar era și altfel: mai voinic, mai musculos. Fusese un adolescent ultima dată când îl îmbrățișase în acest fel. Iar acum avea un corp de bărbat în toată firea.

Se simți brusc cuprinsă de teamă, fiind conștientă că și trupul ei se schimbase. Era mai moale, mai puțin ferm decât probabil că și-l amintea el. Își supse burta fără să vrea când el îi dădu jos bluza.

– Nu. Vocea lui era aspră. Nu face asta.

Ea oftă.

– Ești frumoasă. Mai frumoasă ca înainte.

Se uită în ochii lui fără să clipească în timp ce își desfăcea sutienul, dar el își coborî privirea când îi luă sânii în mâini, înainte să-și dea jos bluza. Nu se mai sfia de el. O mângâie și o sărută până o înnebuni de dorință.

O dădu jos din poală și amândoi își desfăcură picioarele, ea întinsă pe spate lângă el, iar Rob sprijinindu-se într-un cot și aplecându-se s-o sărute. Cu mâna cealaltă o mângâia, trăgând în același timp de betelia blugilor ei. Susannah își aruncă un picior peste Rob și îl trase spre ea. El o apucă de fese, dar, nemulțumiți doar cu atât, de-abia așteptau să scape de pantaloni. Își vârâră mâinile fiecare în lenjeria celuilalt, înnebuniți de dorință. Susannah simțea fiori prin tot corpul. Nu-i venea să creadă cât de excitată era. El era tare ca piatra în mâinile ei și respira cu greutate. Se întâmpla? Chiar se întâmpla?

Nu mai știu care dintre ei se trase primul înapoi. Poate amândoi în același timp. Acum stăteau pe spate, trăgându-și răsuflarea. El vorbi primul.

– Nu putem.

– Știu.

– Eu vreau.

– Doamne! Și eu.

– Îți amintești de ce nu putem?

Îl simțea zâmbind strâmb, deși nu se uita la el.

– Pentru că amândoi suntem „buni". Al naibii de buni.

– Mai suntem? Nu sunt sigur.

– Ba da. Amândoi ne-am oprit din același motiv. Pentru că tu ești căsătorit, iar eu... sunt cu cineva... și pentru că, acum atâția ani, n-am făcut-o, că nu era bine – și nici acum nu e. El se întoarse s-o privească în timp ce vorbea. Vreau să se întâmple când va fi bine. Nu doar pentru noi doi, pe motiv că suntem aici. Când va fi bine pentru toată lumea. Știu că poate sună caraghios...

– Nu, nu-i adevărat. Așa ești tu, Susie.

– Cum? O fată care găsește mereu scuze, nu? Se întoarse cu fața la el.

– Nu. El o scutură încetișor. Nici atunci nu ai râs de mine și nici acum. De aceea n-am vrut niciodată să fac dragoste cu tine şi nici cu altcineva aşa mult cât vreau acum şi aici. Şi, Dumnezeule, când aveam şaptesprezece ani, credeam c-am să mor dacă mă abţineam. Să mor sau să explodez. Dar sunt de acord cu tine. Încă nu este corect s-o facem.

Totul atârna de cuvintele *încă nu*. Toate promisiunile. Încă nu. Dar când avea să fie bine? După ce el o părăsea pe Helena, iar ea – pe Douglas. Când aveau să le spună tuturor adevărul. Atunci aveau să fie liberi. Viitorul ei depindea de aceste cuvinte. Susannah ştia că în seara aceea nu era momentul să aibă o discuţie serioasă. Nici să-i dea un ultimatum sau un termen limită, nici să-şi facă planuri de viitor. Deocamdată era de ajuns.

Îl sărută pe frunte, se ridică şi se aşeză pe canapea. Îi era extrem de greu să nu-l atingă. În lumina focului din şemineu, îi vedea pieptul ridicându-se şi coborând. Veni şi Rob alături de ea. Îi puse mâna pe spate, apoi o luă de umeri. Respiraţia le încetinise şi avea acum un ritm regulat. Susannah se simţea foarte calmă. Pe urmă, el îi luă mâna într-ale sale şi i-o ţinu cu duioşie. Ea îi zâmbi.

El îi susţinu privirea pentru mult timp.

– Deci, au trecut douăzeci de ani şi ne-am întors de unde am plecat.

– Ce vrei să spui cu asta?

– Am o erecţie tare ca piatra şi n-am ce face cu ea.

Ea îi dădu una peste braţ.

– Nu fi porc. Şi acum ce facem? Vrei să ne uităm la televizor? Sunt pe aici nişte DVD-uri pe care aş vrea să le văd. Sau vrei să jucăm Scrabble? Părinţii mei se dau în vânt după Scrabble.

Rob râse şi îi duse mâna la gură să i-o sărute.

– Vreau să adorm cu tine într-un pat. Vreau să mă întind, să te ţin în braţe şi să dorm ore în şir. Se poate, Susie?

– Da, şi mie mi-ar plăcea la nebunie.

După ce plecară de lângă foc şi se duseră în camera pentru oaspeţi, li se făcu frig. Susannah scoase câteva tricouri dintr-un sertar şi îi aruncă unul lui Rob, apoi trase pătura şi se băgă în pat.

– Brrr, făcu ea tremurând de frig. Nu-mi dau jos şosetele.

– Foarte bine. Doar ele-mi mai ţin pofta în frâu.

– Ia-mă în braţe.

– În regulă. Ea stătea cu faţa la perete, iar el se rostogoli în pat ca să-şi pună un braţ sub gâtul ei, iar pe celălalt în jurul taliei, cu mâna pe burta ei. Lui îi încetinise respiraţia, iar Susannah crezu că adormise, dar, când să aţipească şi ea, îl auzi şoptindu-i încetişor în păr „Te iubesc".

Susannah dormi zece ore, iar când se trezi, Robert încă dormea. Urmări cum i se ridica şi-i cobora pieptul; buzele-i erau uşor strânse. Îşi puse braţul pe al lui, constatând că pielea ei părea de un alb lăptos în comparaţie cu a lui, măslinie. Îi plăcuse mereu acest lucru. Îşi aminti cum se uitase la mâinile lor împreunate când aveau şaptesprezece ani, plăcându-i ce vedea şi visând cu naivitate la copiii oacheşi pe care aveau să-i facă.

De la optsprezece ani, când fuseseră în rulotă, nu mai petrecuseră o noapte împreună. Nedorindu-şi ca această noapte să se sfârşească, se cuibări din nou lângă el. Când deschise ochii după ce i se păruseră a fi câteva minute, dar erau cu siguranţă mai mult, el nu mai era. Îl găsi în bucătărie în tricou şi boxeri făcând ouă jumări. Când o văzu, se duse la ea, îi luă faţa în mâini şi o sărută cu pasiune.

– Bună dimineaţa.

– 'Neaţa, Susie. Ai dormit bine.

– Şi tu la fel.

– Mi-a plăcut să te simt lângă mine.

Rosemary pusese afară o băncuţă din tec de pe care se vedea priveliştea superbă; după ce mâncară ouăle, Rob îi puse lui Susannah pe umeri pătura cu care se înveliseră noaptea trecută şi se duseră acolo cu cănile de cafea în mână. Susannah, cu genunchii îndoiţi până la piept, contemplă munţii ce se profilau în depărtare.

– Eşti bine? o întrebă el mângâind-o uşor pe coapsă.

– Nu mai știu de ce lucrurile au luat o întorsătură atât de urâtă. De fapt, îmi amintesc. Știu ce am făcut, dar nu mai știu de ce. Rob, mi-e atât de bine cu tine! Ce păcat – ce mare păcat – că am avut o relație, dar am renunțat. Am pierdut atât de mult timp. Îmi pare rău. Era cât pe ce să izbucnească în lacrimi.

– Te rog, n-are rost să faci asta, Susie. Trecutul este trecut și asta e. Acum suntem împreună.

– Glumești, Rob? Ne ascundem. Ne jucăm de-a cuplul. Asta nu-i viață adevărată.

– Mie mi se pare destul de bine.

– Dar nu e. Îl am acasă pe Douglas, care acum se întreabă ce naiba se petrece cu mine. Tu ești cu Helena. Nu bănuiește nimic – dar știm amândoi că lucrurile nu vor sta mereu așa. Rob nu-i răspunse. Și ce-o să facem mai departe? insistă ea.

– Nu știu, recunoscu el. Este o nebunie. Din multe puncte de vedere, pare foarte simplu. Noi doi împreună. Pe de altă parte, e foarte complicat.

Nu mai scoaseră nici o vorbă câteva clipe, uitându-se la norii din zare. Apoi Rob se întoarse spre ea și îi luă mâna într-a lui. Nu le știu pe toate, Susie, dar de un lucru sunt sigur. Trebuie să fim împreună. Restul sunt doar chestiuni ce trebuie lămurite. Nu e cel mai important ce ne dorim amândoi – ce avem nevoie?

– Ce ușor pare: să lămurim lucrurile.

– N-am spus asta. Dar te iubesc, Susie. Mă faci fericit. Asta-mi doresc. O sărută pe gură cu blândețe. Pot să te rog ceva?

– Ce anume?

– Putem să ne mai jucăm de-a cuplul încă un timp? Să nu mai vorbim despre lucruri neplăcute. N-are rost aici. Măcar un timp?

Îi era extrem de ușor să fie de acord cu el când o săruta și soarele îi încălzea fața.

Găsise în carnețelul mamei adresa și telefonul unui restaurant din oraș, așa că se hotărâră să-și încerce norocul acolo în acea seară. Era în cursul săptămânii, sezonul turistic se terminase, deși vremea era caldă și plăcută. Susannah se temea că restaurantul avea să fie mai degrabă închis decât plin. Ce bizar că nimic altceva nu prea conta pentru ea! Mânca în oraș sau nu. Se scula din pat sau nu. Tot ce conta era să fie cu el. Se gândi câteva clipe la viața cu Douglas. Totul era organizat, după un plan precis. Aranjamente, termene limită, planificări. Totul părea la mii de kilometri depărtare, așa că și-l scoase din minte pe Doug cu stilul lui de viață. Tensiunea din ceafă și umeri i se disipase pe nesimțite. După ce făcu duș, se uită în oglinda de la baie: pielea îi era mai catifelată și mai strălucitoare, iar ridurile de la ochi se împuținaseră. Lăsat să se usuce de la sine, părul i se cârlionțase ca în vremea adolescenței. Arăta mai puțin aranjată, mai tânără. Lui Rob îi plăcea așa.

Își uitase telefonul în mașină pentru că era ca drogată în seara când ajunsese acolo. Când îl verifică, avea un mesaj de la Jonathan în care o anunța că Amelia se simțea bine după chimioterapie. Mai avea câteva mesaje de la serviciu, dar Megan îi spunea că nu era nimic urgent. Nimic de la Doug.

Se înșelaseră crezând că vor avea o seară liniștită. Ceva se întâmpla în oraș. Parcară unde mai lăsase Susannah mașina cu o zi înainte și se plimbară ținându-se de mână prin mulțimea care se aduna în centru. Piața mare era ticsită cu mese pliante pe care erau puse fețe de masă în carouri; între felinare erau înșirate fanioane viu colorate. Muzica răsuna din mai multe baruri și se părea că toată lumea își ținea ușile larg deschise. Oamenii se strângeau în grupuri, vorbind și râzând, clătinând din cap înspre Susannah și Rob pe când se îndreptau spre restaurant.

Rob știa ceva mai multă franceză decât Susannah, așa că, după ce îi zâmbi proprietarului, acesta îi zise că era o seară de *fête*[1] – restaurantul era închis, dar bucătăria deschisă. Puteau să stea să mănânce cu toată lumea la mesele pliante. Se părea că toate restaurantele din oraș procedau la fel. Meniurile erau puțin diferite, dar toate

---

[1] Sărbătoare (lb. franceză)

se bazau pe foie gras şi raţă, specialităţile locale. Plătiră douăzeci de euro fiecare, primiră un bilet roz şi o sticlă de vin roşu cu dopul deja scos; se aşezară pe două scaune la capătul unei mese, alături de o familie cu mulţi copii, inclusiv un nou-născut căruia nu-i păsa de cină. Rob turnă vinul în pahare de plastic şi, când ciocniră, se întinse spre ea peste masă şi o sărută. Susannah îşi dădu seama că tânăra mamă cu bebeluşul în braţe îi zâmbea, dând din cap de parcă ştia ceva. Îi zâmbi şi ea.

– Vreau copii. O spuse atât pentru ea, cât şi pentru el.

– Acum? Îl vrei pe ăsta? Rob arătă înspre bebeluşul din cărucior. Dacă îi distragi atenţia mamei, pot să-l iau.

Ea îi zâmbi.

– În ianuarie – prima dată când ne-am văzut – am făcut pe proasta când m-ai întrebat de copii. M-am prefăcut că nu-mi dorisem niciodată. Mi-era greu să recunosc că am făcut aşa o mare greşeală. Cum să ajung la patruzeci de ani şi să nu am copii? Mă tem că este prea târziu pentru mine.

– Nu e.

– Am pierdut o sarcină când eram căsătorită cu Sean.

– Nu ştiam.

– Normal că nu. Cum să fi aflat?

– Îmi pare rău.

– El sau ea ar trebui să aibă... nu ştiu... treisprezece sau paisprezece ani. Ceva de genul ăsta. Scutură din cap cu nostalgie. Îţi dai seama? Ar fi fost deja adolescent sau adolescentă. Unde s-au dus toţi anii aceştia? Dar tu?

– Din câte ştiu, nu am copii.

– Dar tu şi Helena... Adică îşi doreşte... şi-a dorit...

De aceea era greu. Nici nu ştia ce timp să folosească atunci când discuta despre soţia lui.

Rob se întunecă la faţă.

– Susie.

– Ştiu. Îmi pare rău.

– Mă simt... Sună caraghios. Sunt un ipocrit de prima mână. Dar când vorbesc despre ea... simt că o trădez...

Susannah lăsă ochii în pământ. Se simțea brusc rușinată. El îi ridică bărbia cu arătătorul. Putem să facem ce-am vorbit... să uităm de toate pentru moment? Sunt un laș, un ticălos, sunt orice îți trece prin cap. Nu poți să mă jignești mai rău decât am făcut-o eu. Dar nu în seara asta.

După cină se plimbară până la celălalt capăt al pieței, unde se îndrepta toată lumea, căci cânta o formație pe o scenă improvizată. Se lăsase seara, iar cerul era senin și incredibil de înstelat. Cu toții dansau, mai puțin văduvele bătrâne îmbrăcate în negru care stăteau pe scaunele metalice, bătând din palme încântate. Două sau trei cupluri de vârstă mijlocie dansau cu o sprinteneală de necrezut în mijlocul îmbulzelii.

Rob o târî în mulțime pe Susannah, care protesta și râdea, apoi o trase la pieptul lui, înconjurându-i mijlocul cu brațul.

– Nu pot.

– Ba da.

Îl luă de gât și îl sărută. El îi răspunse cu atâta pasiune, încât îi smulse un geamăt. Apoi dansară lipiți unul de altul, uitând de cei din jurul lor.

– Îmi amintesc de primul nostru dans, îi șopti el la ureche. Tu?

– Bineînțeles că da. Țin minte cântecul, ce purtai și cum m-am simțit.

– Și mi-l amintesc și pe ultimul.

Cranwell. La balul de absolvire. Nu-și amintea cântecul, ci doar cum se simțise. Sentimentul groaznic, sfâșietor că totul avea să se termine...

– Nu a fost ultimul! Acum dansăm, nu-i așa?

„Și pentru amândoi a fost prima oară, se gândi Susannah pe când își freca nasul de gâtul lui. Înainte să fim ai altcuiva, am fost unul al celuilalt."

Evident că nu putea să dureze la nesfârșit. Amândoi știau asta. Nici seara, nici petrecerea. Dansară până când pe Susannah începu să o doară picioarele; după aceea, se urcară în mașină și Rob conduse până acasă. Adormiră îmbrățișați.

*

A doua zi, când își verifică telefonul BlackBerry, Susannah avea e-mailuri, mesaje scrise și mesaje vocale de la Douglas, din care reieșea cât de nervos era.

Unde naiba ești?

Nu putea să-i răspundă.
Își rezervase deja bilet de avion pentru acea seară. Știa că trebuia să se întoarcă acasă. Trebuia să fie la serviciu. Trebuia să se întoarcă la viața ei.
Nu avuseseră suficient timp.

Trebuia să înapoieze mașina închiriată, așa că Rob nu o putu conduce nici măcar la aeroport. O urmă în mașina lui și trase în parcarea enormă din fața terminalului. Zborul era afișat, iar la îmbarcare nu era coadă. Rob o însoți până la controlul pașapoartelor, apoi o ținu strâns în brațe înainte să plece.
Susannah era cât pe ce să plângă.
– Ce stupid, doar o să te văd în două zile. Nu știu de ce mă simt așa de agitată. Mă simt de parcă... Cred că mi-e teamă de ce va veni.
– Să nu-ți fie. Te sun dimineață. O să mă întorc până în weekend. Ne vedem atunci.
– Promiți?
– Promit.

Spera să nu fie nimeni acasă când ajungea. Voia să-și adune gândurile până să vină Doug de la serviciu. Dar zborul avusese întârziere de o oră și, bineînțeles, traficul fusese aglomerat dinspre Gatwick. Văzu cu o oarecare neplăcere că luminile erau aprinse când taxiul opri în fața ușii de la intrare. Doug veni la ușă cât timp ea îl plăti pe taximetrist, îi luă valiza din mână și o sărută pe obraz. Avea doar ciorapi în picioare și își dăduse jos cravata.
– Vrei să bei ceva? Eu mi-am pregătit deja un pahar.
– Da, mersi.

Îi turnă niște whisky, apoi se duse în bucătărie să aducă gheață din congelator, lăsând să cadă încet fiecare cub.

— Pe unde-ai fost? Se așeză și îi puse paharul pe masă, pe locul din fața lui.

Susannah își trase un scaun și se așeză.

— În Franța. La mama și tata.

El dădu din cap, de parcă nu o asculta. Nici nu se uita la ea.

— Am primit o notă informativă interesantă... oare când? Cred că acum o săptămână sau două. Nu știa despre ce vorbea Doug. Se purta ciudat. Susannah era tulburată și agitată. Era pentru tipii care se ocupă de dreptul familiei. Nu pentru noi. Însă documentele de genul ăsta li se trimit tuturor. *Ignorantia juris non excusat*[1] și toate prostiile astea. O fi și vreun avertisment salutar.

— Despre ce tot vorbești acolo, Doug? Se enerva mereu când folosea expresii în latină. Părea foarte pompos.

— A fost foarte interesant. Se pare că mesajele și e-mailurile sunt noii detectivi particulari. Dacă vrei să prinzi pe cineva cu mâța-n sac cînd face o greșeală – acum e totul negru pe alb, cu emoticoane, pe hard diskuri. Așadar, era o notă informativă în care se specifica folosirea acestui tip de informații în cazuri precum divorțurile, cererile de custodie și așa mai departe.

— Aha.

— Susannah, mă gândeam să-ți intru în contul de e-mail. Dacă ți-aș ști parola de la BlackBerry. Totul este la nivel de ipoteză. Abia pot porni calculatorul. Nici nu pot programa aparatul video. Sunt complet incapabil când vine vorba de așa ceva. Dar, dacă aș putea... Dacă aș putea să văd ce e pe telefon, te-aș prinde... te-aș prinde oare făcând ceva ce nu trebuie?

— Douglas...

O întrerupse.

— Vezi tu, știu că e ceva în neregulă. Se întâmplă ceva ciudat. Și acum mă gândesc. Dispari brusc, fără

---

[1] Necunoașterea legii nu este o scuză. (lb. latină)

explicație, nu-mi lași un număr unde să sun. Poate ai pe cineva. Se uită fix la ea. Am dreptate, Susannah?

Deși inima îi bătea tare în piept și o durea și simțea gust de fiere în gură, se simțea ușurată. Dădu încetișor din cap că da.

Doug trase adânc aer în piept, punându-și coatele pe masă și sprijinindu-și bărbia în mâini.

Susannah așteptă.

– Îl iubești pe omul ăsta? rosti el calm, deși pielea gâtului i se înroșise vizibil.

– Da. Credea că o va întreba cine e. Cum se cunoscuseră. Dacă se culcase cu el. Toate întrebările obișnuite. Era pregătită să răspundă la toate. Dar nu o întrebă nimic. Mai stătu câteva clipe, apoi își dădu pe gât paharul, împinse scaunul în spate și se ridică în picioare. La asta nu se așteptase. Doug, putem să vorbim acum despre asta?

El scutură tare din cap, de parcă îl deranja o muscă.

– Nu cred, nu în seara asta.

Nu se întoarse când el plecă din cameră. Îl auzi urcând pe scări, închizând ușa biroului său, apoi din încăpere răzbătu muzica celor de la David Brubeck Quartet.

Nu mai ieșise din birou în noaptea aceea și plecase până să se scoale ea a doua zi, după un somn agitat din care i se părea că se trezise din oră în oră. Voia doar să discute cu Rob. Dar nu putea face asta. Ce-i spusese oare Rob în Franța? I se părea o „trădare". Sărutările, mângâierile, dorința – toate erau bine-venite, pentru că ștergeau restul cu buretele. Doar discuțiile erau lipsite de loialitate.

În acea noapte, Doug nu intrase în camera pe care-o împărțeau – probabil că-și luase hainele pentru serviciu înainte să urce la etaj, apoi dimineața făcuse duș în baia pentru oaspeți. Sau la sală. Nu auzise apa curgând. Avusese o noapte groaznică. Se trezise pe la trei, luase o pastilă, dar tot nu dormise decât până la cinci, iar alarma ceasului începuse să sune la șapte, smulgând-o de la mii de kilometri distanță.

Doug nu voia s-o vadă. Nu suporta s-o vadă.

Nu putea să mai rămână. Era de neîndurat. Și nu era drept. Într-un fel, ghicind despre ce era vorba, îi ușurase treaba. Dar nu se simțea ușurată. Destrămarea unei relații pe care o clădise timp de nouă ani era un lucru foarte greu. Tot ce păruse minunat sub cerul albastru-cobalt al Franței devenise lamentabil în mohorâta Anglie. Ce păruse inocent era acum un păcat.

În metrou își spuse că nu intenționase să-i facă rău lui Douglas. El îi făcuse rău. Se mai gândi și că relația lor scârțâia prea mult ca să poată fi reparată. Fisurile apăruseră cu mult înainte de acea zi de iunie a anului precedent când îl văzuse pe Rob și când își întrezărise viitorul. Ar fi trebuit să-l părăsească pe Douglas cu mulți ani în urmă.

Dar nu o făcuse. Rămăsese pentru că era mai ușor decât să fie singură. Pentru că sperase să se îndrepte lucrurile, că el se va schimba, iar ea îl va iubi din nou, chiar mai mult.

Rămăsese parțial pentru copii. Erau singurii copii pe care-i avea, indiferent cât de prost mergea relația dintre ea și ei. Se mulțumise cu acei copii. Și acum, doar acum începuseră acele relații să se îmbunătățească. Știa că era o cruzime din partea ei și că și lui Daisy, și lui Rosie avea să li se pară la fel.

Îi era mult mai greu să plece acum.

Se duse la muncă să răspundă la e-mailuri și să dea telefoane. Megan, privind-o curioasă, îi spuse că arăta ca o fantomă. Îi zise și motivul pentru care credea că Susannah nu-și lua toate zilele libere – timpul liber nu-i pria. Susannah se gândi la chipul ei strălucitor și fericit din oglinda băii părinților ei și îi spuse că mâncase ceva stricat în avion și că trebuia să se ducă acasă, unde avea o toaletă în apropiere și putea să doarmă.

Acasă își puse lucrurile în cea mai mare valiză pe care o aveau și o cără la parter. Era lângă intrare, astfel că Doug o văzu de cum intră pe ușă.

Se frecă la ochi, iar în voce i se simțeau iritarea și oboseala.

– Iar începem? Acum unde te duci? Sau nu vrei să-mi spui?

– Douglas, poți să vii aici și să te așezi? Putem să vorbim? Am vrut să discut cu tine ieri, dar tu n-ai vrut. Acum te rog să mă lași să-ți spun.

– Susannah, nu vreau să stau jos. Sincer, nici chef de vorbă nu prea am. Nu acum. Vreau doar să știu ce se petrece.

– Plec, oftă ea.

– De asta mi-am dat seama.

– Nu. Plec de tot. Te părăsesc.

Măcar păru șocat. Își puse haina și servieta jos, intră în sufragerie și se așeză pe cel mai apropiat scaun.

– Din cauza lui?

– Din cauza relației noastre.

– Nu te cred.

– Ar trebui. Îți spun adevărul. Ți-am mărturisit că am pe cineva, deci nu-mi poți pune sinceritatea la îndoială. Nu e din cauza lui. Sună de parcă te-aș părăsi pentru el, dar lucrurile nu stau așa. Te părăsesc pentru că relația noastră nu mai merge. Nu mai funcționează de ceva vreme. Și știu asta. Și tu ai ști, dacă ai fi sincer cu tine însuți. Am fost lașă. Ar fi trebuit să plec de mult. El n-are nici o vină.

– Dar te duci la el, nu? Cu el vrei să fii?

– Nu știu. Și ăsta era purul adevăr. Sper, murmură în cele din urmă.

– La dracu'! Douglas scutură din cap și dintr-odată începu să respire cu greutate.

– Îmi pare rău, Doug.

– Nu! Deodată se prăbuși de pe scaun pe podeaua din fața ei și îi strânse picioarele. Nu vreau să pleci. Nu și-ar fi închipuit nici într-o mie de ani că avea să reacționeze așa. Se așteptase să fie furios sau resemnat. Dar nu asta. Nu era deloc felul lui de a fi. Îmi pare rău, Susannah, gemu el. Îmi pare rău că nu sunt cum ai vrut tu. Asta e problema, nu? Te-am dezamăgit. Era extenuată,

dar de data asta nu avea să meargă. Mă pot schimba. Pot
fi ca acel tip. Mă pot schimba. Trebuie doar să-mi spui
ce vrei.

– Asta-i problema, Doug. N-ar trebui să-ţi spun. N-ar
trebui să-ţi cer nimic. Dacă ar merge bine, nu aş fi nevo-
ită. Şi nici tu? Nu-ţi dai seama? Nu e bine.

El scutură din cap.

– Nu pot să accept una ca asta.

Susannah se ridică în picioare.

Doug arăta ridicol pe jos, la picioarele ei. Era jenant
şi Susannah se bucură când el se ridică încetişor şi o
privi în ochi.

– Trebuie. Se întâmplă. Nu mai vreau... să fiu cu tine,
Doug. Deloc. Nu te mai vreau. Nu te mai iubesc. Nu în
felul ăsta.

Stătură faţă în faţă în tăcere, până când Susannah nu
mai suportă. Ridică din umeri – ca să se scuze? Ca să
se dea bătută? Apoi, cu mult calm, cu mişcări încete şi
calculate, îşi luă trenciul de pe scaun, apoi geanta, şi ieşi
pe uşa din faţă.

În tot acest timp, Douglas stătea şi se uita la ea, cu
braţele pe lângă trup, cu palmele uşor ridicate de parcă
se pregătea să dirijeze o orchestră. Ea închise uşa înceti-
şor, fără să scoată o vorbă, apoi se duse la maşină, gră-
bind pasul acum că ieşise din casă.

Douglas nu se luă după ea, dar Susannah blocă ori-
cum portierele. Mâinile îi tremurau incontrolabil când
băgă cheia în contact. Demară brusc, fără să se mai uite
în oglindă. În spatele ei se auzi scrâşnetul frânelor unei
maşini, urmat de un claxon plin de nervozitate. Lui Su-
sannah îi bătea inima foarte tare, iar răsuflarea îi era
întretăiată. Făcu un gest de scuză şi, virând pe următoa-
rea stradă, semnaliză şi trase pe dreapta. Opri motorul,
apoi îşi puse capul pe volan, încercând să respire rar
şi profund.

Nu-i venea să creadă ce-i spusese. Era şocată că-l pă-
răsise pe Doug într-o clipă, după nouă ani împreună.
Nu se simţea deloc uşurată, deşi crezuse că aşa va fi –
se gândise mult la asta şi era conştientă că trebuia

să fi făcut acest lucru de multă vreme. Dar acum îi era
rău și se simțea amețită. Închise ochii și încercă să nu se
mai gândească.

Când își ridică fruntea, trecuseră douăzeci de mi-
nute. Nu mai avea palpitații. Nu știa ce să facă în con-
tinuare. Nu se gândise la cum avea să procedeze după
ce ieșea pe ușă. Visul cel frumos se spulberase când
plecase din casă. Se gândi la Amelia, la părinții ei.
Nu voia să fie singură. Se făcea târziu.

Dar când demară, de această dată uitându-se atentă
în spate, o luă fără ezitare spre singurul loc unde voia să
se ducă: la el. Chiar dacă greșea, chiar dacă îl trăda pe
Douglas și chiar dacă el nu voia să se ducă acolo, tot se
îndreptă spre Rob.

Nu mai fusese niciodată acasă la el, deși știa foarte
bine unde stătea. Locuia acolo cu Helena, iar ea nu do-
rise să vadă casa pe care o împărțeau cei doi. Bucătăria
în care găteau, patul în care dormeau. O viață pe care
și-o clădiseră împreună. Acum nu-i păsa – nu-i păsa că
era casa lor, nu-i păsa dacă dădea dovadă de egoism.

Rob răspunse la ușă, iar pe chip i se citea îngrijo-
rarea. Susannah își dădu seama că era trecut de zece
seara și nu sunase înainte. Cu siguranță că Rob nu se
întorsese de multă vreme. Probabil că era extenuat de
atâta condus.

– M-am despărțit de el.

Atâta putea să-i spună. Nu-și dăduse seama cât de
obosită era până nu ajunsese față în față cu el. Abia
dormise cu o seară înainte, nu mâncase toată ziua, iar
acum, aici, simțea că leșină.

Rob nu scoase o vorbă, ci doar își deschise brațele și
o strânse la piept. Ea se sprijini de el cu toată greutatea.
Își pusese o mână pe ceafa ei și o sărută ușor în creștetul
capului, simțind cum tremura.

O târî mai mult decât o duse în living, apoi o așeză
cu blândețe pe canapea, sprijinind-o de perne, de parcă
era un copil. Îi scoase pantofii, iar Susannah își strânse
picioarele sub ea. Rob o înveli cu o pătură. La televizor
era *News at Ten*, iar un exemplar din *Times* stătea deschis

pe brațul unui fotoliu, lângă un pahar de whisky plin pe jumătate. Susannah închise liniștită ochii în timp ce el îi mângâia degetele de la mână.

Îi dădu paharul și se uită la ea cum îl dădea pe gât.

– Vrei un ceai?

Ea scutură din cap. Nu voia decât să stea ghemuită acolo. Îi era profund recunoscătoare că nu-i punea întrebări. Nu se mai simțise niciodată atât de istovită. Rob se așeză pe brațul canapelei, mângâind-o cu blândețe pe cap, și se uitară în tăcere la buletinul de știri ce se termina. Era o situație conjugală cel puțin ciudată: amândoi tăcuți, liniștiți pentru prima oară de ceva vreme.

Susannah nici nu-și dădu seama când ațipi.

Când se trezi, ceasul digital de pe televizor arăta ora cinci dimineață, iar ea era singură în living, tot sub pătură. Preț de câteva clipe binecuvântate uită unde era. Sau ce se întâmplase. Se afla în vidul minunat pe care adulții îl simt în primul minut al fiecărei zile. Apoi își aduse aminte – chipul lui Doug când îl părăsise, brațele lui Rob înconjurând-o când ajunsese în pragul ușii lui.

Amintirile o năpădeau ca un val.

Se ridică în capul oaselor și își dădu părul după urechi, frecându-se la ochi.

Rob era în pat în camera lui de la etaj. Lăsase ușa larg deschisă. Adormise citind, cu veioza aprinsă și cartea deschisă pe cearșaf, lângă el. Purta un tricou kaki vechi cu o gaură la gât; i se ridicase, dezvelindu-i abdomenul musculos și smocul de păr negru. Susannah stătu o clipă lângă pat și privi cum i se ridica și cobora pieptul când respira, cum îi tremurau pleoapele când visa. Parcă îl iubise toată viața. Îi luă încetișor cartea de pe pat, o închise și o puse pe noptieră. Se aplecă și stinse veioza. Începuse să se crape de ziuă, iar lumina zorilor învăluia blând camera. Își trase rochia peste cap, își dădu jos sutienul și chiloții, apoi se vârî repede în așternut lângă el, goală. Își puse capul pe pieptul lui și, gândindu-se că avea să adoarmă în acea postură tandră, își reținu cu greu un căscat.

Dar trupul lui începu să-i răspundă înainte să se trezească. O trase cu blândețe, astfel că Susannah stătea acum întinsă peste el, complet goală. Dormind încă, își plimbă languros mâinile pe spatele ei, luându-i fesele în palme. Șoldurile începură să i se miște ritmic, iar ea îl simți întărindu-se sub ea.

Voia ca el s-o vadă. Voia să-i rostească numele. Voia ca el să-și dea seama ce se întâmplă, să știe ce-și dorește ea. În sfârșit, putea să vină la el fără nici o grijă, venise la el, iar acum voia să fie cât mai aproape de el, mai aproape ca oricând. Nu mai trebuia să-și alunge din minte gândul la Helena – dispăruse de la sine. Totul era perfect.

Mâinile lui erau în părul ei, trăgându-i gura spre a sa. Sărutările lui erau blânde și profunde, de parcă aveau tot timpul din lume.

Susannah se sprijini cu podul palmelor de pieptul lui și se ridică puțin să-l privească.

– Rob. Somnoros încă, deschise ochii. Rob, sunt eu, Susannah.

– Normal că ești tu. Mereu ai fost tu. Susannah a mea. Dragostea mea.

– Te vreau, Rob. Cu totul. Acum, te rog.

În ochii lui abia deschiși ardea dorința.

– Ești sigură?

Cum putea s-o mai întrebe? I se citea totul în privire.

– Nu am fost niciodată mai sigură de ceva. Niciodată. Te rog!

Parcă se descătușase în sfârșit ceva în el, și blândețea îi dispăru. O întoarse cu ușurință, vădind o forță ce i se părea incredibil de sexy. Era deasupra ei, acoperind-o, obligând-o să-și deschidă picioarele, așa că și le încolăci în jurul lui. Se simțea mică și slabă. Mâinile lui umblau pe tot trupul ei. Îi săruta fiecare părticică de piele la care putea ajunge. O mușca ușor și o zgâria cu barba. Atingerea lui era deopotrivă cunoscută și nouă, de parcă o mângâiase toată viața și totodată nu pusese niciodată mâna pe ea.

Când ajunseră în punctul fără de întoarcere, când nu s-ar fi putut opri nici să fi vrut, el o pătrunse încetișor și se sprijini în coate, uitându-se în ochii ei. Momentul i se părea atât de important, că voia să-l trăiască pe deplin. Această clipă se lăsase așteptată douăzeci de ani. Lui Susannah îi venea să râdă, să plângă, să strige în gura mare. Ar fi vrut să-și exprime sentimentele, dar nu s-ar fi putut opri nici dacă i-ar fi depins întreaga viață de asta. Juisă repede, deși nu-și dăduse seama că era atât de aproape. Orgasmul o înfioră de plăcere, părând să-i circule prin brațe, gât, coloană și să-i explodeze prin vârfurile picioarelor. Își simți degetele strângându-se, îndoindu-se. Dar era mult mai mult. Trupurile și mișcările lor se potriveau, erau în deplină armonie. Era o senzație minunată.

Mult mai târziu în acea dimineață de sâmbătă, stăteau întinși unul lângă altul sub plapumă, mâncând sendvișuri cu șuncă și savurând un ceai cald și dulce. Făcuseră dragoste de două ori în lumina zorilor, fără a se putea sătura unul de celălalt, și adormiseră în cele din urmă în jurul orei la care ea se trezea de obicei. Susannah simțea o durere plăcută la nivelul picioarelor. Când ajunsese la el în ajun, se simțise copleșită de gânduri și sentimente. Sexul îi ștersese din minte totul, mai puțin senzațiile pe care le primise și le oferise în schimb. Se pare că furtuna trecuse – aerul era curat, marea liniștită, iar drumul pe care trebuia să pășească se așternea clar și luminos în fața ei.

– Vreau să fim împreună. Ea i-o spuse prima.

– Și eu îmi doresc asta. El dădu din cap cu multă convingere, de parcă ajunseseră la o înțelegere, apoi nici unul nu mai scoase o vorbă un timp. Susannah știa la ce se gândea Rob în timp ce-i mângâia umerii. *Nu pot să-i spun Helenei cât e plecată. Nu pot să-i fac una ca asta.*

– Înțeleg. Chiar înțelegea.

Nici unul nu zise nimic, dar își aminteau.

– Se va întoarce în câteva luni. Îi spun atunci.

– Și ce facem cât așteptăm?

El se întoarse ca să fie față în față cu ea.

– Ar trebui să stau departe de tine. Am aşteptat atâta vreme – aşa se pare – şi ar trebui să fiu destul de puternic ca să mai aştept un timp.

– Dar... Lui Susannah îi stătu inima în loc. Acum i se părea imposibil să stea departe de el.

O sărută.

– Dar nu cred că pot. Nu sunt mândru de asta. Ea nu trebuie să afle niciodată.

– Nu va afla.

– Ce-ai să faci?

– O să mă întorc la apartamentul meu. Părea uşurat. Ştiu că nu putem fi împreună aici. Susannah se uită prin cameră. Nu părea să fi stat o femeie acolo – nu se zărea nici un roman de dragoste pe noptieră, nici vreo sticluţă de parfum pe măsuţa de toaletă. Dar tot era camera Helenei. Era o singură fotografie cu ei doi pe comodă, într-o ramă argintie. Probabil de la nunta lor. Nu se putea uita la ea. Mai devreme, în baie, se privise în oglindă, întrebându-se ce putea fi în dulăpiorul din spatele ei sau pe rafturi. Lucrurile Helenei. Noaptea trecută nu-şi prea dăduse seama unde se află. În acea dimineaţă îi era mai greu să evite realitatea.

– Nu.

– O să-mi fie bine într-un loc numai al meu. Dar Susannah nu credea ceea ce tocmai spusese. Nu voia să fie decât cu el, oriunde ar fi fost... El încuviinţă din cap. Nu pot sta aici, conchise ea.

El nu mai zise absolut nimic. Şi nu-i mai puse nici o întrebare.

Susannah îi promisese lui Elizabeth că va lua prânzul cu ea. Fina ei nu-i cerea prea des să se vadă, dar o sunase înainte să plece în Franţa (părând să nu ştie nimic despre despre ceartă) şi o întrebase dacă se puteau întâlni. Susannah îşi dorea să fi fost în orice altă zi, numai nu asta. Era aproape sigură că nu gândea foarte limpede. Trebuia să pună în ordine mii de lucruri. În primul rând, avea nevoie de un loc unde să stea. Ce bine că nu-şi vânduse apartamentul când se mutase

la Douglas. Îl mai închiriase de-a lungul anilor – unor
cunoştinţe –, dar momentan nu era locuit. Se cutremu-
ră la gândul că ar fi putut ajunge pe drumuri după ce îl
părăsea pe Doug.

Chiar nu gândise în perspectivă. Bineînţeles că nu
putea să stea cu Rob – sau cu Amelia. Nu atâta vreme
cât erau certate. Nu o sunase în ziua precedentă şi, din
câte ştia, Amelia era foarte supărată pe ea. Nici nu se
punea problema să meargă la părinţii ei şi nu se sim-
ţea în stare să-i sune pe Alex şi Chloe ca să-i roage să o
primească o vreme pe canapeaua lor rabatabilă şi să nu
spună nimănui că se despărţise de Douglas. Se iubeau
şi se înţelegeau bine, din câte aflase de la Alastair, şi nu
ştia dacă ar fi suportat una ca asta. Momentan, singura
soluţie era să se mute în propriul apartament. Încerca să
ia fiecare zi pe rând.

Susannah nu mai locuise singură de ceva vreme.
De acasă se dusese direct la studii, iar la Londra împărţi-
se diverse apartamente cu Amelia, la care veneau mereu
o groază de prieteni. Apoi se mutase în căminul conju-
gal – casa pe care o cumpărase împreună cu Sean. El ple-
case după divorţ şi atunci fusese o perioadă când trăise
singură. Nu prea contase – Alex dormise acolo luni la
rând, ea îşi petrecuse multe nopţi la Amelia şi, după
ce se căsătoriseră Alastair şi Kathryn, stătuse pe la ei.
Nu-şi prea amintea de casa cumpărată cu Sean sau dacă
stătuse acolo singură. O scoseseră la vânzare imediat
ce divorţaseră, însă durase foarte mult până să găseas-
că un client. Ea îşi cumpărase apartamentul cu câteva
săptămâni înainte să-l întâlnească pe Douglas, dar îşi
amânase mutarea acolo când Doug o rugase să stea cu
el în casa din Islington. Din punct de vedere legal, nu
făcuseră nici o modificare. Ea nu i-o ceruse niciodată,
iar el nu-i propusese. Douglas continuase să plătească
ipoteca. Ea plătea câteva facturi la utilităţi şi făcea cum-
părăturile. Totul mersese bine, deşi acum i se părea că
dăduse dovadă de prostie şi nepăsare. Avea patruzeci de
ani şi deţinea un apartament care se potrivea cu stilul
de viaţă pe care îl dusese în urmă cu un deceniu. Nici

nu voia să se gândească dacă apartamentul era adecvat pentru viitorul ei cu Rob. Reprezenta doar un adăpost temporar.

Apartamentul însemna un loc în care să fie cu Rob și să nu-i vadă nimeni. Se jucaseră de-a cuplul în Franța. Aici putea fi ceva adevărat. Era mic, dar foarte curat. Văzuse apartamente mai mari, dar neîngrijite și demodate, cu tapițeria pătată și pereții scorojiți. Voia ceva nou, care să se potrivească vieții ei de acum. Era un apartament cu un dormitor, aflat la etajul al treilea al unui bloc de locuințe. Fusese recent renovat de administrator, așa că totul era curat și proaspăt. Avea un living cu un balconaș între două rânduri de ferestre până în tavan și o bucătărie minusculă cu dulapuri albe și blaturi negre. Dormitorul avea o altă fereastră mare, iar baia era pardosită cu plăci de marmură negre și albe. Totul avea un aer simplu și comun, de la pereții văruiți la covoarele gălbui de sisal. Era sumar mobilat – Susannah nu avusese timp sau chef să se ocupe de decorațiunile interioare. Fusese încântată să se mute în casa lui Douglas, crezând pe atunci că o va lăsa să-și pună amprenta personală. Erau doar câteva piese simple de mobilier – o canapea mare cu o cuvertură crem țesută în diagonală și un pat de fier. La ferestre atârnau perdele albe de bumbac prin care se întrezăreau coroanele copacilor.

Era o zi caldă și însorită, iar Susannah se gândea la viitorul ei. Visa cu ochii deschiși, se și vedea bându-și cafeaua pe canapea, citind ziarele de duminică ghemuită cu picioarele în poala lui Robert.

Îi trimise un e-mail lui Douglas, în care își exprimă dorința de a trece pe la el ca să-și ia restul lucrurilor. El îi răspunse scurt că avea să fie plecat toată ziua, sugerându-i să vină înainte de căderea serii. Îi ceru să lase cheia pe masă înainte să plece. Mânia și durerea emanau din fiecare rând scris.

Era ușurată că nu trebuia să dea ochii cu el.

Când intră în restaurant, abia o recunoscu pe Elizabeth; Amelia avea dreptate, părea înspăimântător de matură. Ea alesese restaurantul – Livebait din Covent Garden, același unde o ducea Susannah când era mică, după un spectacol de balet sau un film – și rezervase o masă.

Se simți ușurată când Libby se ridică și o îmbrățișă călduros. Nu știa ce putuse să-i spună Amelia.

– Ce mai faci, scumpo? Cum mai e viața ta?

– *Comme ci, comme ça*[1], îi răspunse fata.

Chelnerița veni să le ia comanda de băuturi – Susannah ceru un pahar cu vin alb, iar Elizabeth o cola dietetică. Frunzăreau meniul, gândindu-se ce să aleagă.

După ce comandară, Susannah se aplecă în față, cu bărbia sprijinită pe mâinile împreunate.

– Cum mai merg lucrurile? Ce s-a mai întâmplat? Spune-mi...

– Păi... relativ bine. Tata e acasă și asta-i minunat. E *atât* de fericit – și mama la fel. Parcă sunt doi copii. Asta o spunea un copil, se gândi Susannah. Se sărută în bucătărie, chestii de-astea, explică fata. Este scârbos, da' e de bine. Susannah nu se putu abține să nu râdă. Dar cred că sunt supărată pe tine.

– De ce?

– Te-ai certat la cuțite cu mama, nu?

– Ce ți-a spus?

– Mai nimic, dar știu eu. Am auzit-o vorbind cu tata despre asta.

– Și ce spuneau?

– Mama plângea. A spus că ați țipat una la alta. La spital, nu-i așa? Cum ai putut, Susannah, ce naiba? Vorbea ca un adult. Susannah știa că era dojenită pe bună dreptate. Nu mai simțea nici urmă din furia îndreptățită de atunci. Era imposibil. Amelia avusese dreptate. Ce s-a întâmplat? vru fata să știe.

– Libs, nu cred c-ai înțelege. E cam complicat.

– Păi, de ce nu simplifici lucrurile și nu te împaci cu ea? Suze, mama are nevoie de tine. Știu că e din nou cu tata și o are pe bunica, pe noi, dar tu ești cea mai bună

---

[1] Așa și așa (lb. franceză)

prietenă a ei. Nimic nu merge când sunteţi supărate una pe alta. Sunteţi ca Tweedledum şi Tweedledee[1].

– Mersi că mi-ai spus. Susannah făcu o grimasă.

Dar Elizabeth vorbea serios.

– Chiar îi e dor de tine.

– A zis ea asta?

– N-are nevoie. Ştiu eu.

– Uite ce e, Lib. Ţin foarte mult la mama ta. O ştii foarte bine. Şi ea mă iubeşte. Nu ne-am certat niciodată în halul ăsta – şi, crede-mă, am avut ceva certuri la vremea noastră. Nu ne înţelegem acum... într-o privinţă, atâta tot.

– I-a spus lui tata că eşti naivă şi nesăbuită.

– Aşa a zis?

Elizabeth dădu din cap că da.

– Şi că totul se va sfârşi prost. Îşi face griji pentru tine, Suze.

Mai târziu, sub jetul duşului, după ce plecase Susannah, Rob îşi rezemă capul de faianţa răcoroasă şi simţi cum îl cuprinde panica. Când ea era în braţele lui, nu-şi mai dorea altceva. Numai la ea se gândea. Dar acum, când nu mai era cu el, vedea cu ochii minţii numai chipul zâmbitor şi încrezător al Helenei. Se simţea groaznic. Ce făcuse? Ce avea să mai facă?

Se ştergea cu prosopul atât de concentrat asupra acestor gânduri, încât târâitul strident al telefonului îl făcu să tresară speriat. Ridică receptorul după ce îl lăsă să sune de trei ori, crezând că era Susannah, dar auzi vocea neclară a Helenei, venind de departe.

– Rob?

– Helena?

– Ce mai faci? Rob îşi dădu imediat seama că stătea pe un pat răvăşit, unde, în urmă cu câteva ore, făcuse sex cu altă femeie.

– Foarte, foarte bine. Încerca să pară degajat. Tu?

---

[1] Personaje care arată şi se comportă la fel din *Alice în Ţara Oglinzilor* de Lewis Carroll (n.tr.)

– Sunt bine. Cam obosită. Mi-e dor de tine, Rob. Voiam să-ţi aud vocea. Vorbeşte cu mine, te rog!

Nu avea ce să-i spună: vinovăţia îl amuţise. Niciodată nu se simţise mai stingher. Trase adânc aer în piept, încercând să poarte o conversaţie normală. Ştia ce întrebări să pună. Despre vreme, garnizoană, grup, operaţiuni şi instrucţie...

Sporovăiră destul de relaxaţi câteva minute. Helena îi spuse că în ultimele zile avuseseră loc o mulţime de atacuri cu mortiere asupra clădirii în care era ea încartiruită, dar, din fericire, nu fusese nimeni rănit. Iar el îşi aminti ce mult te oboseau toate astea. Te ţineau cu nervii încordaţi la maximum şi într-o continuă stare de nesiguranţă. Nu voiai decât să te întorci acasă.

– Te simţi bine? îl întrebă ea în cele din urmă. Parcă nu eşti în apele tale.

– Serios?

– Da, pari distant. Te uiţi la televizor?

– Normal că nu.

– Atunci? E totul în regulă?

Nu, nu, nu. Totul e ca naiba.

– Totul este bine. Sincer. Sunt doar puţin obosit, atâta tot.

– Au fost atacuri cu rachete pe King's Road? Era puţin sarcastică. Scuză-mă. Am fost răutăcioasă. Iar ai ieşit la băut cu amicii? Uitase că îi furnizase această scuză de câteva ori ca să-şi motiveze lipsa de acasă. Scoase un sunet aprobator. Săracul de tine! Helena îl credea mahmur. Mai bea un păhărel sau prăjeşte-ţi ceva ca să-ţi treacă.

– Aşa o să fac.

– Cum se mai simte tatăl tău?

– O să merg la el în weekendul ăsta. O să-ţi trimit un e-mail.

– Să le transmiţi alor tăi salutări din partea mea, da?

– Bineînţeles. Mama ta se simte bine?

– Cum o ştii. La fel ca-ntotdeauna. A întrebat de tine când am vorbit cu ea.

La început își sunase soacra în fiecare săptămână, dar acum nu mai vorbise cu ea de o lună. Cum s-o sune? Percepuse aluzia Helenei, însă o trecu cu vederea.

– Mi-e dor de tine, Rob.

– Și mie.

– Dar nu mai e mult! O să ajung repede acasă. De-abia aștept. Știi ce vreau? Să fac o baie caldă, să înfulec mâncare chinezească și să stau o zi în pat. Nu doar să dorm...

După ce închise telefonul, Rob stătu pe marginea patului, cu prosopul încă înfășurat în jurul taliei, până când i se făcu pielea de găină.

Telefonul sună iarăși. De această dată era precis Susannah. Helena nu avea obiceiul să sune din nou. Nu putea să discute cu Susannah acum. Îl lăsă să sune, simțindu-se ușurat când se opri. Căzuse pe gânduri când soneria începu iarăși. Răspunse fără tragere de inimă.

Era mama lui, care plângea.

– Slavă Domnului, Rob. Credeam că n-ai să mai răspunzi niciodată.

Rob credea că știa cât de mult avea să se deterioreze starea tatălui său. Credea că avea să reziste coșmarului de a-și vedea tatăl slăbind pe zi ce trece. Până îl văzuse pe patul de spital. Nici nu l-ar fi recunoscut, dacă mama lui n-ar fi stat lângă el. Șocul îl făcu să se clatine și fu cât pe ce să cadă.

Nu văzuse lumina ce pâlpâia pe robotul telefonic. Era obosit și îngrijorat după ce condusese atât de mult din Franța până acasă, așa că nu se mai uitase. Apoi venise Susannah... și nu se mai putuse gândi la asta. Lois nu-l suna pe mobil. Nu învățase numărul, iar el știa că tehnologia o speria. Nu putea să-i dea un e-mail sau un mesaj, căci părinții săi nu-și cumpăraseră calculator, spunând că nu l-ar fi folosit îndeajuns încât să merite investiția. Așa că-l sunase pe telefonul fix. Iar el nu se uitase la afurisitul ăla de aparat. După ce puse receptorul în furcă, ascultă mesajele pe când se îmbrăca în grabă. Lăsase cinci. Unul mai trist și mai disperat decât altul.

Din mesaje își dădu seama cât de mult se agravase starea tatălui său. În primul, o îngrijora respirația lui, care părea altfel în somn; îi telefonase medicului de familie să vină acasă – și Rob să o sune de îndată! Din al patrulea mesaj răzbătea panica. Aproape țipa. Unde era? De ce nu răspundea? Avea nevoie de el. Nu putea lua hotărâri fără el. Unde era? Plângea în hohote. Până să-i trimită al cincilea mesaj, Frank era deja intubat la spital. Urma să respire prin intermediul unui aparat până își dădea sufletul. Nu avea să mai stea de vorbă cu ei niciodată.

Rob ajunse la spital cât de repede putu, detestându-se cu o ferocitate care-l speria; nu fusese niciodată mai îngrozit. Îi dezamăgise pe amândoi. Dăduse greș în toate.

Cum de se putuse întâmpla atât de repede? O întrebase pe mama lui, îl întrebase pe doctor – doctorul tânăr și isteț care venise la căpătâiul pacientului, explicându-i lui Rob ce se întâmplase de parcă vorbea cu un copil. Așa e boala, spunea doctorul, evitându-i privirea. Imprevizibilă. Nici un prognostic nu era la fel, la fiecare pacient evolua diferit. La tatăl lui se agravase repede, dar avusese și cazuri cu o evoluție mai rapidă. Nu, nu avea ce să facă. Rob știa și el atâta lucru despre boală.

Începu să plângă în hohote, urându-se că nu reușea să-și rețină lacrimile în fața mamei sale. Dar ea îl iertase deja. Supărarea îi trecuse din momentul în care Rob intrase în salon. Se ținuse tare, dar, când îl văzu, se simți copleșită. Nu avea cum să-l consoleze, așa că se așezară amândoi de o parte și de alta a patului lui Frank; Rob plânse până îl duru pieptul de milă pentru tatăl său, a cărui voce nu avea s-o mai audă niciodată, și pentru mama sa, care îl pierdea pe bărbatul pe care-l iubise mai bine de patruzeci de ani.

Susannah nu mai bătuse la ușa aceea de multă vreme. Îi promisese lui Libby că va căuta să se împace cu cea mai bună prietenă a ei și își dăduse seama că trebuia să-și ceară iertare de la Amelia înainte de a merge mai departe. De obicei intra direct, iar imediat după aceea o certa pe Amelia pentru că nu avea lanț la ușă.

Era mijlocul după-amiezii: fiind sâmbătă, cei mici și Jonathan erau cu siguranță plecați pe undeva. Spera ca nici mama Ameliei să nu fie acolo.

Amelia venea spre ușă. Slăbise și mai mult de când nu o mai văzuse Susannah și arăta foarte fragilă. Purta un hanorac care era probabil al lui Jonathan și înota în el. Nu-și pusese nici perucă, nici turban, iar capul ei fără fir de păr era urât.

Ușa avea porțiuni din sticlă transparentă, așa că Susannah o putu privi îndreptându-se spre ea, simțindu-se cuprinsă de remușcări și tristețe. Amelia nu deschise imediat ușa, ci se uită lung la Susannah prin ferestruică, făcând-o să se întrebe dacă avea s-o poftească înăuntru.

În cele din urmă învârti cheia, apăsă pe clanță și deschise ușa, dându-se la o parte ca să-și lase prietena să intre.

– Nu ai lanț? Cele două femei stăteau în hol. Iartă-mă, Meels, n-ar fi trebuit să plec.

– Eu te-am alungat.

– Nu trebuia să te ascult. Amelia pufni. Și-mi pare rău, pentru că multe din lucrurile pe care le-ai zis... erau adevărate. N-am vrut să te ascult.

Amelia se apropie de ea, își deschise brațele, iar cele două rămaseră îmbrățișate o vreme. Susannah îi simțea toate coastele, în ciuda hanoracului gros de pe ea.

– Am avut dreptate. Dar și mie îmi pare rău. N-aveai nevoie să te dojenească nimeni atunci. Știu. Aveam chef de ceartă și m-am descărcat pe tine. Uneori nu mă pot controla. Câteodată am așa niște draci că-mi vine să bat pe cineva.

– Deci eu sunt norocoasă.

– Da. Își trase nasul și se dădu înapoi. Vrei un ceai? Doar pe ăsta nu-l vărs, dar nu promit nimic.

– Fac eu ceaiul.

– E grozav.

O luară pe coridor până la bucătărie.

– Și de ce-o imiți pe Sinead O'Connor?

– Îți zic vreo două de nu te vezi!

Amelia se ghemui pe canapeaua comodă pentru a-i da indicații prietenei sale, iar Susannah umplu ceainicul cu apă, îl puse la fiert și-i povesti cum îl părăsise pe Douglas – relația lor nu mai mergea de mult, dar nu avusese curajul să plece.

Până apăruse Rob. Dar se gândi că nu era momentul să menționeze rolul pe care-l avea în viața ei. Cu altă ocazie.

– Ce chestie ciudată! spuse Amelia, uitându-se la Susannah cum deschidea dulapurile.

– Că te servesc sau că ai o amestecătură de pliculețe de ceai? Susannah citea etichetele de pe cutiile din dulap. De urzică. De chimen. De mușețel. Ce scârbos! Nu ai PG Tips?

– Am o abordare holistică. Amelia râse.

– Te-ai scrântit. Toți englezii știu că ceaiul negru este cel mai bun remediu pentru orice. Majoritatea are dreptate.

– Nu la asta m-am referit... Ci la toate astea. Își întinse brațele într-un gest ocrotitor.

Susannah o privi nedumerită.

– Tu o să fii de capul tău. Jonathan s-a mutat înapoi. S-au schimbat rolurile. Tu încerci să obții ce vrei. Eu fac compromisuri...

– Așa vezi relația dintre tine și Jonathan?

– Nu știu. Totul era foarte clar înainte de boala asta afurisită.

– Ai simțit vreodată că nu-l mai iubești deloc? Știu că ai avut motivele tale. Nu mai țin minte... faptul că nu-i plăcea cum cânți în mașină? Amelia aruncă o pernă în direcția ei. Glumesc, știu de ce-ai făcut-o. Dar ai încetat să-l...?

– Să-l iubesc? Reflectă o clipă. Probabil că nu. Am fost împreună mulți ani. Avem trei copii, pentru numele lui Dumnezeu.

– Ai crezut vreodată c-o să vă împăcați?

– Nu știu. Aș fi divorțat dacă credeam una ca asta? Am crezut oare că suntem ca Richard Burton și Elizabeth Taylor? Nu știu.

– Ce-ai simţit pentru Jess?

Amelia râse.

– Păi, dacă tot suntem la comparaţii hollywoodiene...
Am văzut-o doar ca pe un fel de Sally[1], în timp ce eu
eram cu diamantul Krupp, dragă...

Susannah se simţea ciudat să intre în casa lui Dou-
glas. Fusese căminul ei atâta vreme – lucrurile sale
erau peste tot – dar acum i se părea o casă străină după
un timp foarte scurt. Merse din cameră în cameră,
amintindu-şi. Rămase în pragul dormitorului pe care-l
împărţise cu Douglas, uitându-se la pat, gândindu-se la
ei doi în el, dormind, făcând dragoste, citind. Pernele
decorative nu mai erau, iar ea zâmbi văzând ce negli-
jent ridicase plapuma şi cât de alandala lăsase aşternu-
turile. Acest pat transmitea un mesaj – Tracey Emin[2]
ar fi fost mândră.

Nu avuseseră parte numai de nefericire. Fuseseră fe-
riciţi şi se iubiseră. Iar acum, iubindu-l atât de mult pe
Rob, nu putea să spună că între ea şi Douglas fusese
o dragoste suficient de puternică, încât să înfrunte tim-
pul – însă trebuia să admită că se iubiseră. Dacă ar fi avut
o saltea cu memorie – şi cât de bine îşi amintea cum se
ciondăniseră în această privinţă la magazinul de mobi-
lă –, patul şi-ar fi amintit anii când dormiseră îmbrăţişaţi
în mijlocul lui şi apoi, spre sfârşit, când se trăgeau fieca-
re cât mai departe unul de celălalt, spre margini.

Nu avea multe lucruri. Haine, pantofi – chestii de
genul ăsta. Puse conţinutul a două dulapuri în cutiile
pe care le adusese de la maşină, iar în câţiva saci negri
de plastic lucrurile de dat; în alt sac le puse pe cele care
trebuiau duse la curăţătorie. Propria eficienţă o făcu să
zâmbească. În baie, el îi pusese deja loţiunile şi cremele

---

[1] Este vorba de Sally Burton, ultima soţie a lui Richard Burton
(n.red.)

[2] Artistă britanică (n. 1963), devenită celebră pentru o instalaţie
reprezentându-i propriul pat în dezordine, cu aşternuturi murdare
(n.red.)

într-un colţ – le aruncă pe toate într-un recipient din plastic.

Din restul casei luă foarte puţine lucruri. Dacă ar fi luat obiecte din bucătărie şi living s-ar fi simţit o femeie meschină şi răzbunătoare. Nu voia să împartă cărţile şi DVD-urile sau paharele cele bune. Totul era nespus de trist. Luă totuşi o poză cu ei doi împreună cu cei trei copii în costume de scafandru, care fusese făcută cu câţiva ani în urmă pe plajă la Salcombe. Nu ştia ce va face cu ea, dar o puse într-o cutie cu haine, amintindu-şi cât de bine se simţise în acea zi caldă şi însorită.

Când termină, duse toate cutiile la maşină sub privirile iscoditoare ale bătrânei care locuia în casa de peste drum; îşi făcu un ceai şi stătu pentru ultima oară la masa din bucătărie, învârtind cheia de la casă printre degete şi întrebându-se dacă să-i scrie sau nu un bilet lui Doug.

Auzi o cheie răsucindu-se în broască. Când se uită la ceas, văzu că se făcuse şase seara. Spera că Douglas nu se răzgândise. Mutarea o întristase mai mult decât se aşteptase şi nu se simţea în stare să se certe.

Era însă Daisy.

– Salut!

Îşi dădu jos ghiozdanul şi se aşeză pe scaunul din faţa ei.

– Ce faci aici?

– Tata mi-a spus că vii azi să-ţi iei lucrurile. Voiam să te văd.

– O! Susannah se ridică în picioare. Vrei nişte ceai? Daisy scutură din cap, apoi se apleacă în faţă, sprijinindu-şi tâmplele în mâini. Ce mai face Seth?

– E bine, e-n regulă.

– Rosie?

– Cred că bine, zise ea dând din umeri.

– Daisy, ai venit să discutăm?

Aprobă din cap, învârtindu-şi cercelul în ureche şi trăgându-şi mânecile în jos.

– Te rog, nu pleca.

– Daisy...

– Nu-l părăsi pe tata. Nu ne părăsi pe noi.

– Daisy, te rog.

– Vorbesc serios, Susannah. Tata te iubeşte mult. Ştie că s-a purtat oribil. Se poate schimba, ştiu că poate. Dacă vrea. Pentru ca tu să rămâi cu el, cred că ar face orice efort.

– Ţi-a spus Douglas să vii acasă şi să vorbeşti cu mine?

Daisy pufni.

– Nu, Doamne fereşte! Habar n-are că-s aici. A fost numai ideea mea. Şi nu te gândi doar la el. Ţin la tine, Susannah. Şi Rosie şi Fin. Nu vrem să pleci. Ne părăseşti şi pe noi. Ochii lui Susannah se umplură de lacrimi. Daisy nu-i spusese niciodată aşa ceva – nici măcar anul trecut, după toate problemele cu Seth. Ştiu că sună ciudat, dar uneori tu ai fost mai bună cu noi decât mama şi tata, continuă adolescenta. Treaba cu Seth – nu m-aş fi putut duce la nici unul dintre ei să-i cer ajutorul. Tu m-ai ajutat, Susannah. Tu. La fel şi pe Rosie. Ce-o să facem dacă tu pleci? murmură ea printre suspine. Ştiu că nu ne-am purtat prea frumos. Mi-e atât de ruşine! Am crezut că n-o să pleci niciodată de lângă noi, deşi tu şi tata nu eraţi căsătoriţi – am presupus că vei fi mereu aici. Simt că încep să te cunosc foarte bine. Îmi place să vin aici. Îmi place să vorbesc cu tine.

– Daisy, putem să rămânem prietene. Nu suna deloc bine, iar Susannah îşi dădu seama imediat ce rostise acele cuvinte.

– Nu-i la fel. O să ne uiţi, vei găsi pe altcineva. Te şi muţi. Poate o să ai copiii tăi. Nu însemnăm nimic pentru tine. Lacrimile îi curgeau pe obraji.

Susannah ocoli masa ca să se pună în genunchi lângă scaunul lui Daisy şi îi şterse obrazul cu mâna. Era şocată de vehemenţa fetei.

– Să nu mai spui niciodată aşa ceva. Însemni *enorm* pentru mine.

– Ce bine ar fi fost dacă tata te-ar fi luat de soţie! Atunci ai fi fost mama noastră vitregă. Dacă ar fi făcut-o, lucrurile ar fi stat altfel acum.

– Dar tot ne-am fi putut despărţi, Daisy. Îţi dai seama de asta, nu?

– Nu crezi asta cu adevărat!

Susannah nu ştia. Erau prea mulţi de „dacă".

– Nu contează, Daisy. Nu prea. Făcea eforturi să-i explice. E complicat.

– Adulţii spun mereu asta. Nu este. Deloc. Iubeşti pe cineva, sau nu.

Susannah îi zâmbi. Într-un fel, Daisy avea perfectă dreptate. Cum avusese şi tatăl ei. Se părea că tinerii înţelegeau ceea ce bătrânii ştiau. Cei de vârstă mijlocie nu prea aveau habar. Dădu din cap aprobator.

– Nu iubesc pe nimeni momentan. Nu-l mai iubesc pe tatăl tău destul ca să-mi petrec cu el tot restul vieţii. Chiar nu. Îmi pare rău, Daisy. Fata se uita la ea cu ochi mari. Şi nu contează de ce, urmă Susannah. Ai dreptate, adulţii complică lucrurile. Nu contează a cui e vina că s-a ajuns până aici. Asta e situaţia.

Daisy scutură din cap.

– Deci pur şi simplu asta e situaţia.

– Altfel nu se poate. Nu pot rămâne cu el pentru voi, copii.

– Ştiu. Avea acum doar un firicel de voce.

– N-ar fi corect şi nu ar merge.

Daisy dădu din cap şi îşi trase nasul. Mânecile puloverului îi acopereau mâinile, ca întotdeauna, dar Susannah îşi dădea seama că şi le frângea, contorsionându-şi degetele, pentru a-şi stăpâni emoţiile ce erau pe cale să izbucnească.

O ţinu în braţe preţ de câteva clipe, inspirându-i mirosul părului şi observând ce umeri înguşti avea. Îi venea şi ei să plângă. Nu fusese pregătită pentru aşa ceva.

Daisy se smulse prima din îmbrăţişare, simţindu-se ruşinată.

– Deci asta e. Îmi pare rău că am venit. Nu am vrut să complic lucrurile.

– Ba nu, Daisy. Poate sună stupid, dar mă bucur că ai venit. Sincer, nu ştiam ce sentimente ai pentru mine. Mă bucur că mi-ai spus. Şi... dacă vrei, sper să ne mai putem vedea. Nu sunt vorbe în vânt. Chiar vorbesc serios.

– Pe bune?

– Da. Ai numărul meu, adresa de e-mail. Daisy, voi fi mereu încântată să primesc vești de la tine. Poți să le spui același lucru și lui Rosie și Fin.

Nu plânse decât mult mai târziu, când scoase toate cutiile din mașină și le duse sus, în apartament. Nu plânse decât când deschise cutia cu haine și văzu fotografia făcută pe plajă.

Apoi se întinse pe covor, cu spatele rezemat de ușa de la șifonier, și izbucni în hohote sfâșietoare.

Duminică, Jonathan rămase să aibă grijă de copii, iar Amelia o însoți la IKEA, bombănind că ar fi preferat să meargă la chimioterapie decât acolo. Cumpărară câteva tapiserii de efect, așternuturi de un alb imaculat, un covor modern, farfurii și pahare noi. Pe drumul de întoarcere se opriră la o florărie, de unde Amelia luă un braț de narcise și lalele pe care să le pună în vazele noi.

Apartamentul părea mult mai prietenos după ce aranjară toate achizițiile.

Înainte să plece, Amelie își strânse prietena în brațe.

– O să fii în regulă? Vrei să rămân?

– De tot? râse Susannah.

– Doar în seara asta. Să știi că „de tot" sună foarte tentant. Ar fi ca-n vremurile de odinioară.

– Cu excepția – știi tu – a patului de o persoană, a copiilor de acasă... Ce dezastru a ajuns viața mea!

– Susannah, viața ta nu-i un dezastru. Viața ta este frumoasă, bine rostuită și „accesorizată". Ai luat decizii foarte importante și, cu riscul de a suna ca Oprah, sunt mândră de tine. În plus, ai păr pe cap. Viața ta din prezent mi se pare mult mai plină de sens decât acum câțiva ani.

Susannah se simțea vinovată. Amelia n-ar fi spus asta dacă ar fi știut totul. Pe de altă parte, relația lor era încă fragilă, astfel că i se părea mai bine să păstreze o oarecare discreție.

Rob avea să vină în aproximativ o oră. O sărută pe Amelia şi o conduse până la ieşirea din bloc, promiţându-i că avea s-o viziteze luni. Ştia că el se dusese acasă – îi dăduse mesaj să-i spună că Frank nu era deloc bine şi că prezenţa lui era necesară. Nu-i plăcuse niciodată să se ţină scai de el. Era ciudat, dar încă nu credea că are vreun drept – în ciuda a tot ce se întâmplase între ei. Ştia că era la mama lui, ştia numărul, dar nu îndrăznea să sune. Se trezise în toiul nopţii, cuprinsă de panică. El dădea înapoi. Se îndepărta de ea. Dar dimineaţa se simţi mai bine. Făcu eforturi să creadă că acest vis avea să se împlinească. Îl aşteptase atâta vreme şi putea să mai aştepte puţin.

Urma să vină într-o oră. Fără nici o îndoială.

Într-adevăr, veni. Dar ea îşi dădu imediat seama că era ceva în neregulă. Rob nu se bărbierise şi nu-l mai văzuse niciodată neras. Părea mai bătrân. Preţ de câteva clipe nu se lăsă îmbrăţişat, ţinându-şi umerii drepţi şi ţepeni, însă apoi se prăbuşi în braţele ei. Îl duse în living să se aşeze pe canapea. Aşteptă să-i spună ce se întâmplase, simţind că-i era greu să vorbească. Încerca să-şi păstreze calmul.

„Mă iubeşte, mă iubeşte. Va fi bine." Aproape că rosti această mantra cu voce tare.

– A murit tata.

– O, Doamne, Rob! Nici nu se gândise că va spune aşa ceva. Se simţi uşurată. În clipa următoare o năpădi un val de tristeţe. Pentru Rob, Lois, pentru scumpul de Frank – pe care-l adorase. Îmi pare foarte rău. Când s-a întâmplat?

– Ieri. Ieri după-amiază. Eram cu mama.

Ochii lui Susannah se umplură de lacrimi, iar Rob îi şterse una de pe obraz.

– Bineînţeles. Ea cum se simte?

– Groaznic. Nu se poate opri din plâns. Mă înspăimântă, să ştii. Nu pot s-o ajut.

– Sunt sigur că a ajutat-o prezenţa ta, murmură ea cu gândul la biata Lois.

Rob râse fără pic de veselie.

– Nici nu eram acolo.

– Când a murit?

– Când a avut nevoie de mine mai mult. Eram cu tine.

– Nu pricep.

– Eram în pat împreună. După ce m-am întors din Franţa. După ce l-ai părăsit pe Douglas. Îmi lăsase mesaje pe robot. Avea nevoie de mine. Tata nu mai putea să respire. A trebuit să-l interneze în spital. I-a lăsat să-l intubeze ca să respire o maşinărie pentru el. Avea nevoie de mine. S-o ajut. Dar nu am văzut afurisitul de mesaj.

– O, Doamne!

Rob se ridică în picioare şi se duse la fereastră.

– Ar fi contat dacă i-ai fi fost alături?

El scutură din cap, dar nu se uită la ea.

– Nu şi pentru tata. Ar fi murit dacă nu l-ar fi intubat. Dar pentru mama ar fi contat enorm. Nu ar fi trebuit să treacă singură prin toate astea.

Susannah încuviinţă din cap. Avea dreptate, o ştia prea bine.

– Nu-mi vine să cred ce i-am făcut, aproape că strigă el trântindu-se în scaun.

– Nu i-ai făcut nimic, Rob. N-aveai de unde să ştii.

– Nu mă gândeam la el, Susie. Nu mă gândeam la nici unul dintre ei.

„Se gândea la noi. Numai la asta ne stătea mintea. Eram în lumea noastră." Acum viaţa reală bătea la uşă.

– Ce s-a întâmplat? Vrei să vorbeşti despre asta?

– După ce l-au intubat, a fost începutul sfârşitului. Tot organismul i-a cedat.

– Era conştient?

– Nu cred. M-am uitat la el. L-am fixat cu privirea. Dar nu a mai deschis ochii. Nu după ce am ajuns eu. Susannah voia să-i pună tot felul de întrebări – hotărâseră să-l deconecteze de la aparate sau murise pur şi simplu? Ştia însă că nu era momentul potrivit. Mama nu a putut să plece, continuă el. A stat acolo, îl ţinea de mână şi nu se uita decât la el. I-au scos tubul, perfuziile, au deconectat aparatele, dar ea tot acolo rămăsese.

Până la urmă, a trebuit să-i descleştez mâna dintr-a lui.
Nu a rostit o vorbă. Cel puţin nu mie. Tot repeta *„mio
amore", „mio amore".* Aşa îi spunea el. Când spunea şi ea
acelaşi lucru, el râdea de accentul ei. Nu cu răutate, ci
pentru că îl amuza. I-a spus aşa până în ultima clipă. În-
tr-o şoaptă atât de slabă, încât aproape n-am auzit nimic.
Asistentele aveau probabil impresia că se roagă. Rob îşi
frecă ochii injectaţi. Nu pot să cred c-a murit.

Susannah veni la el, îl îmbrăţişă, iar el îi luă mâna şi
i-o duse la gură ca s-o sărute. La fel făcea şi Frank – era
o amintire foarte veche. Îl sărută cu blândeţe în creşte-
tul capului.

– L-am iubit.
– Ştiu.

Rămaseră aşa multă vreme, fără să scoată o vorbă.
Susannah ştia că Rob plânge; îl lăsă, mângâindu-l pe păr
şi cuprinzându-l de mijloc cu braţul celălalt.

Când simţi că amorţeşte, trecu în faţa lui şi îl îndrumă
spre canapea, sorbindu-l din priviri. În clipa următoare,
Rob îi luă faţa în mâini şi începu s-o sărute cu pasiune.
Se prăbuşiră amândoi pe podea, sărutându-se şi încer-
când să-şi dea jos hainele. Rob fu cuprins deodată de o
dorinţă năvalnică să se cufunde în ea, iar ea îi răspunse,
dornică să-i dea tot ce avea el nevoie. Era dovada că mai
era încă în viaţă. Nu a fost ca înainte. De data asta făcu-
ră dragoste repede, el intrând cu frenezie între coapsele
ei larg desfăcute, ea cu mâinile pe spatele lui. Rămase
în ea câteva minute înainte să-şi dea drumul, uitându-se
adânc în ochii ei; după aceea începu să plângă din nou,
cu faţa caldă şi asudată cuibărită la pieptul ei.

Mai târziu stăteau amândoi pe canapea, sub o pătură,
discutând. Rob îşi revenise şi se putea gândi la detalii.
Frank nu se dusese niciodată la biserică. Era botezat ca-
tolic, dar Lois nu. Susannah nu-şi dăduse seama. Paro-
hul de la St. Gabriel fusese de acord să ţină slujba – Lois
spunea că Frank nu voia o ceremonie funerară, iar ea
nu ştia pe nimeni de la biserica catolică. Nu ştia mulţi
oameni nici de la St. Gabriel, dar pastorul fusese înţe-
legător şi înţelesese că Lois voia să se ispăvească totul

în cel mai simplu mod cu putință. După slujbă, Frank urma să fie incinerat la crematoriul din apropiere.

Rob îi spuse că trupul lui Frank fusese depus la o casă de servicii funerare. Îi aduseseră cel mai frumos costum albastru și se îngrijiseră de sicriu și flori. Nu aveau multe de făcut – Lois aflase că Frank vorbise deja cu cei de la pompele funebre după ce i se pusese diagnosticul și plătise în avans. „S-a gândit la tot ca să-mi facă mie viața mai ușoară, suspinase Lois, răsucind o batistă în mâini, dar nu a putut să se facă bine, singurul lucru care conta, fie-i țărâna ușoară."

Nu erau mulți oameni pe care să-i anunțe. Rob sunase un verișor pe care-l rugase să împărtășească vestea celorlalți membri ai familiei.

– Helena poate să vină acasă? întrebă Susannah, îngrozită de posibilul răspuns.

– Da. Dacă-ți moare socrul sau soacra, poți solicita o permisie pentru motive personale dacă vrei.

– Și a solicitat-o? O să vină?

– Încă nu am vorbit cu ea. O s-o rog să nu vină. Rob se întrebă dacă intenționa realmente „s-o roage" sau „să-i ceară". Oricum nu ar fi vrut ca ea să vină. Era foarte posibil să se simtă jignită, însă nu era în stare să se gândească la asta.

Din cauza suferinței, se simțea cuprins de panică. Oriunde se uita, era o problemă și totul numai din vina lui. Se tot gândea la o replică dintr-un film de acțiune sau de război, ceva despre dușmanul care amenința să copleșească lumea sub valuri de suferință și durere.

– Eu vin dacă vrei. Știu... înțeleg că nu pot să fiu lângă tine. Nu vreau să-ți fac una ca asta. Dacă vrei, aș dori să fiu acolo pentru Frank. Pentru tine.

Rob nu putu s-o refuze.

Mai

Catedrala St. Gabriel nu era plină la funeraliile lui Frank – cei prezenți ocupau doar primele patru sau cinci rânduri de scaune. Susannah își aminti că el și Lois nu avuseseră mulți prieteni. Nu păreau să aibă nevoie și de alții. Majoritatea erau probabil rude, se gândi ea. Pe fundalul muzicii de orgă, cei șase ciocli care purtau pe umeri sicriul din stejar făcură o întoarcere bruscă din trei mișcări, clătinând sicriul îngrijorător, ca de obicei, apoi îl așezară pe cadrul de lemn din fața altarului. Pe sicriu era o simplă coroană din trandafiri galbeni. Lois ajunsese înaintea tuturor și stătea încremenită în prima strană. Rob îi zâmbi cu tristețe când trecu pe lângă ea, apoi se duse în față să-i stea alături mamei sale.

Susannah stătea singură mai în spate. Venise cu mașina de dimineață, nu spusese nimănui unde se duce, urmând să se întoarcă după slujbă. Știa că în acea zi nu putea să stea de vorbă cu Rob, nici să-l atingă, dar trebuia să fie aproape de el.

Pe când organistul începea să interpreteze primul imn, mama ei, îmbrăcată cu o rochie neagră, se așeză lângă ea. Susannah ar fi trebuit să-și dea seama că Rosemary știa ce se întâmpla la St. Gabriel, dar tot era suprinsă să o vadă acolo. Rosemary își sărută fiica pe obraz și o ținu de mână, intonând imnul cu glasul ei melodios de soprană.

După slujbă, cele două nu scoaseră o vorbă și nu se clintiră din locul lor când familia îndoliată se strânse în spatele sicriului. Rob nu-și ridică privirea și nici Lois nu păru s-o fi zărit pe Susannah. După câteva minute, doar ele două mai rămăseseră în biserica răcoroasă.

Rosemary își plecă fruntea pentru o ultimă rugăciune rostită în șoaptă, apoi își puse exemplarul din Biblie pe raft, neputând să nu verifice dacă fusese șters de praf.

– Mergem?

Arătă înspre ușa din spate – aceeași pe care ieșise Susannah cu Alastair după nunta lui Alex, în urmă cu multe luni.

Se așezară afară pe aceeași bancă. Era cald.

– Cum de-ai știut c-o să fiu aici?

– Nu sunt proastă. Oricum, nu atât de proastă pe cât mă crezi. Am pus totul cap la cap. Tatăl tău mi-a spus

că pleci în Franţa. Mi-a zis de Rob. Nu mi-a fost greu
să-mi dau seama.

– M-ai prins.

– Nimeni nu încearcă să te „prindă", Susannah. Doar
vrem să te ajutăm.

– Nu cred că poţi, mamă.

– Aş putea să încerc, dacă mi-ai spune ce te apasă.

Susannah oftă. Nici nu ştia de unde să înceapă. Nici
nu mai ştia cum începuse totul. Cu Douglas, sau cu
Rob? Nu mai era îndrăgostită, sau se îndrăgostise?

– Poţi să încerci, scumpa mea, nu? Doar să încerci?

Se uită la chipul îngrijorat al mamei sale şi simţi deo-
dată că o podidea plânsul.

– Of, mamă. Totul e atât de complicat, fir-ar să fie!

– Ce anume?

– Viaţa mea. Toată viaţa mea.

– Scumpo!

– Totul merge prost. Îmi fuge pământul de sub picioa-
re. Nu pot controla nimic.

– Nu-i adevărat. Să înţeleg că l-ai părăsit pe Douglas?
Când Susannah dădu din cap afirmativ, o bătu uşor pe
mână: Ai dat dovadă de curaj. Eu şi tatăl tău ştiam de
multă vreme că nu te face fericită.

– Ştiaţi?

– Bineînţeles. Cu toţii ştiam. De multă vreme eraţi
distanţi unul faţă de celălalt. Nu suportam asta.

– Dar nu mi-ai spus niciodată.

– Nu m-ai fi ascultat. Trebuia să-ţi dai tu seama.

– Ei bine, iată că da. M-am mutat. S-a terminat totul.
O umbră de durere trecut peste chipul lui Rosemary.
Îmi pare rău că nu ţi-am zis, mamă.

– Nu contează. E bine că l-ai părăsit. Ne-ai fi spus
când erai pregătită.

Susannah se întrebă dacă Rob avea să vină după ea –
precis nu înţelegea de ce nu ieşise pe uşa bisericii cu
restul participanţilor –, dar momentan nu se zărea ni-
meni. Mama ei o trezi din reverie:

– Şi cu Rob cum stau lucrurile?

– Rob e căsătorit, mamă.

Dacă Rosemary se simţea jignită în sensibilitatea ei burgheză, nu i se citi nimic pe chip, spre uşurarea fiicei sale, care era şi aşa destul de necăjită.

– Dar te iubeşte?

Susannah dădu din cap că da. Păi, aşa şi era! Nu aşa spusese?

– Şi eu îl iubesc. Ştiu că facem ceva greşit, mamă. Ştiu. Nu vreau să fac rău nimănui şi nici lui Rob. Dar o fac oricum. De asta e viaţa mea vraişte. Eu nu sunt aşa...

– Şi atunci de ce...? Mama ei nu-i reproşa şi nici tonul ei nu era aspru. Ea chiar încerca să înţeleagă.

Însă Susannah se chinuia să-şi găsească cuvintele.

– Pentru că nu mai am nimic pe lume, mamă. Am patruzeci de ani şi am ratat totul. Nu am nimic. Nici soţ, nici copil. Acum nici măcar o casă ca lumea. Doamne sfinte – aş putea fi mai penibilă? Dar asta e situaţia. El este singurul bărbat care m-a iubit cu adevărat. Mă agăţ de el pentru că altă şansă nu mai am.

Iar acum, pentru că el părea să aibă nevoie şi nu ştia ce să mai facă, Susannah hotărî să-i lase puţin spaţiu lui Rob. Ce ironie! Acesta era unul dintre cuvintele mari pe care le folosea Douglas. Spaţiu. De asta avea nevoie când se retrăgea sus în birou, departe de ea şi de copii, ca să bea whisky şi să asculte jazz. Asta pretindea că îi oferă, chiar şi când nu-şi dorea acest lucru.

Acum nu voia spaţiu, ci să fie cu Rob. Voia să-l ţină în braţe când plângea, să-l hrănească şi să-i spele hainele. Să-l îmbrace şi să-l pieptene.

El trebuia să se ocupe de lucruri importante, să pună ordine în ele. Lois era prioritatea lui, iar ea înţelegea asta. Cel puţin cu acea parte a creierului care nu cerea atenţie. Într-o seară în care băuse prea mult vin roşu îi trecuse prin cap că poate şi Helena gândea exact la fel, în deşert, la mii de kilometri depărtare, neputând să-şi consoleze soţul. Aveau acest sentiment în comun. Amândouă îl făceau să se simtă vinovat – prea mult ca să le ajute pe vreuna din ele. Şi acest lucru îl aveau în comun.

Iar această nouă viață continua pe un tărâm necunoscut. „Dacă viața mea ar fi un film, își zise ea, acum ar urma secvența fără dialog, unde se pune coloana sonoră potrivită, în timp ce eu îmi desfășor activitățile de zi cu zi. Iată-mă la curățătorie. Acum aflu unde găsesc cele mai proaspete fructe din cartier. Sunt la metrou, apoi într-o întâlnire, gesticulând, poate chiar zâmbind, deși camera de filmat îmi va surprinde privirea pierdută în zare când nimeni nu se uită la mine. Îmi încălzesc la microunde mâncarea gata făcută și-mi torn un pahar cu vin. Stau trează în pat, iar razele lunii îmi joacă pe față. Iată-mă cu prietena mea cea mai bună, care acum e doar o palidă umbră a femeii energice care era înainte de boală și de tratament; și ne-am obișnuit într-atât cu această nouă Amelia, încât nici nu mai suntem îngroziți. Eu îi duc cafeaua și revistele, iar ea încearcă să țină capul sus și discutăm despre orice – mai puțin despre el, pentru că ne-am împăcat după multă vreme. *Și în tot acest timp el nu e cu mine.* Oare ce melodie s-ar potrivi? Și ce vor crede spectatorii despre mine? Când plâng pe canapea, strângându-mă în brațe pentru că nu e nimeni altcineva, oare mă compătimesc, sau spun că-mi merit soarta cu vârf și îndesat?"

Evită să meargă acasă la ai ei. Era jenată că plânsese în fața maică-sii și i-ar fi fost rușine să dea ochii cu tatăl ei. El îi lăsa mesaje pe robotul telefonic din apartament. Unul la câteva zile. Suna când știa că nu e acasă, în mijlocul zilei.

„Știu că nu ai chef să vorbești, scumpo, dar te vei simți mai bine dacă mă asculți. Voiam să-ți spun că te iubesc. Și mama ta la fel. Suntem mereu alături de tine." Avea dreptate ca întotdeauna. Îi făcea bine să-i audă vocea și îi era recunoscătoare pentru asta.

Pe Alastair nu-l interesa că ea voia să fie lăsată în pace. Era ziua lui Millie și dădeau o petrecere cu copii deghizați în animale sâmbătă după-amiază, iar ea avea să participe, proclamase el, chit că avea chef sau nu. Ar fi fost perfect dacă se și deghiza. Susannah își dădu seama din tonul vocii lui că maică-sa îi spusese totul, dar

nu putea să se supere. Se simţea uşurată că nu trebuia
să-i explice întreaga poveste.

Îmbrăcată cu un pulover maro în dungi şi pantaloni
cafenii, o informă pe Millie, care îi deschise uşa, costu-
mată într-o gărgăriţă viu colorată, că era o urechelniţă.
Millie strâmbă din nas dezgustată, dar o îmbrăţişă ori-
cum înainte de a ţipa şi de a alerga înspre seră, unde
erau toţi prietenii ei. Kathryn nu era foarte departe de
fiica ei; avea o rochie mini neagră, ciorapi în dungi gal-
ben cu negru, iar pe cap o bentiţă cu antene.

– Eşti o cârtiţă? O măsură cu privirea pe cumnata ei,
admirând-o cu mâinile în şolduri.

Susannah dădu din umeri.

– Urechelniţă.

– Jenant.

– Hei! Măcar am venit!

Kathryn izbucni în râs şi o sărută.

– Slavă cerului. Aici e ca la zoo. La propriu. Intră,
Al te aşteaptă.

Al era în seră, ferindu-se de copiii care alergau bezme-
tici pe lângă el şi discutând cu un tip într-un costum de
safari care avea pe cap o pălărie colonială. Când îşi văzu
sora, se scuză şi veni la ea, strângând-o în braţe.

– Aveam nevoie de asta.

– Mă gândeam eu.

– Te-ai gândit bine.

O ţinea de umeri şi-i zâmbea.

– Ce costum frumos!

Susannah îl ignoră şi îi făcu semn spre tipul care
vorbise.

– Presupun că e doctorul Livingstone.

Alastair râse pe înfundate.

– El e responsabil cu distracţia.

– Ce-o să facă?

– Vezi cutia aia? Ei bine, înăuntru sunt o tarantulă,
un piton, un scorpion...

– Pe bune?

– Sper că da. M-a costat o avere şi am primit referinţe
excelente. Aşa mi-a zis Kath.

– Ce drăcia naibii? N-o să-i sperie de moarte?

– Sper să le capteze atenția măcar douăzeci de minute, ca să nu mai facă atâta gălăgie...

Susannah își dădu seama că trebuiau să țipe unul la altul ca să se facă auziți. Cum puteau să facă niște copii mici atâta zgomot?

– Nu mai sunt la modă animalele făcute din baloane și iepurii scoși din pălărie?

– Nici măcar asta n-am avut când eram mici!

– Ai dreptate, chicoti ea. Am jucat un joc în care trebuia să tai ciocolata cu un cuțit și o furculiță...

– Și să pescuiești mere din apă...

– Și să mănânci bezele care atârnă de o sfoară...

– Cei din comitetul de părinți ar râde de s-ar tăvăli.

– Pe naiba! Sigur le-ar plăcea copiilor.

– Ei bine, zic să-i sugerezi lui Kath...

Amândoi se uitară la Kathryn care aranja pe masă, în celălalt colț al camerei, tăvi cu prăjituri în formă de zâne și ananași în formă de arici.

– Mai bine altă dată...

După ce începu spectacolul, Susannah nu-și dădu seama dacă micuții erau îngroziți sau vrăjiți de animale, dar, oricum ar fi fost, nu mai scoteau nici un sunet. Kathryn o filmă pe Millie cu o tarantulă pe cap, în timp ce Sadie se uita la ea cu gura căscată. Oscar, care la optsprezece luni încă refuza cu obstinație să meargă, se târa încet pe fund, salivând pe orice în calea lui și vorbind fericit cu el însuși.

„Vreau și eu copii, se gândi Susannah. Vreau și eu."

Mai târziu, când se termină circul, Kathryn își puse cele trei odrasle obosite și îndopate cu dulciuri în fața unui film pe casetă video; aducând o sticlă de vin din bucătărie, li se alătură celor doi adulți și își scoase bentița, trântindu-se pe un scaun. Strălucea de fericire, dar era istovită.

– Slavă Domnului că s-a terminat.

Susannah știa că nu vorbea serios. Kathryn se simțea în elementul ei. Era o mamă minunată – calmă,

amuzantă, inventivă, energică şi bună la suflet. Şi noro-
coasă. Atât de norocoasă.

– Şi tu ce mai faci, surioară? o întrebă ea.

Al îi turnă vin într-un pahar mare, iar Susannah îl
văzu cum o sărută în creştet când i-l dădu.

– Cred că mama v-a zis ce s-a întâmplat.

– Da, ne pare rău. Ştii cum e: 85 la sută îngrijorare,
15 la sută bârfă. Susannah râse. Kathryn îşi cunoştea
foarte bine soacra. Iar tatăl tău e sută la sută îngrijorare,
continuă aceasta.

– Nici măcar cinci la sută dezaprobare?

Alastair scutură vehement din cap.

– Nimeni nu te judecă, Suze. Îţi jur.

– Nu ştiu de ce. Eu fac asta. Zâmbi încordată.

– În regulă. Kathryn se aplecă în faţă şi oftă. Te judec,
însă numai în parte. Ţin la tine, ţin foarte mult. Dar...

– Ştiu. E căsătorit. Măcar Kathryn era sinceră.

– Şi nu aveţi şanse egale. Ea nu ştie că eşti în viaţa lui.
Nu-i o luptă dreaptă.

– Deci consideri că e o luptă? o întrebă Alastair.

Susannah dădu din umeri.

– Nu ştiu ce este. Încerc să-i las spaţiu de manevră.
Ai dreptate, Kathryn. Îţi mulţumesc că eşti sinceră.
Cumnata ei se întinse peste masă şi îi strânse mâna.
*E căsătorit. Nu sunt genul ăsta de femeie. Nu procedez
aşa. Şi n-o să plâng.* Îşi făcu mâna pumn, încercând din
răsputeri să se controleze.

– Ce-o să faci?

– Momentan nimic. Trebuie să aştept. Nu deţin eu
atuurile. Dacă merit să fiu pedepsită, atunci chiar sunt.

– Are nevoie de timp. Acum vorbea Alastair. Nu ştiu
cum e Rob acum, dar mai de mult situaţia era alta.
Nu mă surprinde deloc ce s-a întâmplat. I-am zis şi lui
Kathryn că între voi doi rămăseseră lucruri nerezolvate.
Nu ştiu, nu-mi amintesc şi nici nu vreau să aflu ce s-a
întâmplat în urmă cu atâţia ani, dar nu aţi tranşat situa-
ţia. Şi habar n-am ce simte acum Rob. Ştiu însă că tu
ai fost nefericită într-o relaţie sterilă şi de rahat timp de
mulţi ani. Ai fost vulnerabilă, surioară. Înţeleg, înţeleg

perfect că el s-a întors acum în viaţa ta, că viaţa ta nu
este aşa cum credeai şi că te-ai îndrăgostit din nou.
De fapt, nu ai încetat să-l iubeşti niciodată, chit că ai
fost cu Sean sau cu Douglas. De vara trecută ar fi trebuit
să-mi dau seama.

– Ce discurs, Al!

– M-am tot gândit. Kathryn încuviinţă din cap.

– Dar nu ai răspunsuri...?

– Normal că nu. Dar ştiu ce-ar trebui să faci.

– Şi anume?

– Lasă-i puţin timp. El e genul care stă şi întoarce pro-
blema pe toate părţile. E un tip de treabă şi nici nu-i
omul care să-şi înşele nevasta. A fost tot timpul mult
mai cinstit decât noi toţi la un loc.

Susannah îşi aminti de rulota din urmă cu o mie de
ani, de Alastair şi Amelia.

– El e tot atât de nefericit ca tine. Mai pune la soco-
teală şi moartea tatălui său cât timp eraţi împreună – un
element de tragedie greacă – şi ai să-ţi dai seama că are
multe pe cap. Lasă-l şi tu un pic să-şi tragă sufletul.

– Şi se va întoarce la mine? Asta vrei să-mi spui? Dacă
îl iubeşti, lasă-l liber? Parcă îmi reciţi dintr-o piesă de
Sting...

Alastair ridică din umeri.

– N-am spus că e ceva original, dar cred că am drepta-
te. La fel ca Sting.

– Cu sexul tantric să ştii că n-are dreptate. Kathryn
reuşi să detensioneze atmosfera în timp ce îşi golea pa-
harul. Am încercat amândoi, dar am adormit înainte să
se întâmple ceva important în materie de orgasm.

Când îi apăru numărul lui Rob pe telefon, începu
să-i bată inima ca unei puştoaice care iubea pentru pri-
ma dată în viaţa ei. Se întrebă dacă avea să reacţioneze
mereu la fel, aproape alergând ca să răspundă, înfăşu-
rată într-un prosop după duş şi trântindu-se pe cana-
pea, nerăbdătoare să-i audă vocea. Poate întârzia... sau
ajungea mai devreme. Toată ziua se gândise la el. Nu-l
mai văzuse de la înmormântarea lui Frank şi de când

izbucnise în plâns în faţa maică-sii. Era disperată. Sim-
ţea o durere plăcută care îi pulsa în tot corpul.

– Susie? Eu sunt.

– Eşti bine?

Părea speriat şi încordat. Susannah se ridică imediat
în capul oaselor, ţinând strâns prosopul pe ea.

– E ceva legat de Helena.

Aflase. Cu siguranţă. Dar cum?

– Ce s-a întâmplat?

– A fost rănită.

– O, Doamne! Îi treceau o mie de gânduri prin cap.
Cât de grav?

– Nu ştiu... Rob părea deznădăjduit.

– Păi, ce ţi-au zis? Avea relaţii – trebuia să fi aflat mai
multe.

– Doar atât. Chiar acum a fost dusă în Germania cu
avionul la un spital militar. Ştiu asta pentru că m-a su-
nat un coleg. Dacă eram civil, n-aş fi avut nici cea mai
vagă idee despre ce s-a petrecut.

– Nu credeam că e într-un loc periculos. Rob îi spuse-
se că era în siguranţă.

– Ce mama mă-sii, Susannah, peste tot e periculos.
E în Afganistan. E zonă de conflict.

– Îmi pare rău, ai dreptate. Îşi simţea limba încleiată
şi nu-şi găsea cuvintele.

– Îmi pare rău că m-am răţoit la tine.

– Eşti îngrijorat.

– Îngrijorat şi groaznic de frustrat. Nu pot să dau de
nimeni care să mă lămurească.

– Crezi că e... e posibil să...

Nu putea să rostească acel cuvânt, dar Rob da, iar
cuvântul sună plat şi aspru.

– Moară? Nu. Nu-i transportă pe cale aeriană dacă au
murit. Era foarte calm.

Nu-şi putea alunga gândul ce i se insinuase în minte.
Nici nu putea să-l redea. Şi-ar fi dorit să moară Helena,
pentru că ar fi uşurat lucrurile – relaţia ei cu Rob ar
fi putut continua nestingherită? Doar o clipă? Putea să
fie atât de crudă cu o femeie pe care nu o cunoscuse

niciodată? Nu putea să-şi dea seama ce gândea Rob, iar el nu vorbea. Şi-ar fi dorit să-i vadă chipul.

– Auzi, acum trebuie să închid. Mai am de dat nişte telefoane.

Voia să scape de ea. Nu avea cum să-l ajute. Nu putea să-i fie aproape.

– Desigur. Nu vii în seara asta? Era o întrebare pusă doar cu jumătate de gură. Parcă era un copil smiorcăit.

– Te sun eu, da?

Închise înainte ca ea să mai poată spune ceva. Rămase minute bune pe canapea, înfăşurată într-un prosop, uitându-se la perete.

După atâta vreme îi veni în minte Ichabod, bătrânul lor profesor de engleză, şi un citat – oare era din Shakespeare? – îi apăru din noaptea amintirii. Ceva despre necazurile care nu vin singure, ci mai multe deodată... Simţea că o cuprinde ameţeala.

Trecură două zile lungi până la următorul apel. Două zile lungi în care nu prea dormise. Viaţa ei cu Rob îi trecea ca un film vechi prin faţa ochilor ori de câte ori se întindea.

Nu-i venea să creadă că două lucruri se puteau întâmpla la un interval atât de scurt. Viaţa lor de dinainte, viaţa nouă pe care începeau să o clădească... viaţa lor pe care nu putea să nu şi-o imagineze... viitorul... Nu voia să se gândească la asta, dar n-avea ce să facă.

Vocea lui era cu totul alta. O suna pentru că trebuia, nu pentru că voia. Îşi dădea seama din tonul lui.

– Susie?

– Rob. Doamne! Ce bine-mi pare să te aud! Încerca să nu vorbească aşa, dar nu se putea abţine. Nu se mai simţise niciodată atât de neajutorată. El nu-i răspunse. Cum e... ce mai face Helena? Eşti cu ea?

– Da. S-a întors ieri.

– Cum se simte?

Lui Susannah aproape i se frânse vocea, la fel ca şi inima.

– Va fi bine.

Îşi aminti că Rob nu voise să vorbească despre Helena când erau în Franţa, spunându-i că i se părea o trădare. Nu ştia ce să-i zică.

– A fost... grav rănită?

– Da. Parcă încerca să-şi reţină lacrimile.

Ea se întrebă pentru cine erau.

– Dar nu e... în pericol?

– Nu. Ce-a fost mai rău a trecut.

Din nou, tăcere.

– Mersi că mi-ai zis. Părea ciudat de oficială.

– Ţi-am spus că te ţin la curent. Nu ştiu când o să mai pot să te sun.

– Înţeleg. Ce putea să facă? Rob?

– Da?

– Mă gândesc la tine. La amândoi.

– Mersi, Susie. Pa.

În aceeaşi săptămână veni şi scrisoarea. O găsi pe masă când se întoarse de la serviciu, într-un morman de facturi şi cataloage. Nu o sunase. Ea nu dormise bine – stătuse ore întregi trează, cu cearşafurile mototolite sub ea, verificându-şi la câteva minute telefonul, să vadă dacă nu primise vreun mesaj de la el. O scrisoare era semn de veşti rele şi importante, aşa că nu putu să o deschidă imediat. O sprijini de fructiera de pe masa rotundă, apoi îşi turnă un pahar cu vin, uitându-se la ea.

Dragă Susie,

Helena e în convalescenţă. Acum ştiu mai multe despre cele întâmplate. A păţit ceva ce se întâmplă destul de des. Era într-un elicopter, se ducea spre o altă bază, când aparatul a fost lovit de o rachetă. Elicopterele sunt ţinte uşor de reperat pentru că fac mult zgomot, aşa că sunt mai des atacate şi distruse cu rachete decât taberele – unde, în majoritatea cazurilor, nu sunt prea multe victime. Acum îmi amintesc. În urma exploziei au murit trei membri ai echipei, dar ceilalţi nu au păţit nimic, inclusiv pilotul, slavă

Cerului! A fost grav rănită – ea și băieții care au murit au suferit cele mai grave răni, dar Helena se va face bine. Inițial medicii erau îngrijorați că pierduse mult sânge, dar a supraviețuit. Are multe tăieturi și vânătăi. I-au amputat piciorul drept. A fost spulberat de explozie de la jumătatea gambei în jos, dar i l-au amputat sub genunchi. Ar fi putut fi mult mai grav – știu că sună groaznic, dar pierderea unui membru este una dintre cele mai obișnuite mutilări de război. Din fericire, există centre moderne de reabilitare. Și e mai ușor să înveți să mergi din nou dacă ai un genunchi. Va purta o proteză, iar în cele din urmă va merge fără cârje, doar va șchiopăta ușor.

Se spune – și eu știu asta – că rănile pe care nu le vezi sunt cele mai îngrijorătoare. A trecut prin multe acolo și îi va lua ceva vreme până se va restabili psihic. Încă nu poate vorbi despre asta. I-au dat o grămadă de sedative și doarme foarte mult.

E la Selly Oak, spitalul militar din Birmingham – cel puțin acum. Eu mi-am luat concediu și o să stau cu ea. E și mama ei aici.

Susie, acum nu-i pot spune despre noi. Nu știu când sau dacă voi putea. Asta schimbă foarte mult lucrurile. E soția mea, Susie, și trebuie să am grijă de ea acum. Ce-mi doresc și ce vreau nu mai contează în momentul de față.

Sper că mă înțelegi. Sper să mă ierți.

Îți dau de veste când pot. Ai încredere în mine.

Te iubesc. Te-am iubit și te voi iubi mereu.

Rob

Helen îi pieptănase Helenei părul care îi crescuse de când o văzuse ultima oară. Se cârlionțase la frunte, sub urechi și la baza gâtului. Tăietura de pe frunte fusese cusută din nou la Selly Oak – folosiseră suturi interne invizibile care țineau marginile unite. Helen îi ștersese cu blândețe sângele închegat; îi rămăsese doar o linie purpurie de vreo câțiva centimetri și o vânătaie galbenă în jur. Era periculos de aproape de ochiul stâng. Avea cruste mici şi roşii, fiecare de un centimetru lungime, pe obraji şi gât. Doctorul spusese că aveau să-i rămână câteva cicatrice foarte puţin vizibile – rănile fuseseră superficiale.

Adevărata rană era sub pătură. Rob se uitase prima oară când rămăseseră singuri. Evident că nu avea ce să vadă. Ciotul rămas din piciorul drept al Helenei era legat strâns cu bandaje curate, rotunjit şi neted – făcuseră treabă bună.

El şi Helen făceau cu rândul la căpătâiul ei. Cu două etaje mai jos era o cameră pentru rude unde împărţeau un pat simplu: unul dormea, iar celălalt stătea cu Helena. Helen ajunsese înaintea lui – o sunase imediat ce aflase că o aduceau acolo pe Helena, căci locuia mai aproape. Helen era o femeie foarte puternică. Poate uitase – sau nu ştiuse niciodată cât de tare era soacra lui. Nu plânsese, sau cel puţin nu de faţă cu el. Se uita cu răceală la fiecare doctor pe care îl vedea, punându-i întrebări pertinente. Le rugase pe infirmiere s-o lase pe ea să-şi spele fiica, şi o făcea cu atâta delicateţe, de parcă se îngrijea de un nou-născut.

Rob stătuse şi se uitase la ea, profund emoţionat de blândeţea ei.

– După naştere mi-au spus că au spălat-o în spital, îi explică ea. Dar nu era curată. Tot mai avea chestia aia albă – ştii tu, chestia aia albă? – pe ea. În urechi, prin păr. Mi-au spus că nu trebuie să fac nimic altceva. Aşa că am aşteptat să plece. Să creadă că am adormit. Apoi am dus-o la baie, am dat drumul la robinet şi am spălat-o eu. Cum se cuvine. Am şters-o cu halatul. Era superbă. Apoi i se adresă Helenei, deşi nu putea s-o audă: Erai minunată, nu-i aşa, dragă? La fel eşti şi acum.

Helen stătea cu fiica ei pe timpul zilei. Voia să fie acolo când îşi făceau doctorii vizita. Rob îşi veghea soţia nopţile, iar ziua dormea agitat în patul îngust de o persoană sau stătea în grădină, sorbind nenumărate ceşti cu cafea proastă de spital. Câteodată îi ţinea companie lui Helen și asculta povești despre nevasta lui când era mică. Dar nopțile erau ale lui.

La început o sedaseră puternic; după aceea, când își recăpătase cunoștința, abia se mișca. Gemea puțin, din când în când deschidea ochii, dar îi închidea repede și se culca la loc. Se uita la ea când dormea, la ochii ce i se mișcau dintr-o parte în alta sub pleoapele închise. Voia să știe ce visa.

Înainte de accident i se întâmpla să aibă coșmaruri. Avusese unul în luna de miere. Rob se trezise când o auzise cum scrâșnea din dinți, cu pumnii strânși pe lângă corp, apucând strâns cearșafurile. Nu voise s-o trezească, știind că era periculos, dar pe urmă ea se ridicase în capul oaselor făcând ochii mari, îngrozită. Se ridicase și el și o ținuse în brațe până începuse să respire normal și încetase să suspine – când îi povestea coșmarul ilogic și terifiant pe care-l avusese –, promițându-i ca unui copil că avea s-o ocrotească. Fusese mișcat să-și vadă tânăra și încrezătoarea soție privindu-l cu recunoștință, încredere și dragoste în ochi.

Acum știa că nu simțea doar milă pentru ea. Pe când rula pe autostrada M1 către spital, încercase să-și analizeze sentimentele, fiindu-i teamă că s-ar fi rezumat la milă. Dar nu era așa. Nu era nici vinovăție, deși acel sentiment îl chinuise în nopțile lungi și liniștite. Nu avea legătură cu accidentul ei, cu piciorul ei amputat sau cu lungul drum spre vindecare. O iubea. Nu la fel ca pe Susannah, era conștient de asta. Dar o iubea.

Aștepta ca ea să se trezească din acel coșmar. Urma să fie lângă ea, așa cum îi promisese.

Iunie

Când auzi soneria și se duse să deschidă, Susannah nu se miră să o vadă pe Lois în prag. Nu știa dacă luase adresa de la Rob sau vorbise cu părinții ei. Nu conta... se simțea de parcă o așteptase. Dar de data asta nu se îmbrățișară călduros. Lois mai slăbise de la înmormântare.

Arăta trasă la față și îmbătrânită, fără pic de machiaj. Susannah intui că știa totul. Sau suficient de mult.

Se dădu înapoi și o pofti înăuntru.

– Cum se simte Rob? Ce face Helena?

– O să fie bine. Are dureri și încă e puțin confuză.

– Unde e?

– Tot la Birmingham, la spitalul Selly Oak. O să mai stea un timp. E și Rob acolo.

– Bineînțeles. El cum se simte?

– Of, bietul de el nu e deloc bine. Se simte groaznic.

– Îmi pare sincer rău, Lois.

Lois își puse mâna pe brațul lui Susannah.

– N-am venit să mă căinez.

– Dar să știi că-mi pare rău.

– Draga mea, nu contează. Nu mă ajută. Nu era furioasă.

– Dar nu pot să vă ajut. Știu asta.

– Ba da, poți. Poți sta departe de el. Lasă-l în pace. Când s-a întors din Franța, după ce a fost cu tine, știi tu, când a aflat că taică-su a fost internat în spital... când a văzut aparatul de respirat și și-a dat seama că nu va mai vorbi niciodată cu el... Ei bine, a fost distrus. Nu l-am văzut niciodată mai necăjit. Iar acum are multe pe cap cu Helena. Asta vrea să facă și de asta are nevoie.

– Te-a trimis să vorbești cu mine?

– Nu. Cred că s-ar supăra foc pe mine să știe că am venit. Sunt aici pentru că vreau să-l ajuți.

– Tocmai mi-ai zis să-l las în pace.

– Exact, Susannah. Nu cred că poate să stea departe de tine. Nu știu ce se întâmplă exact între voi doi – dar știu că e foarte tulburat.

– Amândoi suntem.

– Draga mea, nu pot să-mi fac griji și pentru tine, am destule cu el. Doar pe el îl mai am. Poate sunt bătrână, dar știu un lucru. Dacă o părăsește pe Helena acum, dacă o părăsește pentru tine – nu o să și-o ierte niciodată. Iar tu nu vei fi fericită. Nu va merge. Nu-ți dai seama? Vremea voastră a trecut, Susannah. S-a terminat.

*

Era uimitor cum viața intrase pe un făgaș obișnuit. În fiecare dimineață suna alarma ceasului și Susannah se scula din pat. Făcea duș. Își lua micul dejun, se uita la știri. Se îmbrăca, își usca părul și se machia. Nici nu se mai uita în oglinda de la baie. Pentru că o durea prea mult. Se ducea la serviciu. Lua prânzul cu colegii. Participa la întâlniri de afaceri, unde afișa un aer competent. Făcea cumpărături, dar nu gătea. Seara, acasă, stătea ore în șir în fața televizorului, deși nu ar fi putut spune după aceea la ce se uitase. Telefonul suna, ea se grăbea mereu să răspundă, dar dacă vedea pe afișaj „Tata", „Mama" sau „Amelia", nu schița nici un gest. Suna de șase ori până să intre mesageria vocală, iar ea număra. Ultimele patru târâituri îi accentuau culpabilitatea. Știa că își făceau griji pentru ea, însă nu avea suficientă energie să le țină piept. Nu fusese niciodată mai epuizată. Se simțea ca tipul care alergase la Maratonul Londrei în costum de scafandru. Cu o mie de kilograme mai grea și de zece ori mai înceată ca de obicei. Restul lumii era departe și nu se auzea bine. În schimb, își auzea bătăile inimii. Tot timpul. La fiecare respirație.

Într-o seară târziu, pe când împingea un cărucior aproape gol pe culoarul de la Tesco, își aminti că uitase să-și ia șampon. Când ajunse la raionul de cosmetice, se opri brusc în fața rafturilor cu tampoane și prosoape. Faptul că-i întârziase ciclul o scosese din ceața deasă în care se aflase până atunci. Încercă să numere invers în minte, dar se încurcă, așa că-și scoase jurnalul din geantă și începu să numere zilele chiar acolo.

Era posibil.

Luă un test de sarcină. Era al doilea pe care-l cumpăra în viața ei. Copilul cu Sean – atunci îl cumpărase pe primul cu mulți, mulți ani în urmă. Citi ce scria pe spatele cutiei. Își aminti.

Și gândurile începură să i se învălmășească în cap. Mai repede decât putea să le țină șirul. Avea să nască un copil în iarna următoare. Poate la timp pentru Ziua

Îndrăgostiților. Sarcina avea să fie avansată de Crăciun.
Un băiat, sau o fetiță? Gemeni? Inima îi bătea cu putere.

Ar fi trebuit să-l sune. Avea dreptul să știe. Trebuia
să-i spună. Să-i spună oare în acel moment, sau după ce
făcea testul și era sigură? Zâmbi pentru sine. O bătrână
care trecu pe lângă ea îi observă expresia, apoi cutia și
din mână și îi surâse conspirativ.

Dar visul frumos se terminase repede, iar Susannah
se întoarse cu spatele la femeie. Nu avea nici un drept.
Știa asta chiar și înainte să vină Lois în vizită. Înainte
să-i spună maică-sa, Amelia, toată lumea, ea era foarte
conștientă de acest lucru. Nu putea să-i spună. Nu putea
să-i facă una ca asta.

Când ajunse acasă, puse testul de sarcină pe un
raft din dulăpiorul din baie. Nu avea să-l facă imediat.
Nu era în stare.

Iulie

Susannah se trezi după miezul nopții. Ațipise pe
canapea câteva ore mai devreme cu televizorul încă des-
chis. Acesta era un obicei prost pe care îl deprinsese
în ultima vreme. Nu voia să se ducă în pat – întuneri-
cul și liniștea erau prea ispititoare, invitând-o să stătea
cu ochii larg deschiși, și să permită gândurilor să i se
învălmășească în minte. Se gândea la clipele petrecute
cu Rob, uneori în ordine cronologică, alteori la întâm-
plare – unele amintiri erau vagi, altele foarte vii. Așa că
prefera să rămână în living, cu o veioză aprinsă, urmă-
rind *Newsnight*.

De această dată însă, nu o trezise televizorul, ci cu-
noscuta și afurisita durere din burtă. Merse mai mult
împleticindu-se până la toaletă și apăsă pe întrerupător,
închizând instinctiv ochii încă neobișnuiți cu lumina
puternică. Se așeză pe toaletă, uitându-se complet șocată
la sângele de un roșu-închis de pe lenjeria ei.

Nu era gravidă. Nici nu fusese. Era doar o idee, un
vis frumos.

Se prăbuși pe podea, luându-și genunchii în brațe. Nu putea nici să plângă. În mod cert nu ar fi putut exprima în cuvinte – cel puțin în cuvinte care să aibă sens – cât de mult suferea că îl pierduse pe Rob. Se simțea mult mai rău decât atunci când suferise avortul spontan, în timpul căsniciei cu Sean. Acum era mult mai în vârstă. Poate că fusese ultima ei șansă. Iar acest copil... ar fi fost al ei și al lui Rob.

Totul se năruia. Era îngrozită, tristă și nu avea ce să facă în această privință.

Rob

Nu trebuia să-i spună. Nu trebuia să știe. Își amintea cât de mult îl duruse cu atâția ani în urmă, când Susannah îi mărturisise că se culcase cu Matt, și se crispă la gândul că ar putea să-i facă același lucru și Helenei.

Dar, dacă nu-i spunea, ar fi trăit în minciună pentru tot restul vieții. Știa că nu putea să trăiască așa. Dacă i se confesa, putea începe să-și ispășească vina, ca să se poată ierta. În caz contrar avea să fie un altfel de om, pe care nimeni nu l-ar mai fi putut iubi.

Prin urmare, îi spuse într-o miercuri după-amiază. Helena se simțea suficient de bine ca să poată fi pusă într-un scaun cu rotile și să stea la aer curat cu o pătură pe genunchi. Mama ei îi cumpărase de la Marks & Spencer halatul din bumbac ecosez viu colorat pe care-l purta atunci. Îi revenise culoarea în obraji și începuse să se bronzeze puțin.

Rob se așeză pe o bancă lângă ea, vorbindu-i încet și calm. Nu-i spuse că se gândise la Susannah când îi pusese verigheta pe deget și că Susannah era în biserică la înmormântarea tatălui său. Aceste două lucruri păreau cele mai dureroase și mai greu de iertat. Nu avea să mintă – cel puțin nu legat de funeralii –, dar spera să nu-l întrebe.

La început nu-l întrebase nimic.

Helena fusese foarte calmă pe perioada spitalizării la Selly Oak. Nu se plânsese niciodată. Și nici nu avusese coșmaruri, așa cum se așteptase Rob. Suportase durerea cu stoicism și chiar glumea pe seama sindromului membrului fantomă de care o informaseră doctorii. Începuse ședințele de recuperare cu câteva zile înainte, iar el o văzuse făcând pașii cu hotărâre și curaj. Nu vorbise mult despre incident – nu-și amintea mare lucru, din câte spunea. Se trezise în spitalul de campanie, căci leșinase aproape imediat după atacul cu rachete și nu-și amintea de trupurile colegilor ei morți sau muribunzi. Plânsese puțin, povestindu-i lui Rob că unul dintre ei, Justin, trebuia să se însoare cu prietena lui după această operațiune și că altul, Steve, avea în buzunar poze cu cele trei fetițe ale sale, pe care le arăta oricui. Pe scurt, potrivit medicului, părea „extrem de bine".

Rob nu era sigur că avea să mai fie la fel după ce îi mărturisea. Cu toate acestea, își păstrase calmul. Câteva minute – groaznic de mult pentru el – se uită la copacii de pe pajiște, nescoțând o vorbă.

Apoi îl întrebă:

– Așadar, mă părăsești ca să fii cu ea?

El scutură scurt din cap.

– Nu.

– De ce? O iubești, nu?

– Vă iubesc pe amândouă.

– Dar eu câștig puncte pentru că inspir milă. Pierzi un picior, soțul rămâne cu tine.

– Nu-i așa!

– Dar cum e?

– Vreau să fiu cu tine. Am făcut un legământ.

– Pe care l-ai încălcat.

– N-o să-l mai încalc niciodată.

– Cum pot fi sigură, Rob?

– Pentru că știu. Și trebuie să mă crezi.

– De ce să te cred?

– Pentru că nu eram obligat să-ți zic, Helena. Îți spun pentru că vreau să o luăm de la capăt. Un nou început. Fără minciuni.

– Adică m-ai ales pe mine? Trebuie să-ți fiu recunoscătoare?

– Nu recunoscătoare. Nu pot să-ți dictez ce să simți. Pot să-ți spun doar ce vreau eu. Și cât de rău îmi pare. Foarte, foarte rău.

– Nu înțeleg, Rob. Nu poți iubi două femei în același timp. Nu poți fi îndrăgostit de două femei. Pur și simplu nu poți. El știa că se poate. Îi venea să strige că era de altă părere. Vreau să te înțeleg, Rob. Chiar vreau.

– Și eu vreau să te fac să înțelegi.

– Dar nu poți.

– Ea face parte din trecutul meu. Tu ești viitorul.

– Și amândouă am făcut parte din prezentul tău. Pam, pam! Pentru o clipă, Helenei îi înflori pe buze un surâs amar. Apoi se uită la el pentru prima oară. Pleacă acum, Rob, te rog.

– Nu pot să te las aici.

– Spune-i mamei unde sunt. Vreau să fiu singură câtva timp.

– Nu vreau să te părăsesc.

– Nu fi atât de melodramatic, ce naiba? oftă ea. Te-am rugat să mă lași aici, pe peticul ăsta afurisit de iarbă. Acum dispari. Te rog eu mult!

Rob se întoarse să se uite după ea de la marginea parcării, însă Helena continua să privească impasibilă copacii.

În mod straniu, dormi bine în acea după-amiază și se trezi revigorat, dar îndată ce se ridică în capul oaselor, realitatea îl și izbi în față. Poate își luase o povară de pe suflet mărturisindu-și adulterul – altfel nu-și închipuia de ce dormise atât de bine –, dar nu rezolvase nimic. Tot comisese un păcat. Stricase tot.

Când intră în camera pe care o împărțeau de un timp, Helen îl lovi cu putere peste obraz.

– Mi-a spus totul.

– Mă gândeam eu.

– Da, nenorocitule.

Se simțea mai bine că era furioasă pe el.

– Îmi pare rău, Helen. Tare rău.

– Nu prea mă încălzește cu nimic.

– Știu. Dar vreau să îndrept lucrurile. Vreau să rămân, să mă revanșez față de ea.

– Crede că vrei să rămâi cu ea pentru că și-a pierdut piciorul. Știi asta, nu?

– Dar nu-i adevărat.

Helen se apropie de el cu o privire ostilă.

– Bun. Ai face bine să fie cum spui. Dacă minți, te jupoi de viu.

– Ce i-ai spus?

– Nu-mi cunoști destul de bine fiica, dacă ai impresia că mă ascultă.

– Știi că te ascultă. Ce i-ai spus?

– I-am spus că te-ai purtat ca un măgar. I-am zis că nu aș condamna-o dacă ți-ar spune să te duci naibii. Se uită la el cu ochii mijiți. Apoi i-am spus că v-am văzut împreună zilele trecute. Te-am văzut stând cu ea, atingând-o, uitându-te la ea. Și că nu cred că stai cu ea din cauza afurisitului ăluia de picior.

Susannah

Susannah știa că nu avea să se bucure de un final fericit. O știa înainte să sune el. Se temuse că avea s-o anunțe printr-o scrisoare sau un telefon sec. Dar evident că nu ar fi făcut așa ceva. Rob nu era genul. O sună propunându-i să se vadă undeva. Se întâlniră pe Embankment, la mai puțin de un kilometru depărtare de locul unde îi pusese lănțișorul la gât când împlinise optsprezece ani. Pe drum, își dădu seama că fluviul avea să-i amintească întotdeauna de el. Era o zi neașteptat de frumoasă – era cald, soare, iar pe cerul albastru se zăreau câțiva nori albi.

Cu toate că știa ce urma să-i spună, când îl văzu, inima începu să-i bată plină de speranță. O strânse în brațe atât de tare încât i se tăie respirația o clipă, spulberându-i și ultima fărâmă de optimism. Când se dădu înapoi, nu mai avea nici o îndoială.

Era slab. Obrajii îi erau supți și era palid la față. Părea și obosit. Nu se bărbierise de ceva timp, iar în barba nerasă avea și fire de păr albe, ceea ce o întristă. Nu voia să-l chinuie, știind că îl va durea la fel de mult să rostească acele vorbe pe cât îi era ei de greu să le audă.

– N-o să fim împreună, noi doi, nu-i așa?

El îi confirmă printr-un gest, iar ea își plecă fruntea. Când vorbi, glasul îi era aproape șoptit.

– Nu pot s-o părăsesc. Scutură din cap, de parcă nu era pe de-a-ntregul adevărat. Nu vreau s-o părăsesc. N-am s-o fac.

Care versiune era cea reală?

– Știu.

Ambele ipoteze erau valabile. Înțelegea. Ea se lupta doar cu sine însăși. *Nu pot* suna prea fără vlagă. Rob era sincer. *Nu avea s-o facă. Nu voia s-o facă.*

Nu putea. Ei doi nu puteau. Susannah știuse asta.

Încercă din răsputeri să-l privească în ochi. Erau plini de lacrimi și, chiar și în acel moment groaznic de dureros, Susannah se simți un pic consolată la gândul că și el suferea la fel de mult ca ea.

În același timp, voia să-l ajute.

– Știu. Știu. E-n regulă, Rob. Te cunosc și știu că n-ar merge. Dacă ai fi genul de bărbat care ar putea să facă asta, nu te-aș iubi atât de mult. Te voi iubi mereu.

– Tot ce mi-ai spus – să știi că este valabil și în cazul tău.

Oare așa era? Nu fusese mereu așa. Dar se schimbase. Știa că avea dreptate. Putea să-l implore, să plângă. Poate l-ar fi convins – acum, când o iubea atât de mult, când sentimentele lor erau atât de puternice.

Cândva ar fi procedat întocmai. Ar fi folosit orice armă din arsenal. Ar fi intonat din tot sufletul cântecul de sirenă. Nu și acum. Își dădea seama că s-ar fi mulțumit cu puțin. Nu era al ei. Nu ar fi fost în regulă.

– Trebuie să renunțăm la iubirea noastră.

Trebuia să fie o despărțire definitivă, Susannah era conștientă de acest lucru. Pentru totdeauna. Nu putea să conceapă că nu-l va mai vedea niciodată. Era mult prea dureros să-și închipuie așa ceva.

El o îmbrățișă din nou.

– Susie, n-o să-mi pară niciodată rău că s-a întâmplat. Sper că nici ție.

Cum ar fi fost posibil?

– Te voi iubi mereu.

– Și eu.

Era mult, mult mai mult la mijloc. El o iubea pe Helena, iar ea... avea să iubească pe cineva... fără obligații. Cineva care ar fi iubit-o din tot sufletul.

Dar era prea devreme pentru asta. Momentan era doar umbra unui gând. Acest sentiment – cel de acum pe care-l împărtășeau – nu avea să dispară niciodată.

Așa că nu mai aveau ce să-și spună. Nu mai aveau nimic de făcut. Ar fi prelungit inevitabilul, ar fi suferit mai mult. Rob o mai sărută o dată – buzele îi erau uscate și moi – apoi se retrase, cu brațele pe lângă trup.

Susannah trebui să facă un efort supraomenesc să se întoarcă, să plece și să nu se uite în urmă.

epilog

Când văzu că Susannah nu-i răspunsese două zile la rând la telefon sau la mesajele intitulate „urgent", Amelia se urcă în maşină şi se duse până la apartamentul ei. Bătu la uşă până ce dinăuntru se auzi zgomot de paşi. Şocul fu mai mare decât se aşteptase când Susannah îi deschise în cele din urmă. Prietena ei era palidă şi slabă, iar sub ochi avea cearcăne negre. Părul îi era unsuros şi murdar; purta pantaloni de trening, un tricou, iar pe umeri avea o pătură de pe canapeaua pe care o cumpăraseră de la IKEA în urmă cu câteva luni.

Susannah se lăsă îmbrăţişată în prag şi dusă apoi pe canapea. Apartamentul strălucea de curăţenie, de parcă aştepta musafiri.

– De ce nu mi-ai spus?

Susannah dădu din umeri.

– Cred că mi-a fost ruşine.

– Ce ridicol!

– Te-ai supărat aşa tare pe mine, Meels.

– Da, am fost supărată. Dar tot sunt cea mai bună prietenă a ta, proastă mică. Îţi închipui că nu aş fi venit oricum?

– N-aveai ce să faci.

– Aş fi putut să fiu aici.

– Eşti acum, spuse ea cu un zâmbet slab.

Se aşezară pe canapea, fiecare în alt colţ, privindu-se în tăcere. La scurt timp, Susannah începu să plângă. Plânse multă vreme, iar Amelia nu scoase o vorbă; doar se uita la ea, strângând-o de mână. Se căută în buzunar după o batistă şi i-o dădu. Nu încercă s-o oprească din plâns, nu-i turnă platitudini şi nu-i vorbi deloc. Pur şi simplu îi era alături aşa cum fusese şi Susannah, deşi în împrejurări diferite.

Susannah plânse mai tare ca oricând. Își plânse de milă, pentru Douglas și copiii care nu erau ai ei. Pentru Rob și Helena. Pentru nefericirea pe care le-o adusese. Pentru copiii care nu se născuseră niciodată – ai ei, ai lui Sean și ai lui Rob. Și pentru copiii care nu aveau să se mai nască niciodată. Plânse până nu mai avu lacrimi.

Apoi se pogorî asupra ei liniștea – o pace lăuntrică pe care nu o mai simțise de multe zile.

– Vrei să vorbești despre asta? o întrebă Amelia în cele din urmă.

Susannah scutură din cap.

– Nu-i nimic de spus. S-a terminat. Ne-am despărțit.

– Pentru totdeauna?

– Da. Știa că era adevărat.

Toate visele frumoase luaseră sfârșit. Era din nou conștientă – prima oară după mulți ani. Nu mai avea nevoie să viseze, cel puțin pentru un timp.

– Ți-am spus ce am citit recent? Că fisurile din inimă sunt acolo ca să pătrundă lumina prin ele?

– Fugi de-aici! Susannah râse fără să vrea.

Amelia deschise geanta voluminoasă de care se pare că au nevoie toate mamele și scoase o sticlă de jumătate de litru de șampanie Moët et Chandon.

– Pentru ce? Era un gest extrem de nepotrivit, dar așa făcea Amelia.

– Ca să bem, deși cred că ar trebui să ronțăi puțină pâine prăjită înainte de asta... nu ai mai mâncat de ceva vreme și nu vreau să leșini.

– Pentru ce bem? Susannah știa că n-avea rost să se certe cu ea. Se duse până la dulapul din bucătărie și îl deschise. Din păcate, nu am cupe de șampanie. Merg astea? Îi dădu Ameliei două pahare fără picior.

Amelia desfăcea stanolul și răsucea dopul.

– Păi, da. Am folosit și pahare mai proaste... Mai ții minte cănile alea de spălat pe dinți de la Paris?

– Da. Deci... pentru ce bem?

Amelia turnă șampania. Bulele se ridicau, lichidul trecând de marginea primului pahar și udând măsuța de cafea. Ridică paharul și îl șterse de pantalon înainte să i-l dea lui Susannah, apoi îl umplu și pe cel de-al doilea.

Pe urmă ciocniră.

Pentru viață, Susannah. Viața ta. A mea. Pentru viitor. Amelia luă o gură generoasă, dar Susannah nu bău.

– Nu mai am cancer. Tocmai am aflat.

Lui Susannah i se schimonosi din nou fața, deși nu mai avea lacrimi. Ușurarea pe care o simțea era ca un pumn în stomac.

– Slavă Cerului, Amelia! O luă în brațe, stropind cu șampanie pe canapea și pe amândouă.

– Îmi pare rău, am fost atât de supărată c-am uitat să te întreb. Când ai aflat?

– Sigur c-ai fost întoarsă pe dos, dar ni se întâmplă tuturor. Nu-i bai, atâta timp cât nu durează o veșnicie. Dar m-ai auzit, nu? Nu mai am cancer! Ridică un pumn în aer, triumfătoare. Cui îi mai pasă de altceva acum?

Susannah o sărută pe obraz.

– Felicitări. Mă bucur din tot sufletul pentru tine. Și pentru mine. Chiar așa și era. Nu-și putea închipui viața fără Amelia. O să duc dorul acelor tratamente la oncologie, dar voi supraviețui.

– Aiurea! Putem să mai mergem, dar la Porchester Spa sau la etajul cinci de la Harvey Nicks sau oriunde altundeva, numai în spitalul ăla nenorocit nu. După o nouă îmbrățișare, Amelia urmă: Știu că trebuie să treacă cinci ani până să pot răsufla ușurată, dar acum n-am nimic și doctorul nu crede că voi avea o recidivă. Și o să-mi crească și părul...

Susannah observă că ochii Ameliei erau plini de lacrimi.

– Ai fost atât de curajoasă. Ți-am spus asta vreodată?

– Da. De multe ori. Și-ți sunt recunoscătoare. Pentru tine am făcut-o, râse ea clipind poznaș din ochi. Știam că n-ai să faci față dacă nu...

Susannah râse. Ca de obicei, avea dreptate.

– Iar acum vei fi și tu curajoasă? Văzând că prietena ei nu ridica ochii din pahar, o înghionti cu genunchiul. Și nu va fi ușor. Știu asta. Nu încerc să minimalizez situația, Susannah, chiar nu. Știu ce a însemnat Rob pentru tine. Cel puțin așa cred. Dar uită-te la tine. Încă mai ești în stare.

– La ce te referi ?

– Ești tânără, sănătoasă. Așa se spune, nu? Și *nu* ai idee ce important e – nimic pe lume nu e mai important. Ai apartamentul ăsta mișto. N-ai datorii, ai o slujbă și încă-l mai ai pe vino-ncoa'. Mai puțin azi, când arăți ca naiba și cred că și puți. Se uită apreciativ la ea din cap până în picioare. Dar dacă dormi, faci un duș fierbinte și te dai cu puțin ruj, se rezolvă.

– Totul pare atât de ușor!

– Nu asta am vrut să sugerez. Știu că-i al naibii de greu. Știu ce a însemnat totul. Dar ce-a fost mai rău a trecut. L-ai părăsit pe Doug. Ai obținut ce-ai vrut de la viață. L-ai pierdut din nou pe Rob. Ai supraviețuit prima oară și așa va fi și de data asta. Dar acum...

– Dar acum, ce?

– Nu trebuie să te mai mulțumești cu puțin. Meriți totul. Trebuie să ai parte de tot. Promite-mi asta. Susannah nu scoase o vorbă, iar Amelia își lăsă toată greutatea pe ea. Îmi promiți?

De această dată, după ce se uită la prietena ei și ridică paharul, se angajă solemn că așa va face.

mulțumiri

Le sunt profund îndatorată multor oameni care m-au ajutat enorm, în special lui Jonathan Lloyd, Mari Evans, Shane Morley Jones și Annabel Robinson.

Le mulțumesc și celorlalți care au contribuit la relizarea acestui roman. Știu ei cine sunt.

David, Lulu, Tillie, mamă, tată – vă iubesc pe toți.

În aceeași colecție:

AMANDA QUICK
Scandal

Întoarce pagina și citește
un fragment dintr-o nouă poveste scrisă
de o celebră scriitoare americană!

Lira

capitolul 1

Fiica era secretul răzbunării sale. Înțelesese asta cu luni în urmă. Prin ea avea să se răzbune pe întregul clan Faringdon, căci dintre cei patru bărbați care îi erau datori pentru ceea ce se întâmplase cu douăzeci și trei de ani în urmă, Broderick Faringdon îi era cel mai dator.

Prin ea avea să-și recâștige dreptul său din naștere și să-l pedepsească pe cel care i-l furase în primul rând.

Simon Augustus Traherne, conte de Blade, își opri armăsarul castaniu între niște ulmi golași și rămase tăcut, privind casa impunătoare. Nu mai văzuse St. Clair Hall de douăzeci și trei de ani, dar în ochii lui triști părea la fel ca atunci când plecase.

Din pricina luminii gri a soarelui de iarnă târzie, zidurile de piatră ale edificiului emanau o strălucire glacială. Clădirea avea o eleganță rigidă, nu o arhitectură înzorzonată ca multe alte reședințe asemănătoare. Fusese construită în stilul paladian atât de îndrăgit în ultimul secol și avea un aer de solemnitate distantă.

Casa nu era la fel de masivă ca altele, dar fiecare linie a sa avea un rafinament incontestabil, chiar dacă rece, de la ferestrele înalte până la scările largi care duceau spre ușa de la intrare.

Chiar dacă în anii scurși clădirea nu se schimbase, peisajul în care era amplasată suferise transformări majore, observă Simon. Gata cu peisajele austere de peluze interminabile presărate din când în când cu clasicele fântâni. Fuseseră înlocuite de grădini cu flori. Multe grădini cu flori. Evident, cineva o luase razna plantând grădini cu flori.

Chiar și în toiul iernii, efectul lor era vizibil din depărtare. Primăvara și vara, zidurile cenușii se înălțau dintr-un amalgam îmbietor de flori vesele, plante agățătoare și garduri vii tunse în forme ciudate.

Era caraghios. Casa nu fusese niciodată caldă și primitoare. N-ar fi trebuit să fie înconjurată de grădini viu colorate și garduri vii tăiate în forme prostești. Simon bănuia cine era de vină pentru peisagistica revoltătoare.

Roibul se foi neliniștit. Contele mângâie absent gâtul armăsarului cu mâna îmbrăcată într-o mănușă de piele.

– Nu mai durează mult, Lap Seng, îi murmură el, strângând frâiele. O să mă ocup de nenorociții ăia de Faringdoni foarte curând. După douăzeci și trei de ani, mă voi răzbuna în sfârșit.

Iar fiica era cheia.

Nu era ca și cum domnișoara Emily Faringdon ar fi fost o puștoaică inocentă ieșită de pe băncile școlii. Avea douăzeci și patru de ani și, după spusele gazdei lui, Lady Gillingham, era foarte conștientă că i se diminuaseră drastic șansele de a găsi un soț bun. Circulaseră zvonuri voalate despre un scandal din trecutul domniței care îi nimicise orice speranță de alianță respectabilă.

Asta o făcea pe Emily Faringdon extrem de utilă.

Simon își dădu seama că petrecuse atâția ani trăind printre culturile ciudate din Indiile de Est, încât nu mai gândea ca un englez. De fapt, prietenii și cunoștințele sale îl acuzau deseori că era mult prea enigmatic.

Poate că așa și era. Răzbunarea, de exemplu, nu mai era pentru el un concept simplu, direct, ci mai degrabă unul care implica o atenție și o planificare amănunțite. După tipicul oriental, presupunea să distrugă o familie întreagă, nu doar un singur membru al acesteia.

Un gentleman englez de viță nobilă nu s-ar fi gândit niciodată să se folosească de o tânără inocentă în dorința sa de răzbunare. Simon descoperise însă că nu-l deranja deloc această idee. Chiar deloc. Oricum, dacă zvonurile erau adevărate, doamna nu era deloc inocentă.

În timp ce făcea cale-ntoarsă spre reședința gazdelor sale îl cuprinse o satisfacție rece. După douăzeci și trei de ani de așteptare, avea să obțină în sfârșit St. Clair Hall și răzbunarea.

În aceeași colecție au apărut:

Puteți comanda cărțile din lista de mai sus la

tel.: 021 319 63 93; 0752 101 777
e-mail: comenzi@lirabooks.ro

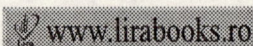

Ești o împătimită a colecției CĂRȚI ROMANTICE?
Revista Libertatea pentru femei îți răsplătește fidelitatea!

✓ Cumpără în fiecare săptămână Libertatea pentru femei împreună cu un roman de dragoste și savurează lectura unor povești romantice intense, adesea interzise.

✓ Strânge cel puțin 6 taloane de concurs diferite și noi **te premiem garantat**!

✓ Vezi pe verso detaliile campaniei promoționale.

✁

TALON DE CONCURS

Nume _____ Prenume _____

Ocupația _____ Vârsta _____

Adresa _____

_____Cod poștal _____

Telefon _____ Semnătură _____

Întrebarea săptămânii: Ce personaj din cartea „Iubiri de altădată", de Elizabeth Noble, și-a continuat cariera în armată după ce Susannah i-a frânt inima?

_____

LIBER TATEA pentru femei   Lira

Citești colecția
CĂRȚI ROMANTICE
și CÂȘTIGI GARANTAT
premii spectaculoase!

✓ Campania „Libertatea pentru femei îți răsplătește fidelitatea!" se desfășoară în revista Libertatea pentru femei, în perioada 6 februarie – 15 decembrie 2012.

✓ În fiecare carte romantică distribuită împreună cu revista Libertatea pentru femei, pe ultima pagină, vei găsi un talon de participare la concurs.

✓ Adună cel puțin 6 astfel de taloane diferite și expediază-le prin poștă, la adresa OP 18 CP 111, sector 1, București, cod 014770, cu mențiunea „Concurs Libertatea pentru femei îți răsplătește fidelitatea".

✓ Detalii despre premiile puse în joc și regulile de participare la campanie, în pagina alocată concursului, din revista Libertatea pentru femei.